W0470769

Guide pratique des 5S et du management visuel

Chez le même éditeur :

Pierre Bedry, *Les basiques du Lean Manufacturing*

Jean Bufferne, *Fiabiliser les équipements industriels*

Jean Bufferne, *Le guide de la TPM*

Philippe Détrie, *Les réclamations clients*

John Drew, Blair McCallum et Stefan Roggenhofer, *Objectif Lean*

Daniel Duret, *Qualité de la mesure en production*

Caroline Fréchet, *Mettre en œuvre le Six Sigma*

Christian Hohmann, *Audit combiné Qualité/Supply Chain*

Christian Hohmann, *Techniques de productivité*

Thierry Leconte, *La pratique du SMED*

Jean Margerand et Florence Gillet-Goinard, *Manager la qualité pour la première fois*

Michel Roux, *Entrepôts et magasins*

CHRISTIAN HOHMANN

Guide pratique des 5S et du management visuel

Pour les managers et les encadrants

2e édition revue et complétée

Troisième tirage 2012

EYROLLES
Éditions d'Organisation

Éditions d'Organisation
Groupe Eyrolles
61, boulevard Saint-Germain
75240 Paris cedex 05

www. editions-organisation.com
www.editions-eyrolles.com

Le code de la propriété intellectuelle du 1er juillet 1992 interdit en effet expressément la photocopie à usage collectif sans autorisation des ayants droit. Or, cette pratique s'est généralisée notamment dans l'enseignement, provoquant une baisse brutale des achats de livres, au point que la possibilité même pour les auteurs de créer des œuvres nouvelles et de les faire éditer correctement est aujourd'hui menacée.

En application de la loi du 11 mars 1957, il est interdit de reproduire intégralement ou partiellement le présent ouvrage, sur quelque support que ce soit, sans autorisation de l'Éditeur ou du Centre Français d'Exploitation du Droit de copie, 20, rue des Grands Augustins, 75006 Paris.

© Groupe Eyrolles, 2006, 2010

ISBN : 978-2-212-54502-9

Sommaire

© Groupe Eyrolles

DEUXIÈME PARTIE
LA MISE EN ŒUVRE

© Groupe Eyrolles

© Groupe Eyrolles

TROISIÈME PARTIE
ALLER PLUS LOIN GRÂCE AUX 5S

© Groupe Eyrolles

ANNEXES

© Groupe Eyrolles

© Groupe Eyrolles

Préface à la deuxième édition

Le succès de la première édition confirme les hypothèses qui lui ont donné naissance, en particulier le besoin d'aide et de références pour une démarche simple en apparence, mais qui apparaît compliquée à mettre en œuvre durablement.

De nombreuses personnes sont initiées aux 5S au travers de présentations, de formations en salle, parfois à l'occasion d'un chantier pilote. Quels que soient la qualité des supports et le talent des animateurs, l'initié éprouve habituellement de réelles difficultés lorsqu'il est mis en situation de déployer les 5S sans expérience préalable.

Cette situation touche aussi bien des encadrants en postes que des jeunes ingénieurs ayant vu les outils et méthodes durant leur cursus scolaire, des employés de bureau, des laborantins ou des responsables de boutiques. C'est d'ailleurs hors du monde industriel, hors des ateliers, que les besoins d'aide sont souvent les plus importants, car l'essentiel des supports et exemples disponibles se focalise sur des environnements de production industrielle.

Bien qu'un livre ne remplace pas l'accompagnement d'un praticien sur le terrain, la vocation de cette deuxième édition est de renforcer l'aide apportée par la première. De nouveaux exemples, retours d'expérience et anecdotes viennent enrichir les premiers, afin d'illustrer les concepts, de favoriser leur compréhension et la transposition par les lecteurs à leurs propres cas.

Cette seconde édition intègre les remarques et suggestions de lecteurs de la première édition, que je remercie pour leurs contributions.

© Groupe Eyrolles

Un nouveau chapitre fait également son apparition : le management visuel. Il s'agit de clarifier le concept fréquemment confondu avec une simple communication visuelle. Management et communication visuels sont tous deux associés de manière incontournable aux 5S mais ne poursuivent pas les mêmes buts. On le découvrira dans les pages qui suivent.

© Groupe Eyrolles

Avant-propos

Parmi les meilleures pratiques reconnues et mises en œuvre par les entreprises, particulièrement les industriels, les « 5S » occupent une place de choix. Ce sigle désigne à la fois une démarche, une méthode et les cinq actions fondamentales à mener. Le principe des 5S est très simple et leur mise en œuvre ne nécessite ni connaissances particulières ni moyens importants. Pourtant, derrière cette apparente simplicité se cache un outil puissant et multifonctionnel que peu d'entreprises ont réussi à mettre pleinement en œuvre.

Si beaucoup de personnes savent ce que signifient et ce que recouvrent les 5S, elles peinent généralement à en donner une explication simple. Peu savent les mettre en œuvre au-delà des toutes premières étapes, qui sont les plus simples. Moins nombreuses encore sont les personnes ayant réellement compris ce que l'on pouvait en tirer et pourquoi il faut persévérer dans leur déploiement.

Paradoxalement, si les 5S sont populaires, dans le sens où de nombreux individus les connaissent, force est de reconnaître qu'ils ne sont pas aussi populaires quant à leur mise en œuvre. Un autre paradoxe est celui du peu de littérature (francophone) disponible sur le sujet, alors que les offres de stages et d'accompagnement par des cabinets conseils sont nombreuses, reflet de l'intérêt et de la demande des entreprises.

Trente ans après leur arrivée en occident dans la boîte à outils des firmes japonaises, les 5S gardent non seulement toute leur actualité, mais trouvent leur intérêt renforcé par les évolutions et changements intervenus dans le monde du travail et les entreprises depuis les années 1980 : mode de management participatif, réponse pragmatique aux besoins de sécurité, d'ergonomie, de respect de l'environnement, etc.

© Groupe Eyrolles

Cet ouvrage a pour ambition de présenter la mise en œuvre des 5S de manière très opérationnelle, en donnant des exemples et conseils issus de l'expérience du terrain et en prenant en compte les changements et défis auxquels sont confrontées les entreprises du XXIe siècle. Il s'adresse aux chefs de projet 5S, chargés de leur déploiement et aux responsables hiérarchiques qui initient et/ou supportent le projet. Chacun d'eux a un rôle à jouer, et le succès de la démarche repose sur leur implication et leur bonne compréhension. Les acteurs du terrain ou les lecteurs cherchant à compléter leur savoir y trouveront eux aussi matière à améliorer leur environnement de travail.

La première partie de cet ouvrage présente les bases fondamentales des 5S, ce qu'il est indispensable de savoir, ainsi qu'un point sur leur origine et le degré de transposition que l'on peut en attendre dans les entreprises de tout secteur. La seconde partie propose une trame de mise en œuvre détaillée, avec de nombreux conseils pratiques et opérationnels. Elle traite des facteurs de risque et des clés du succès, afin de conduire un projet durable et qui aboutit à des résultats tangibles. La troisième partie livre une réflexion sur ce que les 5S, qui ne sont qu'un levier, permettent d'atteindre et comment les utiliser pour aller plus loin.

L'industrie est la grande pourvoyeuse de méthodes formalisée depuis ses débuts avec l'Organisation Scientifique du Travail (OST)[1]. Les 5S, comme beaucoup d'autres concepts, méthodes et outils sont « nés » dans les ateliers industriels. Leurs succès et leur *compatibilité* avec d'autres types d'activités leur permettent de conquérir les bureaux des services connexes à la production, avant de se diffuser plus largement. Ces principes sont en fait universels et s'appliquent aussi bien dans une usine ou un atelier, que dans une boutique, un entrepôt, un bureau, la cuisine d'un restaurant, et même chez soi, dans son univers privé ! Nous donnerons des exemples et illustrations pour différents secteurs d'activités au fil des chapitres et invitons le lecteur à s'intéresser également aux exemples qui ne relèvent pas de son secteur d'activité, pour y puiser des idées à transposer dans le sien.

1. Frederic W. Taylor (1856-1915) en a été l'initiateur et la figure emblématique vers 1880.

© Groupe Eyrolles

Première partie

LES BASES

Bien que la connaissance des 5S soit relativement répandue, on ne peut faire l'économie d'un retour sur les notions de base. Le lecteur découvrant les 5S en aura le plein bénéfice, tout comme celui qui déjà initié, aimerait réviser les fondamentaux et remettre ses connaissances en perspective.

Commençons classiquement, comme la plupart des explications concernant les 5S, par le décryptage du sigle. Ces cinq lettres, avec les mots et les concepts qui y sont associés, forment à la fois une explication globale et de détail. Expliquer cette démarche simple est paradoxalement compliqué ! En effet, comment résumer les 5S sans les dénaturer ni en réduire la portée ?

Si traditionnellement on a tendance à résumer les principes de la démarche par « *c'est faire de l'ordre, ranger et tenir propre* », c'est plutôt maladroit, car cette définition n'est que partielle et très réductrice. Par ailleurs, comment pourrait-on stimuler l'intérêt des futurs acteurs avec un programme aussi peu alléchant ?

© Groupe Eyrolles

Chapitre 1

Les basiques des 5S

Les 5S forment une méthode pragmatique et très concrète de l'amélioration de l'existant à partir des idées et de la participation des acteurs du terrain, puis plus généralement de l'ensemble du personnel. Tous les services de l'entreprise sont concernés, de la prise de la commande à l'expédition du produit, en passant par les services fonctionnels (comptabilité, ressources humaines, maintenance, etc.).

Nous donnons au poste de travail sa signification la plus large, celle *du lieu où l'on exécute son travail*. Il peut s'agir d'une machine, d'un établi, d'un bureau, d'une zone dans un entrepôt, un magasin de stockage. La notion de poste de travail englobe également son environnement immédiat : l'espace autour, allées, couloirs…

Dans un contexte moins industriel, les 5S trouvent leur application dans d'autres lieux de travail, comme les commerces, les services d'un hôpital, les gares, les trains, les aérogares, etc.

La signification des 5S

Le terme « 5S » désigne une démarche dont le sigle rappelle les cinq verbes d'action (débarrasser, ranger, nettoyer, standardiser, progresser) et qui en japonais commencent tous – dans les transcriptions en alphabet occidental – par la lettre « S » (*Seiri*, *Seiton*, *Seiso*, *Seiketsu*, *Shitsuke*). La méthode ou plutôt la démarche est désormais connue sous le nom générique de 5S.

© Groupe Eyrolles

Le tableau suivant propose la traduction des 5 mots japonais :

Tableau 1

	Traduction littérale	Traduction « utile »
Seiri	Ranger	**S**upprimer l'inutile
Seiton	Ordre, arrangement	**S**ituer les choses
Seiso	Nettoyage	(Faire) **S**cintiller
Seiketsu	Propre, net	**S**tandardiser les règles
Shitsuke	Éducation	**S**uivre et progresser

Les cinq verbes d'action, ainsi que l'ordre dans lequel ils sont énumérés forment tout à la fois un moyen mnémotechnique et un mode d'emploi.

SEIRI — SUPPRIMER L'INUTILE

Le *seiri*, consiste à trier et ne conserver que le strict nécessaire sur le poste et se débarrasser[1] du reste. La manie d'accumuler et de garder « parce que cela peut servir » ne favorise ni la propreté du poste ni l'efficacité d'une éventuelle recherche. Ce constat, nous pouvons tous le faire, sur notre bureau, sur l'établi, dans les tiroirs, les armoires, placards, boîtes, etc.

Un poste de travail encombré présente un risque potentiel d'accidents : chutes, masquage d'outils dangereux, instabilité, etc. Le travail avec des sources chaudes (chalumeau, fer à souder, fer à repasser, bec bunsen…)

1. Le sens premier de débarrasser est « dégager de ce qui embarrasse » (Larousse).

© Groupe Eyrolles

ou comportant la manipulation de produits chimiques s'accommode mal du désordre.

« Du bon sens ! » direz-vous, pourtant il n'est pas rare de voir des personnels enjamber des cartons et contourner des obstacles, même lorsqu'ils portent des charges lourdes ou encombrantes.

Un poste de travail encombré ne favorise pas la qualité, car les risques de confusion ou d'oubli sont plus importants. Pour les travaux délicats ou sur des pièces fragiles, un poste encombré peut être source de rayures ou de détériorations. Un poste de travail encombré ne favorise pas la performance, car une part non négligeable du temps et de l'énergie est gaspillée en exaspérantes recherches, dont on pourrait se dispenser si le poste était en ordre.

Plus généralement et quelle que soit l'activité ou le milieu dans lequel celle-ci s'exerce, notre temps précieux est trop souvent gaspillé par la multitude de choses inutiles qui nous distraient et nous masquent l'essentiel.

L'orthodoxie des 5S définit comme inutile tout ce qui ne sert pas à l'exécution du travail. Une distinction est cependant faite avant l'élimination : ce qui sert peu souvent est conservé, mais dans un endroit éloigné, afin de débarrasser le plus possible le poste de ce qui l'encombre. L'éloignement du lieu de stockage est alors fonction de la fréquence d'utilisation. Pour déterminer ce qu'il faut conserver, sa fréquence d'emploi et son lieu de stockage, on peut utiliser la *méthode des étiquettes* (voir p. 325) et une analyse de type ABC (voir p. 322).

Un « p'tit chez-soi »

Chacun ayant tendance à s'approprier son espace et personnaliser son poste, celui-ci s'enrichit au fil du temps d'objets personnels, des plantes et bibelots, de cadres avec des photos, d'affichages divers de dessins d'enfants ou de cartes postales.

© Groupe Eyrolles

À prendre le *seiri* au pied de la lettre, ces objets sont inutiles... L'imposition d'un tri-débarras pur et dur peut alors se heurter à des réticences des personnels.

La deuxième partie de ce livre propose des pistes pour traiter ces problèmes. Notons que, par leur nature, les postes de travail partagés comme les machines communes ou les bureaux de passage posent moins de problèmes de personnalisation.

L'opération de tri est également une bonne opportunité de faire un état des lieux, un inventaire, et de remplacer les outils et objets défectueux, détériorés ou manquants.

Applications en industrie

La recherche efficace et rapide d'outils ou de pièces est la clé de la réussite des programmes SMED[1], afin de réduire les temps d'arrêt machine pour changements de séries ou d'outils. De même, pour réduire les temps d'indisponibilité des machines, lors de l'entretien ou de pannes, il est indispensable de disposer rapidement et sans recherche, de l'outillage et des pièces nécessaires.

L'opération de tri des 5S peut être une opportunité de faire l'inventaire des outils disséminés dans une équipe et les redistribuer selon les besoins réels de chacun, ou encore de les mettre en commun. Ce sont des économies potentielles que l'on fait en évitant de racheter et de multiplier inutilement des outils.

L'application rigoureuse du *seiri* peut conduire à mettre à la ferraille de vieux stocks de pièces, même si l'on a l'impression qu'ils peuvent encore être valorisés. En attendant leur hypothétique valorisation, ils

1. Acronyme des mots *Single Minute Exchange of Die* signifiant « changement d'outil en moins de dix minutes ».

© Groupe Eyrolles

« coûtent » de l'espace et des frais liés au stockage, sans que l'on soit totalement certain de pouvoir les vendre un jour.

On ne devrait pas voir d'affaires personnelles sur le poste de travail, celles-ci devraient se trouver dans un vestiaire. Un client visiteur, ou pire, un auditeur se poserait la question de l'existence du vestiaire puis de la rigueur de l'application des règles d'hygiène et de sécurité dans l'entreprise. La nourriture au poste pose également des problèmes d'hygiène, pour le consommateur comme pour le poste de travail. La nourriture, y compris les friandises, peut même présenter un risque pour la qualité des produits.

Anecdote

Lors du démontage d'un appareil témoin (terminal informatique) prélevé au hasard sur la chaîne de montage, un contrôleur qualité y a trouvé les restes d'un sandwich entamé !

Applications dans les bureaux

La réponse rapide et fiable à une question d'un collègue ou d'un client est fonction du système de classement, de l'ordre et de la rigueur avec lesquels dossiers et documents sont tenus et classés. Le plus clair et le plus rationnel sera le système et plus rapide et plus fiable sera la réponse. De nombreuses expériences démontrent que la conservation et l'archivage mal maîtrisés de documents ou d'informations obsolètes peuvent conduire à des erreurs ou à des confusions[1].

Les armoires et étagères encombrées de piles de dossiers et autres papiers en vrac ne favorisent pas la recherche performante, sans compter le gaspillage de place[2]. Les copies personnelles de documents multiplient le besoin de place pour les stocker ainsi que le risque de se

1. La norme ISO 9000 est particulièrement attentive à ces aspects.
2. Pour les anglophones, je recommande le lien *clickable office* du site http://www.onlineorganizing.com, qui donne des conseils d'organisation pour les bureaux.

© Groupe Eyrolles

baser sur un document qui n'est plus à jour. Les disques durs des ordinateurs sont les clones virtuels des armoires et tiroirs. N'y crée-t-on pas des dossiers, sous-dossiers et documents ? Bien que virtuels, ils n'échappent pas à la malédiction de l'encombrement et du désordre. Combien de personnes pestent lorsqu'il s'agit de retrouver un fichier sur leur disque[1], dont la capacité croissante constitue un véritable appel au stockage, le plus souvent incontrôlé ?

La multiplication sans précaution des copies et des sauvegardes augmente, pareillement aux versions papier, l'encombrement de l'espace de stockage, la difficulté de gestion et de mise à jour et par conséquent les risques d'erreurs. La mise en commun des fichiers sur les serveurs constitue une parade à ces inconvénients.

En résumé, le *seiri* dans les bureaux vise à favoriser la localisation immédiate d'un document ou d'une information, la suppression des copies multiples et la suppression des erreurs et confusions.

« Afin de dégager du temps et de l'espace, les ingénieurs s'investissent dans un chantier d'ordonnancement 5S. L'objectif ? Faciliter le flux de dossiers entre les personnes en organisant les espaces de travail (locaux et ordinateurs) et en créant des codes communs de rangement. L'informatique, par exemple, est passée au peigne fin. Les disques durs où les fichiers se baladaient un peu partout sont nettoyés. Et le parc machines, jugé trop disparate, est homogénéisé. Côté "software", des versions identiques des logiciels sont achetées afin d'avoir des postes compatibles. Nous avons gagné neuf cents heures par an grâce à des délais de réponse plus courts. »

Source : *L'Usine Nouvelle*, n° 2809 du 24 janvier 2002

1. La fonction de *recherche* est tout à la fois une aide bien pratique, mais aussi un véritable « pousse au crime » !

© Groupe Eyrolles

Application dans un entrepôt, dépôt ou magasin

La disposition des produits, pièces et stocks dans les entrepôts ou magasins suit en général une logique guidée par la recherche d'efficience. En ce domaine, être efficient, c'est retrouver les références demandées sans hésitation ni erreur, dans un délai bref et avec le minimum de déplacements. Le bon sens commun fait mettre au plus près du point de consommation ou de livraison les références les plus demandées. On éloigne les références à faible rotation, celles demandées peu fréquemment.

Pour faciliter le choix des références et déterminer leur emplacement, les responsables d'entrepôt, de dépôt ou de magasin utilisent la classification ABC (voir p. 322). Les 5S permettent d'approfondir l'approche ABC en supprimant les références inutiles (obsolètes, invendus/invendables, rebuts, erreurs, etc.) et en posant la question du bon dimensionnement des stocks. L'excédent de stock est également inutile et coûteux, dans la mesure où il faut avancer les fonds pour l'acquérir et supporter l'ensemble des frais liés au stockage, à la surface, au chauffage, au gardiennage, à l'assurance, à la gestion, etc.

Application chez soi

Pour les citadins confrontés aux surfaces réduites des appartements, le tri-débarras est une activité nécessaire à intervalles réguliers. Les endroits à visiter sont les placards, les armoires, y compris leurs dessus, sous les lits, les étagères et les tiroirs[1]. Une attention spéciale est à accorder à l'armoire à pharmacie et ses stocks de médicaments périmés ! La méthode à appliquer est globalement identique que dans le milieu professionnel, on se pose pour chaque objet les questions suivantes :

- Ai-je *réellement* besoin de cet objet ?
- Vais-je *réellement* le réutiliser un jour ?

© Groupe Eyrolles

1. Pour les anglophones, je recommande le lien *clickable house* du site http://www.onlineorganizing.com, qui donne des conseils d'organisation domestique.

- Quand l'ai-je utilisé pour la dernière fois ?
- Est-ce que je me souvenais le posséder ? Où il était rangé ?
- A-t-il une quelconque valeur sentimentale ?

Si des objets ou appareils sont abîmés, il faut se poser la question de la pertinence et de la volonté de les faire réparer. Logiquement, on n'a aucune raison de conserver un objet hors d'usage, *a fortiori* si on choisit de ne pas le faire réparer.

Anecdote

Une dame de ma connaissance s'étonnait du prix élevé payé pour son déménagement. Après une rapide analyse elle s'aperçut qu'elle avait payé le transport d'une multitude de choses inutiles, comme la montagne de jouets et peluches dont les enfants ne voulaient plus et jusqu'à des plantes crevées et sèches depuis un bon moment…

Pour les vêtements, les questions essentielles sont : me vont-ils encore ? Vais-je les remettre ? Exemple : le costume de mariage des messieurs, quelques années après ce grand jour.

La mode

Notons qu'en matière vestimentaire le cycle des modes est d'une génération, en gros vingt ans, pour que les pantalons, cravates, pulls à motifs, chemises à cols fantaisistes ou la longueur des jupes reviennent à la mode. Durant l'intervalle, porter des vêtements démodés relève d'un sens extrême de l'économie ou d'un désintérêt profond du jugement de ses concitoyens.

© Groupe Eyrolles

SEITON – SITUER, RANGER

Le but du *seiton* est de déterminer une place pour ranger les choses utiles, celles indispensables au travail et qui ont passé avec succès l'épreuve du *seiri*. Cette place est à déterminer de manière à être la plus fonctionnelle possible, puis il faut s'astreindre à remettre les objets à leur place. Le *seiton* se concrétise par un « arrangement » pour visualiser et/ou situer facilement les objets ; il est recommandé de trouver à placer les objets de manière à les trouver intuitivement, notamment pour des personnels externes à la zone ou pour les personnels temporaires. Chaque pièce et chaque outil se voient attribuer une place bien définie, facilement accessible.

On se procure ou on réalise des accessoires et supports permettant :

- de ranger et conserver les objets en bon état ;
- de les retrouver rapidement.

On identifie pièces et outils de manière simple, compréhensible et non équivoque pour en faciliter la reconnaissance à tout le monde. Plus largement, il s'agit de définir les règles de rangement. Le *seiton* est très souvent illustré par cette célèbre maxime « *une place pour chaque chose et chaque chose à sa place* ».

L'identification claire et la disposition judicieuse des choses indispensables sont un moyen de réduire les recherches et les déplacements inutiles. L'identification et l'attribution d'un endroit de rangement ou d'entreposage évitent les erreurs et confusions.

Ainsi faut-il :

- séparer strictement et identifier les pièces conformes des pièces mauvaises ;
- placer les produits de façon à les consommer dans l'ordre des dates de péremption.

© Groupe Eyrolles

Anecdotes à propos de notations ambiguës

Bon nombre de personnes ont quelques difficultés pour choisir la bonne terminaison des verbes en *-er*. Cela peut conduire à des confusions gênantes lorsqu'il s'agit d'identifier l'état de certains objets. Exemples :

1. Dans un commerce, les vendeuses prennent les commandes, et en attendant que les clients les retirent, indiquent sur le bon de commande « payer », « payé », « a payé » ou « à payer ». Dans chacun des cas, le lecteur peut se demander si la commande est « déjà payée » ou « reste à payer ». Pour être sûr, il faut poser la question !
2. Même problème dans les ateliers avec les pièces ou produits accompagnés des mentions « testé/tester », « trier/a trié », « livrer/a livré », etc.

Mon épouse donne le truc suivant : quand c'est à FAIRE on met « ER » et quand c'est FAIT, on met « É » (prononcer les lettres).

Une autre solution consiste à noter sous une forme plus explicite, comme par exemple « en attente de paiement », « en attente de test », etc.

L'identification peut également consister à :

- peindre les sols afin de mieux visualiser les saletés ;
- délimiter visuellement les aires de travail, les allées de circulation, les zones d'évolution des engins de transport et de levage ;
- etc.

Applications en industrie

Dans un milieu industriel, l'application du *seiton* trouve de nombreuses applications et formes, comme regrouper et repérer avec des couleurs voyantes les indicateurs (cadrans, jauges, manomètres...) et les commandes sur les machines, voire dans tout l'atelier, afin de faciliter

© Groupe Eyrolles

leur repérage et leur utilisation. Il est recommandé de peindre de même manière, en couleurs voyantes, les leviers, manivelles, graisseurs, etc.

L'exemple typique du *seiton* est le panneau d'outils, dont les silhouettes se détachent par contraste. Tout emplacement d'outil manquant est immédiatement vu, et de loin. C'est ainsi que voyant qu'un outil n'est pas à sa place sur le panneau, on peut s'éviter le déplacement inutile et la recherche dans un environnement désordonné. Les emplacements vides sont également des invitations à remettre les emprunts en place après usage, un moyen de contrôle de présence et de conformité…

> *« Comment reconnaître un poinçon de pliage d'un autre en tout point identique ? Par le rayon du pli qu'il imprime à la tôle. Question superflue si l'outil est rangé sur la bonne étagère. Sinon, seule la lecture de la cote gravée dans l'acier évite les erreurs. "On était plusieurs à travailler sur la même machine ; c'était parfois l'horreur", explique Fabien Brayé, technicien de production au service prototypes chez Schroff, fabricant d'habillages électroniques (groupe Pentair, 300 salariés). Complication supplémentaire : chaque presse de pliage, qui forme les demi-armoires, reçoit cinq types de poinçons différents et neuf sortes de matrices, fort semblables. De plus, chaque outil se décline en une vingtaine de segments de longueurs différentes. "Un jour, marqueur en main, j'ai eu l'idée de les colorer", expose le technicien. Un large trait de couleur identifie désormais chaque outil. Dans l'esprit 5S, qui favorise la remontée des idées, sa suggestion a été vite adoptée par les autres presses. Résultat : une chute des rebuts et un moindre stress pour les opérateurs, qui effectuent jusqu'à vingt réglages dans une même équipe. »*
>
> Source : *L'Usine Nouvelle*, n° 2707 du 28 octobre 1999

Le travail d'assemblage à cadence soutenue nécessite de nombreux gestes de prise – dépose, que ce soit des pièces à saisir puis à monter ou des outils à prendre puis reposer. Un aménagement ergonomique du poste ainsi que l'ordre et le rangement favoriseront une bonne performance avec une moindre dépense d'énergie, moins d'efforts à fournir.

© Groupe Eyrolles

Applications dans les bureaux

La mise en commun et le partage de documentation permettent en général :

- de faire de substantielles économies de place et de frais de reprographie ;
- d'accélérer la recherche puisque le lieu unique de rangement est connu de tous ;
- de limiter les risques liés à la gestion des mises à jour.

Elle réduit aussi la dépendance à une personne particulière si les documents sont individualisés et que leur détenteur est absent. La mise en commun des fichiers informatiques sur les serveurs constitue une parade à ces inconvénients.

Un exemple classique de *seiton* dans les bureaux est le trait de couleur tracé de biais sur le dos des classeurs (illustration 1). Les classeurs sont en général identiques et leur repérage se fait par le texte sur leur dos, éventuellement complété par une numérotation ordinale. Ce système oblige à lire et à « décoder » chaque dos de classeur, jusqu'à identifier celui recherché.

Illustration 1

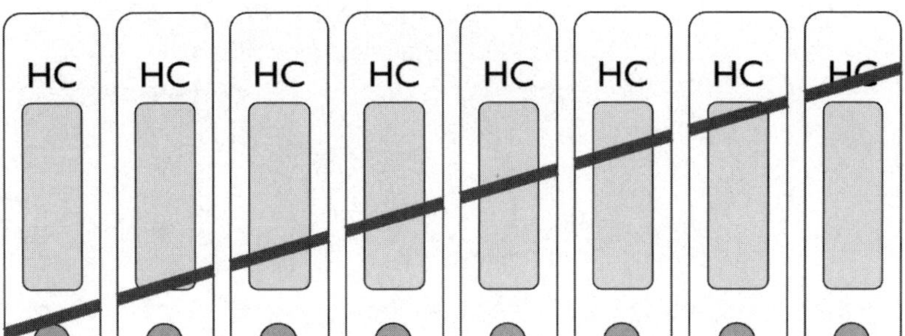

© Groupe Eyrolles

Barrer les classeurs ordonnés par une barre colorée en travers est un système plus simple de reconnaissance instantanée. En effet, si l'ordre n'est pas respecté à la remise en place, la ligne est brisée (illustration 2).

Illustration 2

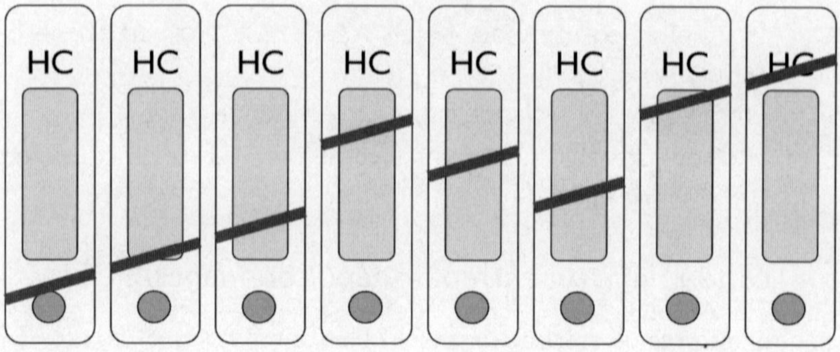

L'absence d'un classeur se remarque par la rupture de la ligne (illustration 3). L'aspect de la ligne et par conséquent la compréhension de la situation sont immédiats et visibles de loin. Plus besoin de se déplacer, de lire et d'interpréter.

Illustration 3

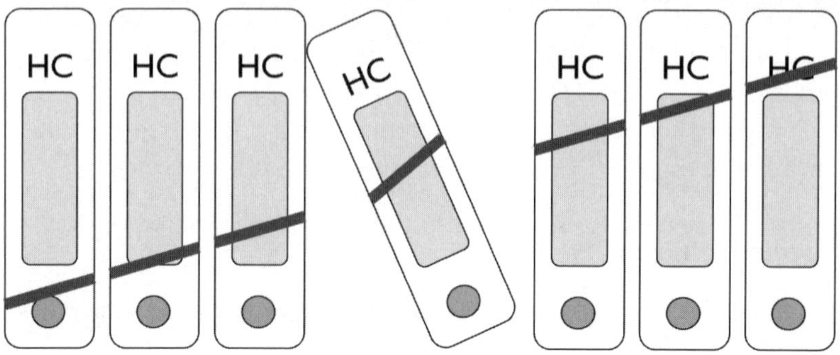

© Groupe Eyrolles

Les personnes les plus soigneuses et les plus ordonnées vont ranger le contenu de leurs tiroirs de manière à retrouver très rapidement tout objet qui s'y trouve. Ceci peut se faire simplement en découpant la forme des objets (stylos, surligneurs, agrafeuse, ruban adhésif, etc.) dans une mousse. Cette astuce, équivalente au tableau d'outils avec des silhouettes, assure :

- le maintien en place des objets même si le tiroir est fermé ou ouvert violemment,
- un repérage immédiat de la présence/absence,
- le retour des objets empruntés, car le propriétaire en constatera très vite l'absence.

Application dans un entrepôt, dépôt ou magasin

Les gestionnaires de stocks connaissent bien la méthode 20/80 ou ABC (voir p. 320), consistant à avoir une gestion différenciée en fonction de certains critères, tels les volumes, la valeur ou le taux de rotation. Les produits à forte rotation vont être logiquement placés près des entrées/sorties ou du lieu d'utilisation pour réduire les distances à parcourir.

Les produits les plus lourds sont placés au sol ou en bas de rayonnage. Dans les produits saisonniers ou de mode, les articles correspondants à la saison en cours ont droit à la meilleure exposition, alors que les produits demi-saison ou peu demandés pourront sans risque être placés dans des endroits moins en vue.

Les défauts d'identification ou d'étiquetage font souvent perdre un temps précieux aux clients et aux vendeuses/caissières, risquent même de faire rater des ventes, les clients incertains sur le prix préférant ne pas perdre de temps à le rechercher ou renoncer à se renseigner.

Application chez soi

Le placement des aliments dans un réfrigérateur devrait obéir à une double règle :

© Groupe Eyrolles

- la position verticale, sur les rayonnages, selon la température requise ;
- la position horizontale en fonction de la date de péremption – les plus proches de la date limite sur le devant.

Dans un réfrigérateur la répartition de la température n'est pas égale. L'étage inférieur est le plus froid. C'est là qu'il faut placer viandes et poissons. Les étages du milieu et du haut conviennent aux œufs, produits laitiers, charcuterie, les restes, les gâteaux et en général les produits portant la mention « à conserver au froid après ouverture ». Le bac à légumes tout en bas est destiné aux fruits et légumes dont les qualités peuvent être altérées par les températures trop basses. Les compartiments à l'intérieur de la porte sont quant à eux destinés à recevoir les produits qui ne nécessitent qu'une réfrigération légère, ainsi que les boissons, la moutarde et le beurre.

Les vêtements « tournent » eux aussi dans les armoires et penderies en fonction des saisons, ceux correspondants à la saison actuelle étant aux positions les plus faciles à atteindre, la saison opposée étant provisoirement « éloignée ».

Seiso – Nettoyer, faire scintiller

Après avoir trié l'utile de l'inutile et trouvé à arranger ce que l'on garde au poste, le troisième S vise la tenue du poste et de son environnement en termes de propreté. Le nettoyage régulier permet le maintien en bonnes conditions opérationnelles des lieux, outils, équipements, machines, etc.

Propreté et image

L'état de propreté et, dans une moindre mesure, de l'ordre d'un lieu ou d'une installation est le plus souvent la première perception d'un visiteur ou d'un utilisateur. Cette première impression marque fortement et durablement les esprits.

© Groupe Eyrolles

Anecdote

Un directeur d'usine avoua, quelques mois après sa prise de fonction, son hésitation à rejoindre l'entreprise. En effet, durant la phase de recrutement et après avoir visité des ateliers impeccablement tenus, il avait été surpris par le désordre dans les bureaux de la société qui souhaitait l'embaucher. L'état des bureaux était pour lui un révélateur du style de management. Malgré cet indice négatif, il se décida tout de même à rejoindre cette entreprise. Il compléta son aveu en affirmant ne jamais recevoir de visiteurs dans les bureaux, car ceux-ci lui faisaient trop honte.

Cet exemple illustre l'adage *mens sana in corpore sano* (un esprit sain dans un corps sain) par lequel on s'attend à ce que le bon état du corps, incluant l'hygiène, soit l'image du bon état mental ; autrement dit que l'apparence externe soit révélatrice de l'état d'esprit. Les auditeurs venant qualifier un fournisseur ou les services sociaux visitant une famille d'accueil raisonnent de la même manière lors de leurs investigations.

Voici quelques exemples de mon vécu personnel, sur l'impact de la tenue des locaux et de l'impact sur l'image dans des domaines très variés. Ce sont également des preuves que les principes des 5S trouvent leur application dans des environnements très différents.

Chez le dermatologue

En cherchant un dermatologue près de notre nouveau lieu de résidence, je suis tombé sur un médecin parfaitement qualifié et expérimenté, qui m'a prodigué rapidement les soins attendus à mon entière satisfaction, mais chez qui je ne retournerai jamais. La cause tient au manque évident d'attention au « ménage », particulièrement mesurable à la couche de poussière présente partout dans son cabinet.

© Groupe Eyrolles

Halls d'accueil et vitrines d'exposition

Voici une entreprise agroalimentaire dont l'espace d'attente pour les visiteurs dans le hall d'accueil s'agrémente d'une vitrine exposant les produits fabriqués par la maison. En avance sur mon rendez-vous et curieux, je m'approche pour découvrir un véritable cimetière de mouches. Les boîtes de produits formaient ainsi de petits monuments funéraires, couverts non de mousse mais de poussière. Je me suis beaucoup amusé à la vue de toutes ces mouches mortes de faim dans une vitrine exposant des boîtes de compléments alimentaires.

Lorsque mon hôte est arrivé pour m'accueillir, je lui ai montré ce qui devrait contribuer à la bonne image de l'entreprise et qui produisait exactement l'effet inverse. Très ennuyé, ce dernier a dû confesser qu'aucun responsable ne se rendait jamais assez loin dans l'espace d'attente pour constater les carences de nettoyage.

Le même phénomène s'est reproduit chez un grand parfumeur parisien, dont l'ensemble du hall d'accueil était une caricature anti-5S, alors que sur un écran géant au-dessus des hôtesses passait en boucle un clip vidéo très glamour pour le lancement du dernier parfum. Pendant que je patientais, voici quelques points que je notais :

- « haie d'honneur » de personnels en train de fumer devant l'entrée ;
- mouches mortes entre les boîtes et flacons dans les vitrines ;
- spots hors d'usage dans plusieurs rampes lumineuses ;
- éléments du décor mural affaissés ;
- radiateur d'appoint sous le comptoir des hôtesses, qui avaient de surcroît une couverture sur les jambes !
- paquets et enveloppes à même le sol, en désordre, attendant le coursier ou les destinataires ;
- murs sales ou tachés par endroits ;
- porte réparée avec un panneau provisoire.

L'histoire prit toute sa saveur lorsque le responsable qui me reçut déclara avec beaucoup d'assurance que l'entreprise était championne en matière de 5S. Je l'ai laissé à ses illusions.

© Groupe Eyrolles

Pour finir, ce hall d'accueil d'un des leaders des produits agrochimiques pour la santé des plantes, dont précisément celles de son hall devaient manquer cruellement. Là encore, le responsable à qui je montrais le *message* paradoxal qu'envoyait l'état de son hall d'accueil admit ne plus y prêter l'attention nécessaire.

Stations-service

J'ai pu me faire une opinion au fil du temps sur la tenue des boutiques et des sanitaires dans les stations-service des autoroutes françaises. Il y a des enseignes qui se démarquent nettement dans ce domaine et dans lesquelles par conséquent on s'arrête plus volontiers.

On pourrait objecter que les sanitaires les mieux tenus attirent d'autant plus d'usagers, ce qui n'est pas nécessairement le but recherché. C'est probablement vrai, mais mon expérience montre qu'il existe une forte corrélation entre la tenue des sanitaires et la tenue de la boutique, et qu'une bonne part des usagers des sanitaires font également quelques emplettes.

5S à la TV, et à la maison

Connaissez-vous cette émission de télé qui envoie deux expertes du nettoyage et rangement en mission commando chez des cas visiblement désespérés ? Ces dames trient, nettoient, rangent, donnent des règles puis vérifient leur application au bout d'un certain temps.

Plus habitué au triste état des locaux industriels que des logements privés, la première fois que j'ai vu un tel épisode, je me suis dit que c'était une mise en scène ou, à la rigueur, un cas extrême choisi à dessein par les producteurs de l'émission. Je ne pensais pas que de pareils cas se rencontrent dans la « vraie vie ». Et pourtant…

C'est en visitant avec mon épouse des appartements à acheter que je me suis rendu à la raison. Les occupants des lieux, bien que parfaitement informés des visites de leur intimité, n'en cachaient pour autant que bien peu de détails. C'est ainsi qu'au cours des visites nous avons croisé des reliefs d'épilation et de coiffage dans les lavabos et les douches, de la robinetterie entartrée à l'extrême, des bouches de ventilation poilues, des

© Groupe Eyrolles

vêtements gisants en désordre, des expositions de chaussures et chaussettes, des placards débordant de toutes les misères qu'on y cachait, de la vaisselle sale en attente d'un hypothétique auto-nettoyage, etc. Ces tristes intérieurs n'étaient pas ceux des citoyens les plus modestes ; ce n'était donc pas uniquement une affaire de moyens ou d'éducation.

À l'hôtel, prenez l'escalier

Pour jeter un œil dans les coulisses des hôtels, prenez les escaliers plutôt que les ascenseurs. Selon la tenue de l'établissement, vous verrez des cages d'escaliers propres et entretenues, ou au contraire des espaces supposés peu fréquentés donc peu entretenus. Dans les seconds cas, les cages d'escaliers sont souvent des débarras dans lesquels s'entassent le mobilier en surplus ou déclassé, du matériel qui ne sert plus ou peu souvent. Les murs et escaliers eux-mêmes sont tristes et sales. Il arrive que l'éclairage soit défaillant. Les paliers sont également des lieux prisés pour le stockage du linge, des chariots de nettoyage ou autres matériels. Cela découle de l'hypothèse – et de l'observation – que la plupart des clients prennent l'ascenseur et non pas les escaliers.

Cependant, que vont penser les quelques clients qui prennent effectivement les escaliers de la tenue de l'hôtel, de la rigueur de son management et de son personnel ?

Gare aux noix !

Paris, un hôtel de renom sur un des grands boulevards. Le buffet du petit déjeuner s'offre à la convoitise des clients. Sur un plateau, j'avise un assortiment de boîtes contenant des fruits secs. Je me constitue un mélange : abricots, amandes, noisettes, et m'apprête à me servir des cerneaux de noix lorsque je vois de la moisissure sur l'un d'eux. Je repousse le cerneau pour découvrir une épaisse moquette de moisi en dessous. Je le signale au chef de rang qui évacue discrètement la boîte incriminée. Assurément, le personnel complétait les boîtes sans vérifier l'état des fruits restants ni la propreté du fond.

© Groupe Eyrolles

Nettoyer régulièrement

Dans un environnement propre, une anomalie se détecte plus facilement et plus rapidement, à l'exemple d'une fuite d'huile qui se verra immédiatement sur une machine propre mais passera inaperçue si la machine est sale et maculée d'huile en permanence.

Il faut insister sur le caractère *régulier* du nettoyage, car un grand ménage ponctuel risque non seulement de coûter plus cher en temps et en énergie qu'un petit nettoyage régulier, mais risque de laisser des situations inacceptables durant les intervalles.

Anecdote

Je me souviens de la salle de réunion d'une société spécialisée dans le nettoyage, où nous avions une réunion tôt le matin avec la direction. En entrant à la suite de nos hôtes, nous avons découvert les restes du pot d'entreprise de la veille : bouteilles et gobelets vides, reliquats de canapés, serviettes usagées, etc. Situation cocasse et très inconfortable pour les dirigeants. Si nous avons pris le parti d'en sourire, cet indice en disait néanmoins long sur la rigueur et la discipline dans l'entreprise.

Le nettoyage régulier est une forme d'inspection. C'est en passant un chiffon chaque soir sur la machine que l'on peut détecter précocement des anomalies, en rangeant son bureau que l'on vérifie que tous les papiers urgents ont été traités, en balayant les allées que l'on s'aperçoit que la toiture fuit, etc.

La notion de *nettoyage* sous-entend également la remise en état de toute dégradation constatée : carrelage abîmé, capotages ayant subi des chocs, peinture qui s'écaille, rouille, etc.

La régularité du *seiso* doit être organisée. Pour cela, il faut :

- faire l'effort de ramasser ce qui traîne, même si cela n'est pas à soi ou de son fait ;

© Groupe Eyrolles

- définir ce qu'il faut nettoyer – le poste de travail et son environnement (machines, sols, allées, outils...) ;
- définir les moyens pour parvenir à maintenir un niveau de propreté et d'ordre souhaité, ainsi que la fréquence de nettoyage nécessaire ;
- diviser l'atelier en zones avec un responsable pour chacune d'elles, car « *donner à tout le monde c'est donner à personne* » ;
- identifier et si possible éliminer les causes de salissures.

Ce dernier point est particulièrement important, car il met l'accent sur le maintien d'un état de référence et non sur l'acte de nettoyage lui-même. Ainsi **éviter de salir** est plus important que de nettoyer. Il vaut mieux consacrer son énergie à rechercher les causes de salissure et les éliminer, que de devoir nettoyer sans cesse.

Anecdote

Dans un atelier de maintenance, des pièces mécaniques de grandes dimensions maculées d'un lubrifiant particulièrement poisseux et salissant sont démontées. Le lubrifiant goutte sur le sol sans que personne ne s'en préoccupe. Régulièrement, les ouvriers doivent nettoyer le sol de béton à grand renfort de détergent, alors que la protection du sol par un simple carton aurait suffi à réduire notablement le nettoyage, voire ne pas avoir à nettoyer du tout...

La remise en peinture, notamment avec des couleurs claires, des sols et machines est un moyen de rendre la saleté non seulement visible, mais intolérable. Certaines entreprises n'hésitent pas à fournir à leurs employés des blouses et vêtements de travail de couleurs claires pour les inciter à travailler avec plus de propreté.

© Groupe Eyrolles

Seiketsu — Standardiser

Cette quatrième étape vise à standardiser et respecter les 3S précédents.

Les trois premiers S sont des actions à mener sur le terrain, alors que ce quatrième S propose de construire un cadre formel pour les respecter et les faire respecter. Pour que le maintien de la propreté et l'élimination des causes de désordre deviennent des actes normaux du quotidien, il est indispensable de les inscrire comme des règles de base, des standards à respecter par tous dans la zone de travail.

Les règles touchant à la sécurité relèvent de la réglementation et **ne sont pas négociables** !

Le *seiketsu*, en édictant des règles, aide à combattre la tendance naturelle au laisser-aller et le retour aux vieilles habitudes. Les acteurs définissant eux-mêmes leurs règles, ils n'auront pas de raison de ne pas les appliquer. Par ailleurs, le maintien du bon état de leur environnement est le fruit de leurs efforts quotidiens, ils auront donc à cœur de faire respecter les règles 5S par des nouveaux arrivants ou des travailleurs temporaires.

Cependant, pour que les personnels à intégrer ou temporaires puissent s'approprier les règles en vigueur, il faut les documenter.

Utilisez des symboles

Je recommande toujours aux groupes de projet de viser le niveau de compréhension le plus modeste en privilégiant le symbolisme, le visuel plutôt que la littérature. En effet, certains travailleurs peuvent ne pas très bien maîtriser la langue, ou avoir des difficultés de lecture.

Le *seiketsu* permet de simplifier la compréhension du poste et de son environnement si l'on privilégie les aides visuelles.

© Groupe Eyrolles

Tous les cas de figures ne peuvent être décrits dans un catalogue de règles ou un recueil de procédures. Le succès des 5S se mesure par l'autonomie et le bon sens dont feront preuve les employés.

Un bon mauvais exemple

Un contre-exemple est celui d'un agent de maintenance d'une entreprise du secteur agroalimentaire intervenant pour une réparation au-dessous d'une cuve de soutirage. Dans l'agroalimentaire, les règles d'hygiène sont strictes afin de garantir la sécurité alimentaire des produits. Une des plus grandes craintes des responsables et des personnels est la contamination des produits et leur découverte chez les clients ou les consommateurs. La hiérarchie doit donc régulièrement s'assurer du bon respect des règles, qui sont proches de celles en vigueur dans l'industrie pharmaceutique et qui ont été renforcées à la suite de diverses affaires et scandales.

Notre agent de maintenance entre par une porte de service dont il a la clé, sans passer par le sas pour changer de tenue ou mettre une combinaison, une charlotte sur les cheveux et des surchausses, ni se laver et désinfecter les mains comme cela est obligatoire. Naturellement, aucun des outils introduits de la même manière n'est désinfecté. Il se met à l'œuvre et pose ses outils sur la face interne des couvercles destinés à couvrir les seaux après soutirage, autrement dit la face potentiellement en contact direct avec le produit !

On peut déduire de cette anecdote rigoureusement exacte que :

- Les règles d'hygiène, de propreté et de sécurité sanitaire (que nous pouvons assimiler à des règles 5S) ne sont pas forcément connues des personnels des services support.
- Connues ou non, elles sont librement transgressées sans que les autres personnels ne réagissent (dans ce cas, c'est moi, visiteur externe, qui ai fait remarquer au responsable qui m'accompagnait le non-respect évident de règles élémentaires).

© Groupe Eyrolles

- La sensibilisation ou la formation, doublées du bon sens, permettent par analogies et déduction de se comporter de manière responsable dans un environnement que l'on sait sensible. Or, dans ce cas, rien de tout cela n'est décelable. Dans le doute, on va dans un premier temps supposer que la formation n'a pas été donnée aux personnels du service maintenance, ce qui reste néanmoins étonnant.
- Il n'y a aucune raison pour que cet incident soit unique et qu'il se produise précisément le jour où je visite les installations avec un groupe de travail 5S. Par ailleurs, le comportement très naturel de l'agent de maintenance montrait qu'il ne pensait pas contrevenir à des règles.

Finalement, le groupe de travail 5S s'est emparé de cet exemple constaté sur le vif pour améliorer l'information sur les règles et procédures, leur diffusion et le contrôle de leur application. La direction de l'entreprise a naturellement approuvé leurs propositions.

Shitsuke — Suivre et faire évoluer

Finalement, pour faire vivre les quatre premiers S, il faut les stabiliser et les maintenir. Il faut surveiller régulièrement l'application des règles, les remettre en mémoire, en corriger les dérives mais aussi les faire évoluer en fonction des progrès accomplis.

Shitsuke : la rigueur, c'est aussi l'implication. L'implication est une affaire de comportement personnel à double titre :

- être soi-même exemplaire quant à l'application des règles ;
- ne pas laisser passer un manquement aux règles.

Anecdote

Une entreprise de chimie disposait d'un magasin central distant des différents laboratoires. Les chimistes venaient s'approvisionner au magasin selon leurs besoins. Quelques règles, parfaitement connues au demeurant, régissaient le transport de matériel ▶

© Groupe Eyrolles

> entre le magasin et les laboratoires. Pourtant, les laborantins prenaient fréquemment des libertés peu compatibles avec la nature des produits manipulés : bouteilles de verre glissées dans les poches de la blouse, cigarette fumée en chemin, trajet acrobatique en bicyclette… autant de règles non respectées qui, dans certains cas, ont conduit à des accidents sérieux.

Le suivi des 5S se traduit par la réalisation d'auto-évaluations, la promotion de l'esprit d'équipe, l'institution de règles de comportement, la mise en place d'une bonne communication, ainsi que… la reconnaissance des résultats obtenus, car chaque étape est une petite victoire.

En instituant un système de suivi avec affichage d'indicateurs, les désormais cinq S sont assurés de continuer à vivre, mais aussi de repousser graduellement leurs limites initiales, dans une démarche d'amélioration continue. Après un premier déploiement réussi, il est possible de **trier** plus sévèrement, d'améliorer le **rangement** et **l'identification**, de **nettoyer** des endroits non pris en compte jusque-là, etc.

Ces améliorations doivent conduire à la mise à jour des règles, du standard et des référentiels de suivi.

La loi et l'esprit de la loi

Dans le chapitre précédent, nous avons déjà évoqué le fait que tous les cas de figures ne peuvent être décrits dans un recueil de procédures. Ainsi en est-il de la vérification de leur application. Les grilles d'évaluation dont il sera question plus loin ne peuvent couvrir tous les « cas » possibles, et la conformité des pratiques à ces référentiels ne garantit pas la conformité à l'esprit des 5S.

Ceci signifie que les évaluateurs ne doivent pas remplir mécaniquement leurs grilles mais faire preuve de discernement, tout comme les acteurs du terrain doivent s'employer à agir dans l'esprit 5S plutôt que de se conformer strictement à des procédures.

© Groupe Eyrolles

Il arrive que les dérives et manquements soient découverts ou mis en évidence fortuitement, comme dans le cas de l'agent de maintenance cité précédemment.

Je me souviens d'une visite dans une entreprise employant des résines synthétiques, suivie d'une invitation à déjeuner au restaurant d'entreprise. En suivant mes hôtes vers le restaurant, je demande où je peux me laver les mains. Les deux directeurs marquent un léger temps d'arrêt, se regardent brièvement et m'invitent à les suivre en rebroussant chemin vers les toilettes. Il était évident que le lavage des mains avant d'aller déjeuner ne faisait pas partie de leurs habitudes et que la requête d'un tiers les a gênés en leur mettant en évidence leurs manquements à une règle élémentaire d'hygiène.

Ainsi, il est peu probable de trouver des règlements intérieurs précisant que tout déchet est à mettre dans une poubelle adéquate, qu'il est fortement conseillé de se laver les mains après passage aux toilettes et/ou avant d'ingérer de la nourriture ou des boissons, car ce sont là des actes « normaux », englobés dans des règles générales d'hygiène, de propreté et de comportement en société.

Première synthèse

Les 5S n'ont rien de fondamentalement nouveau. Ils sont faits d'une multitude de gestes simples mais essentiels. Il ne faut aucune connaissance particulière ni de moyens sophistiqués pour les mettre en œuvre. Leur formalisation en démarche structurée permet de (re)construire un environnement de travail fonctionnel et sécurisé, régi par des règles simples, précises et efficaces. Le déploiement des 5S se fait dans un ordre logique et avec progressivité. Les trois premiers S sont des actions de terrain, les deux derniers sont des actions de maintien et de progrès. Simple d'apparence, les 5S forment un ensemble cohérent et puissant. Leur déploiement correctement mené permet d'aller bien au-delà de s'astreindre à faire (ou faire faire) le « ménage ». En effet, les 5S permettent de :

- créer un esprit d'équipe autour d'un projet participatif ;
- mobiliser les participants en les mettant en action ;

© Groupe Eyrolles

- remettre en cause les habitudes, surtout les mauvaises ;
- promouvoir l'initiative et l'amélioration continue ;
- responsabiliser les acteurs ;
- évaluer et s'évaluer pour se lancer de nouveaux défis.

Les 5S se mènent sur le terrain avec des actions très concrètes. Leur résultat est immédiatement visible.

LES ORIGINES DES 5S

Pour les occidentaux, les 5S sont originaires du Japon, ce qu'accréditent les fameux cinq mots, délicieusement exotiques mais diablement compliqués à retenir, qui leur donnent le nom. En fait, les origines des 5S seraient… américaines !

Durant la Seconde Guerre mondiale et pour soutenir l'effort de guerre américain, fut créé le programme de formation TWI *(Training Within Industry)* consistant à apprendre aux agents de maîtrise à former leur personnel – des femmes, des ouvriers non qualifiés, en remplacement des hommes mobilisés – au poste de travail, en pratiquant *sur le tas*.

Le programme TWI[1]

Il comporte trois modules standards :

1. **Job Instruction** (JI) destiné à accroître la productivité et la qualité de service en réduisant les pertes de temps et les gaspillages liés aux instructions insuffisantes ou inadéquates au poste de travail.

© Groupe Eyrolles

1. Pour en savoir plus http://premierstrategics.com/twi.html

2. **Job Relations** (JR) qui a des visées similaires, mais en harmonisant les relations de et au travail, la collaboration entre collègues.
3. **Job Methods** (JM) focalisé sur l'utilisation efficiente des matériaux et équipements, l'amélioration continue et la chasse au gaspillage[1].

Au recto de la petite carte[2] mnémotechnique *Job Methods* on trouve le texte suivant :

Tableau 2

Texte original	Traduction
STEP III – DEVELOP the new method 1. ELIMINATE **unnecessary** details. 2. COMBINE details when practical. 3. REARRANGE for better sequence. 4. SIMPLIFY all **necessary** details : - Make the work easier and safer, - **Pre-position** materials, tools and equipment at the best places in the proper work area,	**ÉTAPE III – DÉVELOPPER** la nouvelle méthode 1. ÉLIMINER les éléments **non nécessaires.** 2. COMBINER les éléments de détails quand cela est pratique. 3. RÉARRANGER pour une meilleure séquence. 4. SIMPLIFIER tous les éléments **nécessaires** : - rendre le travail **plus facile** et plus **sûr,** .../...

1. « *How to improve Job Methods, a practical plan to help you produce greater quantities of quality products in less time, by making the best use of the manpower, machines and materials now available.* »
2. Les instructions et conseils étaient imprimés sur de petites cartes que l'on pouvait garder dans la poche. Une mention stipule « *Keep this card handy* », c'est-à-dire « Ayez cette carte toujours à portée de main ».

© Groupe Eyrolles

- Use **gravity-feed** hoppers and drop delivery chutes, - Let **both hands** do useful work, - Use **jigs** and **fixtures** instead of hands, for holding work. 5. **Work out** ideas **with** others. 6. Write up your proposed new method.	- **prépositionner** matériaux, outils et équipements aux meilleurs endroits dans la zone de **travail adaptée,** - utiliser la **gravité** et les **glissières,** - laisser les **deux mains** exécuter un travail utile, - utiliser **gabarits** et **supports** plutôt que les mains pour tenir le travail. 5. **Développer** les idées **avec** d'autres. 6. Décrivez vos suggestions de nouvelles méthodes.
STEP IV – APPLY the new method 1. **Sell** your proposal to the **boss.** 2. **Sell** the new method to the **operators.** 3. Get final approval of all concerned on **safety**, **quality**, **quantity**, **and cost.** 4. Put the new method to work. Use it until a **better** way is developed. 5. Give **credit** where credit is due.	**ÉTAPE IV – APPLIQUER** la nouvelle méthode 1. **Vendez** votre proposition au chef. 2. **Vendez** la nouvelle méthode aux **opérateurs.** 3. Recevez l'approbation finale de tous les concernés par la **sécurité**, la **qualité**, les **quantités**, le **coût.** 4. Mettez la nouvelle méthode en œuvre. Utilisez-la jusqu'à ce qu'une **meilleure** méthode soit développée. 5. **Créditez** ceux à qui revient le mérite.

Source : War Production Board, Bureau of Training, Training Within Industry Service, 1943, « Job Methods : Sessions Outline and Reference Material », Washington D.C. : US Government Printing Office.

© Groupe Eyrolles

La bonne tenue du poste de travail (*housekeeping*[1]) fait partie des champs d'application, visés par l'analyse des potentiels d'amélioration, au verso de la carte.

Après la fin de la guerre, le programme TWI a été déployé par les Américains au Japon pour aider le pays à se relever. Les modules TWI originaux ou adaptés, constituent encore aujourd'hui les formations de base de certaines entreprises japonaises[2].

Notons que le module « *Job Methods* » est reconnu par les Japonais comme élément fondateur du *Kaizen* (amélioration continue) et du système de suggestion *Kaizen Teian*, autres démarches supposées japonaises.

Culture et environnement japonais

Tout au Japon semble rare et précieux. En effet, l'archipel est pauvre en ressources naturelles, pauvre en terres cultivables et en terrains à bâtir. Cela a contribué à développer une certaine philosophie de la frugalité, qui trouve également ses racines dans la culture, les religions et les conditions de vie[3]. Dans le Japon en ruines de l'immédiate après-guerre, où toute matière était précieuse, les règles d'économie et de chasse au gaspillage ont trouvé un terreau particulièrement fertile[4].

Par ailleurs, la prééminence de la collectivité sur l'individu, l'habitude du travail en groupe et la recherche du consensus sont d'autres traits caractéristiques des cultures asiatiques, qui ont favorisé le développement et le succès des méthodes participatives.

Au Japon, passé le cap de l'économie de survie de l'immédiate après-guerre, l'ensemble des bonnes pratiques développées durant ces

1. Littéralement « tenue de la maisonnée », ce terme est malheureusement systématiquement traduit en « faire le ménage ».
2. J'ai vécu ma propre expérience TWI au Japon, au sein d'une usine Yamaha en 1989.
3. Le pays a connu vingt grandes famines entre 1675 et 1837.
4. Voir MORITA Akio, *Made in Japan*, Robert Laffont, Paris 1986 pour la description des conditions dans lesquelles Sony a été fondée dans l'immédiate après-guerre.

© Groupe Eyrolles

périodes difficiles et mûries au fil du temps est devenu un pilier fondamental de la performance industrielle et économique des entreprises.

Les 5S arrivent en Occident

Les 5S font partie des « méthodes japonaises » découvertes en même temps que les succès industriels et commerciaux des marques japonaises dans les années quatre-vingt. Dans la recherche de la recette des succès insolents des concurrents nippons, les industriels occidentaux ont découvert des méthodes et démarches telles que le management par la qualité totale, les cercles de qualité, le *kanban*, le *SMED*, la *TPM*.

Après avoir cherché un moment *la* méthode, les Occidentaux ont fini par comprendre que la performance japonaise tenait plutôt à un ensemble de méthodologies et de bonnes pratiques[1] associées à une *boîte à outils*, et non à *une* méthode miraculeuse.

L'analyse des retours d'expériences ainsi que l'étude des modèles tels celui de Toyota montrent que le succès tient à la prise en compte de deux dimensions simultanément :

- le **savoir-faire**, qui est la dimension technique et méthodologique ;
- le **savoir-être**, qui est la dimension comportementale.

Les 5S ont généralement bien été identifiés comme un prérequis indispensable aux autres méthodes, mais ils n'ont pas connu le même engouement que la méthode kanban, plus « technique », par exemple. Il est probable que les 5S ont souffert d'emblée d'un déficit d'image, la bonne performance industrielle ne saurait s'expliquer par quelque chose d'aussi simple que « *faire de l'ordre, ranger et tenir propre* » !

© Groupe Eyrolles

1. Au sens de « comportements » au quotidien.

Les 5S sont-ils un produit culturel ?

Cette démarche, contrairement à d'autres[1] au moins aussi fortement connotées *made in Japan*, a été souvent accueillie avec de fortes réserves, les opposants ou résistants au changement mettant en avant les sentences traditionnelles : « *Ca ne peut pas fonctionner chez nous* » ; « *Chez nous c'est différent* », « *Oui, mais chez eux c'est une question de culture* ».

Les 5S sont-ils un produit culturellement japonais ? Question légitime lors de leur découverte dans les années 1980. Avec le recul et les témoignages de nombreux exemples d'implémentations réussies à travers le monde, on peut cependant affirmer qu'il n'en est rien !

De nos jours la question même prête à sourire. Le lecteur du début du XXIe siècle peut se rassurer : les 5S trouvent leur application dans de multiples activités et dans n'importe quelle culture. À titre d'exemples, les salles blanches où doit régner l'ultrapropreté, la lutte contre les risques sanitaires, la recherche de la maîtrise de la qualité et de la meilleure performance sont résolument universelles.

Les 5S sont-ils un produit culturel ? Dans le sens où les 5S font désormais partie de la culture générale des techniciens et managers, du fonds culturel commun[2] que partagent les industriels, la réponse est résolument oui !

Les nippophobes et francophiles : cachez ces japonaiseries !

Les nippophobes sont les personnes ou entreprises qui ne supportent pas — ou plus — les références aux méthodes japonaises et encore moins ces mots importés que la plupart des industriels occidentaux ont adoptés. Les francophiles jugent que la langue française est suffisamment riche pour exprimer des concepts venus d'ailleurs et que leurs personnels comprendront plus facilement les acronymes et termes français.

1. Les cercles de qualité, la qualité totale et Kanban notamment.
2. HOHMANN Christian, *Audit combiné qualité/Supply Chain*, Éditions d'Organisation, Paris, 2004, p. 15.

© Groupe Eyrolles

Nippophobes et francophiles ont en commun de franciser ou de réinventer des mots et sigles pour remplacer les originaux étrangers. À titre d'exemple, voici quelques sigles mnémotechniques francisés donnés à des projets qui reprennent les 5 étapes et la logique des 5S :

- ORDRE : Ôter, Ranger, Décrasser, Réglementer, Enraciner ;
- RANGE : Retirer, Arranger, Nettoyer, Généraliser, Enraciner ;
- SOBRE : Supprimer, Ordonner, Brosser, Rationaliser, Encourager ;
- ÉCLAT : Éliminer, Classer, Lessiver, Ancrer, Transformer.

Cet autre exemple désigne sur quatre lettres, un programme plus proche de la culture de l'entreprise qui l'a défini : ROND : Rangement, Ordre, Nettoyage, Discipline.

En trois lettres :

- ROP : Rangement, Ordre, Propreté, un programme limité aux fondamentaux de l'hygiène industrielle ;
- OSE : Ordre, Sécurité, Environnement, un programme générique qui déborde des 5S traditionnels et s'ouvre sur la sécurité des hommes et le respect de l'environnement.

L'appropriation de l'esprit des 5S et leur désignation sous un autre sigle n'est pas un problème en soi, sinon qu'il en rend la compréhension à une personne externe plus difficile. En effet, les 5S sont connus et reconnus internationalement sous ce sigle. Ils font partie du « fonds culturel commun » qui regroupe les meilleures pratiques et les concepts les plus avancés que partagent industriels et entreprises. Ne pas reprendre le sigle consacré, c'est se singulariser par rapport à la communauté et risquer de ne pas en être compris.

Les 5S, à quoi bon ?

L'éducation et l'implication des adultes nécessitent la compréhension et la poursuite d'une finalité. À l'inverse des enfants, les adultes sont difficilement mobilisables lorsque le sens de l'action qui leur est demandée

© Groupe Eyrolles

leur échappe. Dans le contexte du déploiement d'un projet 5S, il faut pouvoir répondre à la question « *Les 5S, oui mais pourquoi ?* ».

L'observation et l'analyse des dysfonctionnements dans les ateliers permettent de déceler de nombreux *foyers d'inefficacité*[1]. Leurs natures sont très variées ; problèmes liés à la qualité, la productivité, la discipline, le comportement, etc. Originalement, les 5S sont une réponse à ces analyses des causes d'inefficacité. Voici une liste de bonnes raisons de déployer les 5S, qui ne se prétend pas exhaustive.

La qualité

Traditionnellement la première réponse à la question *à quoi bon ?* concerne la qualité du travail, en argumentant qu'il ne peut y avoir de bonne qualité d'exécution et des produits dans un environnement dégradé. Cette argumentation, toujours valable, était mise en avant au plus fort du déploiement de la qualité totale[2]. Elle s'enrichit aujourd'hui d'une recherche accrue de sécurité pour les personnes et du respect de l'environnement.

Les 5S conservent toute leur actualité par leur promotion du progrès permanent, axe important de la norme ISO 9001 : 2000, ainsi que la traque aux résidus et effluents à contrôler et l'éradication des dysfonctionnements, dans un esprit très proche de la démarche *Six Sigma*.

La participation

Le mode participatif fait passer les personnels de l'état de spectateurs passifs et plus ou moins attentifs mais néanmoins concernés, à celui d'acteurs impliqués. En effet, dans le mode directif ou taylorien, les décisions se prennent par la hiérarchie et les experts de l'organisation du travail sans concertation avec ceux qui seront chargés de les appliquer.

1. TAKASHI Osada, *Les 5S, première pratique de la qualité totale*, Dunod, Paris, 1993.
2. Pour preuve le titre du livre de Takashi Osada, cité ci-dessus.

© Groupe Eyrolles

Un chantier 5S est un excellent moyen de prendre en compte les avis et idées des personnels exécutants. L'amélioration des postes et de l'environnement de travail est également un signal fort de l'investissement de l'entreprise dans sa ressource humaine. Les 5S tranchent avec les activités de type *cercle de qualité*, qui devaient bénéficier surtout aux produits, aux services et par suite aux clients puis à l'entreprise, car les 5S bénéficient également, et en grande partie aux personnels.

La participation au chantier 5S est une activité motivante, qui permet aux personnels astreints à des tâches spécialisées et répétitives de faire la démonstration de talents méconnus. La plupart des personnes apprécient la prise en compte de leurs idées et les premiers succès stimulent la génération de suggestions pour aller plus loin.

Les 5S permettent aux acteurs, ceux qui font l'action, de créer un environnement de travail adapté, agréable et sécurisé. Cette possibilité de **penser et organiser son travail** est une rupture avec les pratiques tayloriennes. Elle participe à *l'empowerment* [1] et à l'enrichissement des tâches.

L'image

Les 5S contribuent à l'établissement d'une bonne image de marque auprès des clients. Les clients consommateurs sont éduqués et astreints aux règles de qualité et aux bonnes pratiques mises en place par leur entreprise, dans leur propre travail. Dans leur vie « civile », ces personnes restent naturellement sensibles aux carences détectables dans les lieux où ils se rendent : bureaux de l'administration, gares, magasins, commerces, restaurants, pharmacie, hypermarchés, dépôts, etc.

Dans le *Business to Business*, un nombre croissant de clients visite et audite les installations de leurs fournisseurs. Les audits peuvent avoir un

1. Littéralement, le verbe anglais *empower* signifie « rendre plus fort, plus indépendant ». L'*empowerment* est l'autonomie et le pouvoir de décision concédés au personnel le plus proche du besoin de décision, indépendamment de leur position hiérarchique.

© Groupe Eyrolles

tout autre sujet que les 5S. Néanmoins, la tenue des installations au sens large, à commencer par le parking puis la cour, le hall d'accueil, les couloirs, bureaux et autres locaux, est une indication précieuse sur l'état de la discipline, le soin porté au travail, à son environnement et aux produits. Les auditeurs sont des experts chevronnés, qui très certainement connaissent les 5S et les autres bonnes pratiques. Ils ne se laisseront pas abuser par un nettoyage de circonstance[1] et sauront reconnaître les signes de la maturité en matière de 5S. L'obtention d'un contrat peut aussi tenir à la confiance inspirée au client. *« Le diable est dans les détails »*, dit-on…

Une entreprise a mis à profit de manière innovante les demandes de visites en transformant les visiteurs en auditeurs :

« Le fabricant d'armoires électroniques invite ses visiteurs à porter un regard critique sur son organisation. L'objectif est double. D'abord, profiter du regard neuf des visiteurs pour repérer des dysfonctionnements "que nous ne voyons plus" […] Ensuite, impliquer les opérateurs, les "faire parler". »

Source : *L'Usine Nouvelle*, n° 2706 du 21 octobre 1999

Les locaux de l'entreprise forment également une vitrine lors d'opérations portes ouvertes. L'effort de présentation sera moindre si les 5S sont déjà déployés, puisque la bonne tenue des locaux, ateliers et postes est alors une pratique quotidienne. Cette image étant le reflet des personnels impliqués, elle alimente la *logique de l'honneur*[2].

1. Voir le chapitre concernant les 5S dans *L'audit combiné qualité/Supply Chain*, du même auteur.
2. Principe selon lequel la fierté du travail bien fait n'apprécie pas la mise en cause par les personnes de l'extérieur. D'IRIBARNE Philippe *La logique de l'honneur, Gestion des entreprises et traditions nationales*, Éditions du Seuil, Paris, 1989.

© Groupe Eyrolles

On vous voit !

Combien de fois ai-je été surpris, en admirant les beaux immeubles de bureaux tout en métal et en verre des quartiers d'affaires, par les amoncellements aussi hétéroclites qu'inesthétiques d'objets contre les vitres et visibles depuis la rue !

L'établissement ou le rétablissement de règles

Chaque manager a pu faire cette expérience : il ne suffit pas de donner des instructions pour que le travail se fasse et qu'il se fasse correctement. En matière de tenue de poste et de comportement au travail, si aucune règle ou aucun standard n'existe, il y aura autant de pratiques que d'individus. Les 5S permettent l'établissement ou le rétablissement de règles de travail et comportementales, et ce de manière participative et consensuelle.

À partir du moment où des règles et des standards existent, on peut :

- exiger de chacun de s'y conformer ;
- mesurer et comparer ;
- juger si la tenue des postes et les comportements sont conformes ou déviants.

À terme, les 5S permettent d'induire un changement durable de l'état d'esprit et des comportements, comme établir ou restaurer le respect des collègues, en laissant une zone de travail propre et rangée en fin de poste.

L'appropriation par les personnels

Les changements sont d'autant mieux acceptés et vécus s'il y a information, participation et implication des personnels concernés. Les changements induits par les 5S portent sur l'environnement et l'élaboration de règles de vie. L'implication des personnels concernés leur permet de s'approprier les lieux, les outils et les équipements, ainsi que de changer

© Groupe Eyrolles

leur comportement au quotidien. Les 5S visent à installer ou restaurer le respect des lieux et des choses, en prenant soin de ce qui est confié, y compris la responsabilité de l'exécution autonome des tâches et des travaux. Des comportements plus responsables et des personnels plus impliqués favorisent également la sécurité et la prévention des accidents, ainsi que des attitudes responsables et respectueuses envers l'environnement.

Développement durable et *QSE*

Les 5S s'inscrivent harmonieusement dans l'actualité des entreprises qui poursuivent une politique de déploiement *QSE*, basée sur la Qualité, la Sécurité et la prise en compte de l'Environnement. Le tableau suivant montre les contributions de chacun des S au triptyque QSE.

© Groupe Eyrolles

Tableau 3

	Qualité	Sécurité	Environnement
Seiri **S**upprimer l'inutile	• Supprimer risques d'erreurs, de confusion. • Travailler sur des surfaces dégagées. • N'avoir au poste que le nécessaire.	• Supprimer les obstacles dans les cheminements, dégager le poste, améliorer la visibilité. • Réduire les risques de chutes d'objets et de personnes.	• Retirer tout ce qui n'est pas utile à l'exécution du travail, mais peut présenter un risque en cas d'incendie, de fuite, etc.
Seiton **S**ituer les choses	• Supprimer les risques d'erreurs, de confusion.	• Identifier les dangers potentiels. • Ranger de manière sécurisée (pas de risques de chute ni de blessure).	• Placer les objets dans des emplacements adaptés et visibles; bacs de rétention, armoires antidéflagrantes, etc. • Identifier les produits.
Seiso (Faire) **S**cintiller	• Propreté de base pour un travail de qualité. • Prévention des défauts d'aspect. • Remédier à toute dégradation.	• Détection précoce et remise en état des détériorations.	• Limiter le recours à des moyens lourds et des produits agressifs détergents, solvants, pour des nettoyages ponctuels.
Seiketsu **S**tandardiser les règles	• Les 5S sont intégrés dans l'ensemble des procédures et règles qui régissent le travail et ont une incidence sur sa qualité.	• Les règles sont établies, la discipline s'applique à tous.	• L'existence de règles réduit les comportements irresponsables et irrespectueux.
Shitsuke **S**uivre et progresser	• Le maintien de la qualité des produits et prestations et celui de la qualité de l'environnement de travail sont liés. Le progrès continu est une exigence de l'ISO 9001.	• La mise en place de réglementations et d'exigences de plus en plus sévères sur la sécurité et le respect de l'environnement nécessite une adaptation permanente des règles et des comportements dans les entreprises.	

L'approche et la méthodologie des 5S, couplée au déploiement QSE fournissent au responsable un programme opérationnel.

© Groupe Eyrolles

Dégager de la place et de la capacité !

Si la mode est à la minceur, à la beauté et à la bonne forme, elle ne l'est pas que pour les humains, elle l'est également pour les entreprises. Les 5S permettent de débarrasser les zones de travail et d'entreposage de leur embonpoint et de leur saleté.

Chaque fois qu'un prospect ou un client se plaint du manque de place, je pense 5S de manière réflexe. Avant toute chose, il faut vérifier sur le terrain comment l'espace est occupé et géré. Dans une majorité des cas, un gain de surface, souvent conséquent, peut être obtenu au travers de la mise en place des 5S. On peut même affirmer qu'au regard du seul coût du mètre carré dans certaines agglomérations, le coût du déploiement des 5S est ridicule par rapport aux gains qu'ils génèrent.

Ce raisonnement peut être étendu à la capacité de production, ou au manque de temps. Une observation méthodique[1] et attentive de l'exécution du travail révèle très fréquemment que la part de temps et/ou de ressources gaspillés en opérations inutiles est largement supérieure à la part de temps générant de la valeur ajoutée. Par exemple, lorsque l'on est amené à :

- procéder à des recherches diverses et répétitives ;
- refaire ce que l'on ne retrouve plus ;
- refaire ce qui a été mal fait ;
- refaire parce qu'on ne savait pas que c'était déjà fait ;
- etc.

La première cause de ces gaspillages est le non-respect du mode opératoire, soit parce que celui-ci n'existe pas, qu'il n'est pas adapté ou que les exécutants manquent de rigueur dans l'application. Ensuite, un peu d'ordre, de rangement et des indications claires peuvent faire gagner un temps conséquent et dégager de la capacité pour produire utile.

1. Technique des observations instantanées.

© Groupe Eyrolles

Réduire la démarque inconnue

La démarque inconnue désigne dans le commerce et la grande distribution un écart d'inventaire inexplicable. Ces écarts sont le plus souvent les conséquences de pertes et disparitions (erreurs de livraison, vols, erreurs de caisse, erreurs d'inventaire, erreurs de métrage ou de pesée, etc.) ou de destructions (casse non signalée) de produits dans un magasin, entrepôt ou point de vente.

Un jeune directeur de magasin en formation s'est avisé que les 5S pouvaient contribuer à réduire la démarque inconnue en agissant sur un certain nombre de causes possibles. Le rangement et l'ordre évitent les erreurs et oublis lors des manipulations et des inventaires. Le rangement et l'ordre réduisent également les tentations de vol, car un objet manquant se remarque plus rapidement.

Se donner des règles 5S pour la gestion des réserves et des stocks constitue également une manière d'amener les employés à davantage de rigueur et de discipline.

Les responsables d'entrepôt en arrivent rapidement à stocker les produits les plus précieux et donc les plus convoités dans la zone la plus exposée à tous les regards. Ce faisant ils rendent l'état du stock et par conséquent toute disparition apparents, ainsi que tout accès à ces rayonnages. La gestion des produits précieux peut ainsi déroger à d'autres règles de rangement, telle que le classement ABC par fréquence de rotation par exemple.

Notons que dans les cas cités, les 5S sont mis en œuvre avec une finalité économique.

Les 5S, base de la performance

L'héritage du taylorisme et de la production de masse a longtemps associé l'état de l'environnement du travail avec son intensité. Ainsi, un bureau encombré est forcément celui d'une personne surchargée de travail, un établi où les choses et les déchets traînent est un poste où l'on travaille, les usines encombrées ont une forte activité. Pour certains

© Groupe Eyrolles

dirigeants d'entreprises, les encours pléthoriques sont encore une indication favorable de l'état du carnet de commande.

Entre l'économie de pénurie (période où tout ce qui était produit se vendait tant les besoins à couvrir étaient énormes) et l'économie de l'offre (période où les offres concurrentes sont pléthoriques par rapport à une demande de plus en plus sélective), le regard que l'on porte sur les modes de gestion, d'organisation et de management est très différent. La vision récente de l'organisation en flux et du *Lean Manufacturing*[1] remet les anciennes croyances et certitudes en question. Aujourd'hui les stocks sont considérés comme une tare, comme du gaspillage.

Désormais, l'entreprise performante est celle dans laquelle les flux s'écoulent le plus linéairement possible et le plus rapidement possible, subissant le minimum de perturbations. Le désordre, les stocks et encours constituent autant d'obstacles, tels des rochers dans le lit de la rivière[2] qui perturbent le bon écoulement des flots.

À l'heure de la haute technologie, des salles blanches ou des laboratoires *high-tech*, les usines sombres, sales et polluées évoquent davantage les débuts de l'industrie au XIXe siècle et les récits de Zola que la réalité contemporaine.

Aujourd'hui, la propreté est un prérequis indispensable au travail de qualité et l'ordre est nécessaire à la réactivité. Ainsi, les 5S forment également les indispensables fondements de la performance. Ils constituent en outre un puissant levier du management (voir Aller plus loin grâce aux 5S, p. 251).

1. Littéralement « fabrication maigre », c'est la recherche de la production au « plus juste » uniquement avec les moyens nécessaires.
2. Allusion à « l'allégorie de la rivière », image utilisée pour expliquer comment les stocks (niveau d'eau) masquent les problèmes (les rochers) et comment procéder pour réduire graduellement les stocks. Voir http://chohmann.free.fr/production/riviere.htm

© Groupe Eyrolles

CE QUE LES 5S NE SONT PAS

Contrairement à la coutume qui les présente ainsi, les 5S ne sont pas une démarche pour « *faire de l'ordre, ranger et tenir propre* ». Il suffit de lire les réponses à la question *« à quoi bon ? »* pour se convaincre que les 5S sont beaucoup plus qu'une simple méthode de rangement et nettoyage. Ce raccourci de présentation auquel on recourt si fréquemment, ne forme pas un projet bien excitant pour ceux qui doivent le mettre en œuvre ! L'expérience montre que trop souvent les personnels débutants sur les chantiers pilotes sont traités par leurs collègues de « femmes de ménage ». Il est donc très important de communiquer au préalable sur un projet ambitieux et mobilisateur, sur des ambitions qui vont bien au-delà de « *faire de l'ordre, ranger et tenir propre* », qui n'est toujours qu'une première étape indispensable.

Le potentiel des 5S, véritable démarche multifonction, doit être envisagé dans la perspective d'un projet d'entreprise. C'est précisément l'objet de ce livre que de promouvoir les potentialités des 5S et de livrer les clés du succès de leur déploiement.

© Groupe Eyrolles

Chapitre 2

5S d'atelier et 5S de bureau

Les 5S ont d'abord connu le succès dans les ateliers de production, avant que l'on s'avise qu'ils s'appliquent avec autant de facilité et d'avantages dans les bureaux. Dans un univers industriel, l'activité principale est la transformation de matières ou de matériaux en leur conférant une valeur ajoutée, ou encore l'assemblage de sous-ensembles pour en faire des produits, comme par exemple :

- transformer du sable en verre puis en flacons pour parfum ;
- assembler des sous-ensembles mécaniques et électroniques pour en faire des ordinateurs.

Dans ces contextes, les 5S vont donc essentiellement s'attacher à l'optimisation des opérations de création de valeur et à l'optimisation du flux physique.

Dans les bureaux, la matière est surtout constituée d'informations et des données, disponibles sur divers supports. Les informations sont traitées, mises en forme, stockées, comme par exemple :

- Traiter une commande pour la transformer en livraison chez le client,
- Traiter une facture pour la transformer en paiement du fournisseur.

© Groupe Eyrolles

Tout comme dans les ateliers, il faut s'attacher dans les bureaux à l'optimisation des opérations de création de valeur, ainsi qu'à l'optimisation du flux… d'informations.

La nature de la création de valeur dans les tâches administratives est plus subtile que dans les ateliers. Il est plus délicat d'appréhender et de mesurer le niveau d'activité et la productivité de ce type de travail. Ceci explique la tentation de « démontrer la productivité » dans les bureaux par une abondante production de papier ! Les nouvelles technologies de l'information et de la communication, généralement plus présentes dans les bureaux que dans les ateliers, font rentrer les ordinateurs, leurs périphériques et les moyens de stockage dans le périmètre des 5S.

De nombreux autres parallèles peuvent être faits entre le travail dans un atelier et le travail dans un bureau. Les 5S se déploient de la même manière dans l'un ou l'autre et les gains significatifs sont avérés dans les deux cas. Nous en donnerons des exemples au fil des pages suivantes.

© Groupe Eyrolles

Chapitre 3

Trente ans après, où en sont les 5S ?

En France, les 5S sont apparus il y a une trentaine d'années. La pénétration du concept dans les entreprises peut s'évaluer de manière empirique en se fondant sur les publications, les articles de presse, les échanges avec des responsables d'entreprises, les visites d'entreprise et les témoignages de ceux qui « s'y sont frottés ».

La littérature francophone sur les 5S reste réduite, comparée à l'anglo-américaine où l'offre d'ouvrages s'est étoffée de compléments sur supports vidéo. Constat similaire sur Internet[1] où les sites anglophones, majoritaires, mettent plus volontiers de l'information à disposition, alors que les sites francophones font plutôt la promotion de stages et d'offres d'accompagnement. On trouve quelques sites décrivant l'approche technique des 5S de manière relativement sommaire, plutôt sous forme de fiches d'information.

Les articles de presse sur les 5S restent rares sur une période d'observation qui avoisine les vingt ans ! Je suis convaincu que le sujet manque d'attractivité et que le fait de communiquer que l'on s'est mis à *tenir sa maisonnée* implique qu'auparavant elle était très mal tenue, ce qui incite donc peu les entreprises à témoigner !

Dans les années 1995, les offres d'emploi ont commencé à mentionner la connaissance des 5S comme un « plus » pour les candidats à l'embauche. Des annonces spécifiques paraissaient pour le recrutement

1. À noter le *Portail 5S* que l'auteur anime sur son site personnel http://chohmann.free.fr/5S/

© Groupe Eyrolles

d'animateurs 5S et progrès continu. Après quelque temps la référence aux 5S n'apparaissait plus, ce qui peut être interprété comme étant désormais une attente implicite des recruteurs et un concept de base censé être connu des candidats à l'embauche.

Des échanges que j'ai pu avoir et des visites d'entreprises que j'ai pu faire, je déduis une bonne diffusion du concept, le sigle 5S et sa signification étant connus. Pour autant toutes les entreprises qui *connaissent* les 5S ne les mettent pas en œuvre, loin s'en faut. Dans bon nombre d'entreprises, les habitudes anciennes d'accumulation et de nettoyage « coup de balai » avant une visite importante, d'un client ou d'un patron ont encore cours. Parfois ces opérations coup de balai et nettoyages de circonstance sont appelées 5S…

Toujours selon mon expérience, pour les entreprises qui ont entamé une démarche 5S, le déploiement et la mise en œuvre offrent un panorama assez contrasté. Peu d'entreprises ont su réellement déployer et maintenir les 5S dans la durée. Quelques-unes ont pu faire un tour de roue complet (voir PDCA, p. 165) avant de s'essouffler, mais une majorité reconnaît s'être lancée sans toutefois dépasser le grand débarras initial.

Les témoignages de conférenciers, lors de séminaires autour de thèmes approchants les 5S, sont en général des *success stories* avérées par le recul ou tout au moins en devenir, si l'expérience est encore trop récente. C'est généralement dans la salle, auprès du public, que l'on entendra des récits d'expériences incomplètes, des témoignages sur les difficultés rencontrées, voire de sincères aveux d'échec. Les deux types de retour d'expérience sont intéressants, mais on ne peut en déduire aucune notion quantitative sur la diffusion et la mise en œuvre des 5S. Les échanges et témoignages les plus riches, car plus interactifs se trouvent sur des forums Internet spécialisés[1]. C'est également via ce média que les demandes d'informations des intéressés et des débutants peuvent rencontrer les expériences et la maturité des praticiens aguerris.

1. Comme la liste de diffusion francophone liée au site web de l'auteur : http://fr.groups.yahoo.com/group/qcd

© Groupe Eyrolles

En regroupant les différents éléments dans un tableau de synthèse comme celui ci-dessous, en fonction du type de média, du type d'émetteur et du degré d'intérêt porté aux 5S, on peut confirmer empiriquement que :

- le thème 5S intéresse d'avantage les personnels proches du terrain ;
- l'initiative 5S part souvent de la hiérarchie de proximité ou des services méthodes, qui les proposent aux chefs de service et/ou à la direction ;
- les 5S sont rarement abordés comme un thème en soi, mais plutôt comme prérequis à d'autres démarches ou des leviers pour atteindre certaines finalités ;
- les dirigeants et les entreprises communiquent peu sur le sujet ;
- les 5S disposent de peu de « tribunes ».

Tableau 4

Type de média	Type d'émetteur	Intérêt porté aux 5S
Publications (francophones)	Universitaires, chercheurs, consultants, praticiens	-
Articles de presse, offres d'emploi	Journalistes, entreprises	-
Rencontres et visites d'entreprises	Dirigeants et responsables	+
Conférences, retours d'expérience, témoignages	Conférenciers, auditeurs	++
Échanges et témoignages sur un forum	Animateurs, responsables 5S, hiérarchie de proximité, praticiens, consultants	+++
Demandes d'information	Agents de maîtrise, techniciens, chefs d'équipes	+++

© Groupe Eyrolles

L'intérêt des entreprises pour les 5S est réel. J'en veux pour preuve la richesse de la demande et de l'offre de formation et des interventions de conseil sur le sujet.

Les demandes des entreprises émanent le plus souvent :

- après qu'un employé, convaincu de l'apport des 5S, en a fait la promotion en interne ;
- sur proposition de consultants ou d'auditeurs, qui identifient une mise en place des 5S comme un prérequis pour remédier aux carences sur lesquelles ils interviennent.

Pour les fournisseurs des grands donneurs d'ordres de l'industrie automobile, les 5S – entre autres méthodes – peuvent être une figure de style imposée pour être qualifié.

DES BESOINS GLOBALEMENT CONSTANTS

De par mes observations personnelles autant que par les courants d'affaires du cabinet sur une période d'une dizaine d'années, il semble que les demandes, donc *a priori* les besoins, en matière de 5S restent globalement constants. Ceci paraît curieux dans la mesure où leur diffusion relativement large et la simplicité supposée de leur déploiement auraient dû graduellement tarir la demande. Plusieurs causes peuvent expliquer ce phénomène.

La première est le constat ou l'obligation d'entreprises jusque-là peu concernées par ce type de démarche, qui doivent ou souhaitent s'y mettre. On peut alors évoquer une propagation des 5S vers des entreprises ne les « connaissant » pas encore.

La seconde cause de la relative constance de la demande d'accompagnement aux 5S tient à l'échec ou à l'essoufflement d'une démarche engagée par le passé, qui nécessite de reprendre le projet. Ceci se constate relativement souvent.

La troisième cause est le départ ou la mutation du chef de projet, voire la dispersion des membres de l'équipe ayant initié les 5S sur le site, et

© Groupe Eyrolles

qui n'ont pas de successeurs. Ce cas peut se concevoir comme une variante du précédent.

La quatrième cause est l'arrivée de jeunes générations d'encadrants, remplaçant celles qui ont initié les 5S et plans de progrès, que l'entreprise souhaite faire coacher par des professionnels. Elle profite alors de ces « yeux neufs » pour redonner une impulsion à la démarche ou remettre au défi les progrès déjà accomplis.

Enfin, la cinquième cause recouvre une demande plus complexe que les chefs de projet ont plus de mal à exprimer, où les 5S sont identifiés comme un prérequis et sont *attaqués* en premier, simplement dans l'ordre séquentiel des phases à déployer. Par exemple : améliorer la productivité de l'atelier de 10 % en trois mois, ce qui se décline en une série de mesures et d'objectifs ciblés, tels qu'améliorer la disponibilité et la charge des machines avec des méthodes telles que SMED et TPM, etc.

Notons à ce propos l'importance de communiquer d'emblée sur la vision au-delà des premiers chantiers 5S.

LA BROCANTE

De nombreuses entreprises n'ont eu qu'un contact furtif avec les 5S, se résumant à une journée de *vide-grenier* ou de grand débarras. Cet événement, distrayant pour les participants et hautement symbolique pour les décideurs, reste malheureusement dans de nombreux cas l'unique tentative de mise en œuvre des 5S.

© Groupe Eyrolles

Anecdote

Une société ayant procédé à un vide-grenier dans les bureaux, les objets à débarrasser devaient être mis dans les couloirs en attendant leur ramassage. Le temps que le ramassage arrive, les couloirs s'étaient transformés en marché aux puces, les uns trouvant chez les autres de quoi s'équiper à bon compte, et récupérer ce qui pourrait encore servir, *ce qu'il est dommage de jeter*, etc.

Le grand débarras s'est en fait converti en grande redistribution, le ramassage n'ayant plus qu'à débarrasser ce qui n'était vraiment bon qu'à jeter.

La seconde partie de cet ouvrage propose un mode opératoire pour éviter que le déploiement des 5S ne se limite à une journée vide-grenier et que ses promoteurs ne soient pas victimes du « syndrome de la brocante ».

© Groupe Eyrolles

Chapitre 4

Les 5S en chiffres

Chiffrer les résultats des formations, chantiers et projets 5S est souvent compliqué. D'une part parce que les gains mesurables s'expriment dans des unités les plus diverses :

- surfaces récupérées ;
- poids ou volume de tout ce qui est inutile et à éliminer ;
- gains de temps lors de recherches de pièces ou d'outils ;
- économies par la récupération d'outils ou pièces non utilisés, reventes éventuelles de surplus, etc.

D'autre part parce que les progrès sont bien visibles et démontrables mais essentiellement qualitatifs : simplification et amélioration des postes et environnement de travail, enthousiasme et fierté des participants aux chantiers, etc.

Et finalement parce que certains gains s'obtiennent avec un certain effet retard. Par exemple, constater la baisse de la non-qualité et des besoins de retouches grâce aux 5S nécessite un certain temps pour cumuler des données significatives. Ou encore parce que ces gains seront crédités à d'autres actions pour lesquelles les 5S auront été un prérequis, comme le changement rapide de séries par exemple.

L'évaluation des 5S est laissée à l'initiative de l'entité qui les met en œuvre, selon un référentiel qu'elle crée (les audits). Il n'existe pas de norme ou de standard 5S par lesquels on pourrait comparer le niveau de déploiement et de « performance 5S » de différents sites.

© Groupe Eyrolles

Pour toutes ces raisons, les benchmarks 5S sont difficiles à établir. Chaque chantier est un cas particulier dont les résultats dépendent fortement des conditions initiales. Si le périmètre est très dégradé et n'a jamais été soumis aux 5S, les résultats seront sûrement plus éloquents que sur un périmètre initialement bien tenu et disposant déjà d'un minimum de règles.

BENCHMARKS

L'étude européenne annuelle « Automotive Lean Production » du cabinet Agamus Consult[1] fournit de précieux renseignements sur le déploiement du *lean* ou du système de production Toyota dans le secteur automobile.

Le système Toyota est le système de référence de l'industrie en matière de bonnes pratiques, et le secteur automobile est reconnu comme étant celui le plus en pointe dans son application.

Le questionnaire de l'étude et les visites de contrôles visent à évaluer la diffusion et le déploiement du système Toyota et des outils et méthodes associés, d'en comprendre les bénéfices et les difficultés.

Les 5S figurent parmi les 19 « briques de base » du système Toyota retenues pour qualifier le déploiement du *lean* et la maturité des entreprises participantes à l'étude.

Sur une échelle d'intensité de déploiement de 1 à 5 (de « pas du tout déployé » à « complètement généralisé »), les 5S obtiennent un score moyen de 3,79 sur un maximum de 5, ce qui les place en 6e position en matière de degré d'implémentation parmi les 19 briques étudiées. Ce score moyen correspond à un déploiement probant sur près de la moitié du site répondant à l'étude (tableau ci-après).

Par ailleurs, parmi tous les outils et méthodes évalués, le score obtenu par l'évaluation des 5S est le plus proche entre les ateliers de production

1. www.agamus.com

© Groupe Eyrolles

et les sections « non productives » telles que les bureaux, l'administration, le magasinage, etc. Autrement dit, les 5S s'accommodent aussi bien des environnements « industriels » qu'administratifs, davantage que d'autres outils et méthodes.

Chaque participant à l'étude « Automotive Lean Production » est invité à évaluer le degré d'implémentation des 5S sur son site. La répartition des réponses des 85 participants éligibles aux conditions de participation à l'édition 2008 de l'étude est présentée dans le tableau suivant :

Tableau 5 – Degré d'implémentation des 5S[1]

Niveau	Pourcentages retenus	Pourcentages cumulés
1. Non implémenté	2 %	2 %
2. Chantier(s) pilote(s)	13 %	15 %
3. Sur près de 50 % du site	26 %	41 %
4. Largement déployés	31 %	72 %
5. Complètement déployés	28 %	**100 %**
Total	**100 %**	

Ainsi, dans un secteur d'activité réputé le plus en pointe en matière de bonnes pratiques, seul un peu moins du tiers des participants s'évalue comme relevant du niveau « complètement déployés », un tiers déclare relever du niveau « largement déployés », 41 % s'évaluant en deçà.

Sachant que ces chiffres sont issus d'autoévaluations sur des référentiels différents propres à chaque entreprise, quel crédit peut-on leur porter ?

Les référentiels utilisés dans le secteur automobile sont fortement convergents car ils sont dérivés (ou imposés) de ceux que les construc-

1. Source : Agamus Consult.

© Groupe Eyrolles

teurs utilisent pour auditer leurs fournisseurs, qui eux-mêmes cascadent ces audits vers leurs propres fournisseurs et ainsi de suite. Les responsables sont habitués à être tour à tour audités puis auditeur.

Par ailleurs, le cabinet Agamus Consult mène un certain nombre de visites de contrôle pour vérifier le bien-fondé de l'évaluation et pour corréler les résultats.

On peut donc affirmer que ce résultat donne un aperçu significatif et crédible du déploiement des 5S dans le secteur automobile.

COMBIEN RAPPORTENT LES 5S ?

Finalement, la question intéressant le plus les directions générales, les directions industrielles et de manière générale tous les décideurs, à savoir **combien rapportent les 5S en unités monétaires**, reste la plupart du temps sans réponse.

Cela ne fait l'affaire de personne. Ni de leurs promoteurs qui peinent à convaincre de l'importance des 5S, ni des décideurs qui raisonnent en **retour sur investissement**.

Valider le déploiement des 5S et y accorder les ressources nécessaires relève donc de l'acte de foi ; on sait que cela sera bénéfique, mais on ne sait pas le compter. Heureusement que les témoignages et retours d'expérience plaident en faveur des 5S. Tous concordent sur le fait que le retour sur investissement du déploiement des 5S, mesuré en comparant leur **utilité** par rapport aux **efforts de formation initiale et de mise en œuvre**, est particulièrement favorable.

Comme ce fut le cas un temps pour la qualité, on peut généralement plus facilement chiffrer les effets de l'absence de 5S que de leur maîtrise.

Pour conclure ce chapitre sur une note optimiste, signalons les cas dans lesquels les chiffrages en unités monétaires sont à la fois possibles et indiscutables, comme montré au chapitre « Exemple d'amélioration et Poka-Yoké », page 256.

© Groupe Eyrolles

Deuxième partie

LA MISE EN ŒUVRE

Après avoir parcouru les fondamentaux, cette deuxième partie vise à fournir un mode opératoire très opérationnel pour la mise en œuvre pratique des 5S, aussi bien dans les ateliers que dans les bureaux, dans les activités artisanales, industrielles ou tertiaires. Elle est structurée séquentiellement, partant de la préparation rigoureuse du projet, passant ensuite à la mise en œuvre proprement dite, puis à la mesure et à l'évaluation des résultats. Elle se terminera par l'étude de l'installation de la démarche dans la durée. Un chapitre particulier, fruit de l'expérience, traite des risques et des pièges qu'un chef de projet 5S novice pourra ainsi d'autant mieux évaluer et prévenir.

Malgré leur apparente simplicité, les 5S ne peuvent s'aborder à la légère si l'on veut que leur déploiement soit un succès… durable ! En effet, trop d'entreprises ou de responsables se lancent dans un tel projet sans en avoir mesuré toutes les implications et sans avoir réuni toutes les conditions nécessaires. Le résultat se solde trop souvent par une démarche entreprise à grand renfort de publicité mais qui s'essouffle puis s'arrête après un premier grand coup de balai. Les conséquences sont alors désastreuses pour la crédibilité des 5S, voire de tout nouveau projet annoncé comme « participatif ». Pour un chef de projet 5S

© Groupe Eyrolles

chargé de les réactiver, il n'y a rien de pire que d'hériter d'un tel historique !

Pour éviter ces déconvenues, il faut gérer un projet de mise en place des 5S comme tout autre projet, avec un but, des objectifs, un calendrier, un système de mesure et des ressources disponibles.

© Groupe Eyrolles

Chapitre 5

Préparation du chantier 5S

L'ordre ou le désordre dépendent de l'organisation, le courage ou la lâcheté des circonstances, la force ou la faiblesse des dispositions.

SUN TSÉ, *L'ART DE LA GUERRE* (Ve SIÈCLE AVANT J.-C.)

Le succès du déploiement des 5S se détermine en grande partie avant même le démarrage du projet et les chantiers les mieux réussis sont ceux qui ont été méticuleusement préparés.

Le soin nécessaire à la préparation du projet tient au fait que les 5S sont la fondation sur laquelle bâtir une démarche de progrès permanent, déployer les outils et méthodes du *Lean Manufacturing*. Ces démarches ambitieuses ne peuvent se satisfaire de fondamentaux bâclés et mal maîtrisés. Les 5S sont en outre un levier du management de proximité, tant pour l'animation des équipes au quotidien, que pour la conduite du changement et de l'autonomie des équipes. Il est raisonnable de commencer le déploiement des 5S dans un atelier ou sur un processus pilote soigneusement ciblé, puis de l'étendre progressivement aux autres secteurs et finalement à l'entreprise tout entière.

© Groupe Eyrolles

LES PRÉREQUIS

Afin de démarrer dans les meilleures conditions, le chef de projet 5S et la hiérarchie impliquée devraient, avant de se lancer dans un projet de déploiement, faire un inventaire des conditions prérequises. La *check-list* correspondante devrait comporter au minimum les questions suivantes :

- en matière de 5S, où en sommes-nous ? À quoi voulons-nous parvenir ?
- au-delà des 5S, quel projet poursuivons-nous ? Quels enjeux justifient ou nécessitent la mise en place des 5S ?
- quel est le degré d'intérêt et d'implication de la direction et de la hiérarchie ?
- quels moyens pouvons-nous mettre à disposition de ce projet ? Pour combien de temps ?
- avons-nous un chef de projet qui puisse prendre la responsabilité en toute autonomie ? Sommes-nous prêts à lui déléguer cette autonomie ?
- plus largement, avons-nous les compétences et les disponibilités en interne ?

Où en est-on ? À quoi veut-on parvenir ?

En général, la décision d'engager un projet 5S procède d'un constat, d'un *état des lieux* qui n'est pas satisfaisant, et par conséquent de la définition d'un état futur à atteindre. Le constat se base sur des éléments visibles et éventuellement quantifiables, tout comme sur des indices et des éléments qualitatifs ; saleté, désordre, mauvaise organisation, attitudes et comportements, ou encore sur des causes potentielles ou identifiées de sous-performances, telles que :

- défauts qualité récurrents ;
- réclamations clients ;
- retards dans l'exécution ;
- niveau d'absentéisme ;
- accidents de travail.

© Groupe Eyrolles

Face à ces constats, la double question, *Où en sommes-nous ? À quoi voulons-nous parvenir ?* trouve ses réponses dans la grille suivante :

Tableau 6

Inconnu	Point faible	Point fort	Passé dans la culture
• On n'y a pas encore pensé • On n'a jamais vraiment essayé	• On maîtrise mal • On n'applique pas suffisamment	• On maîtrise bien et on applique toujours	• On maîtrise parfaitement, et on n'y pense même plus

L'écart entre la situation actuelle et l'état futur visé donne une indication sur les efforts à fournir et le temps nécessaire. Il permet de parvenir à un premier dimensionnement du projet :

- si l'état actuel positionne l'unité (bureau, section, atelier, entreprise...) dans la catégorie « inconnu », l'effort portera initialement sur la formation et l'information ;
- si les 5S relèvent de la catégorie « point faible », c'est plutôt un accompagnement opérationnel et/ou une redynamisation qui est requise ;
- le point fort est à exploiter, à approfondir et à étendre à d'autres domaines, d'autres zones ou secteurs ;
- si les 5S sont réellement passés dans la culture, l'entité est mûre pour passer à des projets et démarches plus ambitieux et viser l'excellence.

Un projet et des enjeux

Les projets initiés par les seuls effets de mode ou par l'inspiration subite du dirigeant n'ont guère abouti ni duré pour la simple raison que, non justifiés par des impératifs sérieux, ils ont été arrêtés au profit d'activités plus urgentes ou sacrifiés aux restrictions budgétaires dès que l'attention de leur promoteur s'est dissipée.

© Groupe Eyrolles

Pour qu'un projet aboutisse et perdure, il faut qu'il réponde à un besoin et tende vers une finalité. Les 5S sont à aborder comme une démarche orientée résultats et pas simplement comme une démarche orientée actions. La différence est d'importance, car l'approche par les résultats suppose la fixation d'objectifs et la vérification qu'ils ont été atteints, alors qu'une approche orientée actions valorise précisément l'action, souvent au détriment de l'atteinte de résultats[1]. Cette seconde approche peut donc se traduire par des incantations du type : *agissez, les résultats finiront bien par apparaître !*

La mise en œuvre des 5S doit être motivée par une ambition au-delà de la seule mise en œuvre des 5S, par exemple éradiquer les erreurs de traitement de commandes ou les pertes de temps lors des changements de fabrication.

Il est recommandé d'en faire un vrai projet d'entreprise :

- officiel et officialisé ;
- disposant d'un cadre structuré et de ressources allouées ;
- géré en mode projet.

> *«Un projet se définit comme une démarche spécifique, qui permet de structurer méthodiquement une réalité à venir.»*
> Définition Afnor X50-150.

La gestion en mode projet suppose la création ou l'existence d'une structure de pilotage, des buts, des objectifs, des jalons, un calendrier, des indicateurs. Il faut se doter des ressources nécessaires au déploiement et soigner la communication, tant envers les acteurs que vers les facilitateurs et les collègues qui seront concernés ultérieurement.

1. SCHAFFER Robert et THOMSON Harvey, « Les meilleurs programmes de changement sont ceux qui commencent par des résultats », in *Harvard Business Review*, Coédition L'expansion/Éditions d'Organisation, Paris, 1997.

© Groupe Eyrolles

Une structure projet

Traditionnellement, la structure du groupe projet se compose d'un comité de pilotage, d'un chef de projet et des groupes de travail[1].

Le comité de pilotage se compose de :

- personnes ayant autorité pour trancher et prendre des décisions, notamment en matière d'organisation, et en mesure d'autoriser certains investissements et dépenses ;
- représentants de la direction, qui au travers d'une implication sincère, marquent l'intérêt que la direction porte à ce projet, qui est un projet d'entreprise.

Illustration 4

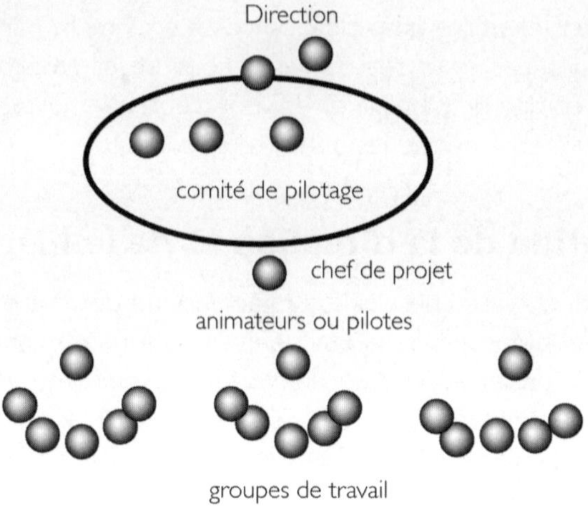

© Groupe Eyrolles

1. Selon la taille de l'entreprise, cette organisation peut s'enrichir de « parrains », de facilitateurs, d'animateurs, de responsables 5S locaux, etc.

Le rôle du comité de pilotage est :

- d'être le gardien de l'esprit du projet – garder le cap sur le but, les étapes, savoir les rappeler et au besoin recadrer le chef de projet et/ou les groupes de travail ;
- de suivre régulièrement l'avancement du projet et jouer son rôle de facilitateur ;
- de soutenir le chef de projet, notamment pour assurer le bon fonctionnement des groupes.

Le suivi de l'avancement du projet ne consiste pas à pointer passivement la situation, mais à exiger la présentation régulière de résultats, à exiger des progrès réels attestés par des mesures et l'atteinte des objectifs en accord avec le calendrier du projet.

La facilitation consiste à apporter aide et soutien pour la levée des points bloquants, en arbitrant les différends, les conflits d'intérêt ou de territorialité par exemple. La facilitation passe également par les moyens donnés aux groupes pour réaliser les actions et les améliorations. Les membres du comité de pilotage se doivent d'être exemplaires en s'efforçant d'appliquer eux-mêmes les principes énoncés !

L'implication de la direction et de la hiérarchie

La direction et la hiérarchie des futurs acteurs ne doivent en aucun cas êtres opposées au projet. Si tel était le cas, il vaut mieux renoncer avant de démarrer le projet. À l'inverse, une fois le déploiement des 5S décidé et avalisé par la direction, il ne doit plus y avoir de voix discordantes au sein de la hiérarchie. À défaut d'être enthousiastes, on demandera aux responsables d'être bienveillants et de jouer leur rôle managérial de facilitateurs.

Les encadrants de proximité, toujours sous le regard et le jugement de leurs subordonnés, se doivent d'être exemplaires dans leurs propres comportements. Cela se manifeste par des actions simples, comme par exemple :

© Groupe Eyrolles

- respecter les règles, toutes les règles et les respecter intégralement ;
- rapporter ce que l'on emprunte, ramasser et jeter un papier qui traîne ;
- ramasser et replacer à la bonne place un outil abandonné ;
- donner (ou faire donner) un coup de chiffon ou de balai quand cela est nécessaire.

Cette exemplarité doit montrer aux exécutants que les 5S sont pris au sérieux jusqu'au plus haut niveau de la hiérarchie, et qu'il n'existe ni privilège ni passe-droit en la matière. L'exemplarité c'est aussi interpeller un subordonné ou un collègue qui ne respecte pas les règles, être exigeant envers soi-même et les autres, être intransigeant sur le comportement et la tenue. Toute faiblesse ou toute compromission serait aussitôt prise en prétexte pour cesser les efforts, « puisque les chefs ne font pas… ».

Le PDG doit-il frotter avec les ouvriers ?

Pour autant, faut-il aller jusqu'à faire frotter le PDG avec les ouvriers durant un chantier pilote 5S ? Pour certains, cet acte représente un symbole fort de l'implication de la hiérarchie au plus haut niveau. Pour d'autres, c'est une mascarade humiliante. On ne saurait faire une recommandation générale à ce sujet, car la perception de cet exercice est fortement liée aux personnes et à la culture de l'entreprise.

Je gage que, dans la plupart des cas, les exécutants n'attendent pas que leur PDG vienne nettoyer et repeindre avec eux, mais qu'il garde de la hauteur et qu'il manifeste de l'intérêt aux activités des groupes, par le fait de :

- s'informer régulièrement ;
- visiter les chantiers, se rendre compte sur le terrain ;
- exiger régulièrement des comptes rendus et des résultats chiffrés ;
- complimenter les succès ou déplorer le manque d'avancement.

© Groupe Eyrolles

Les moyens et les résultats

Les chefs de projet, animateurs et participants aux activités 5S reprochent souvent à leur hiérarchie ou à leur direction leur **manque d'implication**. Il faut néanmoins distinguer les obligations de moyens des uns et les obligations de résultats des autres.

Les besoins en ressources sont estimés très tôt, avant même le lancement du projet. Après validation, les moyens correspondants (ressources, temps, budget...) sont consentis par la direction, puis alloués au fur et à mesure. Ce faisant, la direction et la hiérarchie s'acquittent de leur obligation de moyens.

Les chefs de projet, animateurs et participants ont eux une obligation de résultats, qu'ils atteignent en faisant bon usage des moyens.

Il ne faut donc pas s'attendre à ce qu'un directeur passe la plupart de son temps dans les ateliers à se préoccuper de l'avancement des 5S. En revanche, les 5S étant inscrits dans un projet d'entreprise et répondant à des enjeux, le directeur doit s'informer périodiquement des résultats et des progrès, comme il le fait pour tout autre projet majeur.

Proposer un calendrier et un budget

Les 5S ne requièrent ni équipements sophistiqués ni connaissances particulières. Cependant, cette démarche participative suppose que l'on consente aux participants le temps nécessaire aux activités 5S, et ceci à un rythme et une fréquence qui leur soient adaptés. Il faudra ensuite quelques moyens financiers pour acheter des fournitures, et suivant l'état des lieux initial, un budget pour une remise à niveau des postes, des ateliers, des bureaux, leur dotation en outils, etc.

Tout projet nécessite un calendrier et un budget prévisionnel. La définition d'un calendrier réaliste dépend de nombreux facteurs, tels que l'état

© Groupe Eyrolles

initial, l'intensité des forces d'opposition à vaincre, le temps et le rythme que la direction accepte d'y consentir, etc. À titre indicatif, on peut tabler sur un étalement de 2 à 3 mois du premier déploiement sur un chantier pilote. L'accumulation d'expériences permet d'accélérer les déploiements ultérieurs, pour des zones comparables.

Obtenir la garantie des moyens

Les 5S sont un investissement dont les bénéfices se récupèrent sur la durée, tant au niveau **quantitatif** :

- gains d'efficience ;
- suppression des gaspillages et des dépenses inutiles ;
- augmentation de la productivité…

que **qualitatif** :

- amélioration de la tenue des postes de travail ;
- amélioration des comportements ;
- amélioration de la qualité des produits et des services, etc.

Comme pour tout investissement, si la mise initiale n'est pas consentie, on ne peut s'attendre à récupérer des bénéfices ! Inversement, si les investisseurs ne sont pas convaincus d'un retour sur investissement intéressant, il y a peu de chance qu'ils consentent à mettre à disposition les moyens réclamés.

Le chef de projet et animateur 5S

Le chef de projet 5S sera le coordinateur du projet et la référence interne pour les acteurs participants. Dans les entreprises petites ou moyennes, le chef de projet sera également l'animateur. C'est vers lui que se tournera l'ensemble des personnels intéressés pour obtenir des informations, des comptes rendus d'avancement, des éclaircissements, des conseils, etc. Pour toutes ces raisons, le chef de projet pressenti doit avoir un minimum de compétences en matière de 5S, de gestion de projet et de management.

© Groupe Eyrolles

Compétence, responsabilité et autonomie du chef de projet

Pour les chefs de projet sans expérience préalable, il est recommandé de suivre une formation **avant** les acteurs qu'ils vont encadrer. Il faut, si possible, qu'ils aient accumulé une certaine d'expérience de terrain, au minimum durant un premier chantier pilote. En effet, le déploiement des 5S nécessite un savoir-faire méthodologique couplé à un savoir-faire managérial.

Consultants, formateurs et chefs de projets 5S multizones ont cet avantage d'accumuler de l'expérience au fil de leurs chantiers, avantage dont un chef de projet novice et occasionnel ne bénéficie pas. Aborder la conduite de projet 5S en candide ajoute un facteur de risque, sauf si un praticien expérimenté assure l'accompagnement.

Le chef de projet 5S devra avoir la pleine responsabilité du projet, par délégation de la direction. Il sera responsable de l'atteinte des objectifs qui lui sont fixés et disposera pour cela des moyens et ressources prévus pour le projet.

Sauf si la direction a initié le projet selon des enjeux spécifiques à une zone particulière, l'autonomie du chef de projet doit lui permettre de sélectionner et proposer les zones pilotes.

Disponibilité du chef de projet

La prise en charge d'un chantier 5S ou à plus forte raison d'un projet 5S, n'est pas une charge honorifique mais une réelle responsabilité. Le chef de projet doit pouvoir se libérer régulièrement et pleinement pour se consacrer à l'animation puis à l'assistance des groupes de travail. Pour ces raisons, il est recommandé aux directeurs et chefs de service de déléguer la conduite du projet et de se *cantonner* à un rôle actif au sein du comité de pilotage. Dans les entreprises de grande taille qui mènent plusieurs chantiers 5S de front, il est courant de trouver un chef de projet 5S dédié, supervisant plusieurs *animateurs*.

© Groupe Eyrolles

Rôle et mission des animateurs 5S

Les animateurs 5S sont les relais du chef de projet, qui assurent l'assistance, la coordination et l'animation des différents groupes de travail. Les animateurs apportent leur support méthodologique en cas de blocage dans la recherche de pistes de progrès ou de solutions à trouver. Ils gèrent les ressources dédiées au projet et négocient le soutien ou la présence d'experts au cas par cas. Les animateurs veillent au suivi des plans d'actions, s'assurent du bon avancement des actions et du respect des délais. Ils assurent le lien avec le chef de projet et la hiérarchie, notamment en rapportant les problèmes, relancent au besoin les différents responsables. Les animateurs interviennent le plus souvent sur plusieurs zones ou chantiers et peuvent ainsi assurer un lien entre ces différents groupes. Ils veillent à la cohérence dans la forme des communications.

Les animateurs sont bien souvent des modérateurs, qui veillent à garder le projet sur les rails et aligné avec les objectifs, calment les conflits. Au-delà des actions relevant des trois premiers S, les animateurs veillent à l'élaboration et à l'application des règles, procédures et standards. Ils assurent la pérennité des résultats à terme, notamment en assistant aux audits d'évaluation.

Borner la mission

La désignation du chef de projet doit s'accompagner d'un ordre de mission qui l'informe des attentes et objectifs de la direction, ainsi que des limites de sa mission. Il s'agit d'éviter qu'il s'investisse fortement, au risque de perdre de vue la finalité de l'adoption des nouvelles pratiques par les personnels eux-mêmes, et qu'il soit tenté de se construire un poste intéressant à demeure, vaguement rattaché à une hiérarchie et disposant d'une large autonomie. La perversité de ce genre de situation est que l'intérêt du chef de projet n'est plus d'aboutir à l'autonomie des personnels en matière de 5S, mais au contraire de justifier le besoin de son poste par des résultats constamment insuffisants.

© Groupe Eyrolles

Une limitation de la durée du mandat de chef de projet, quitte à la rallonger ou reconduire la personne dans la fonction, constitue autant un défi pour réussir dans les temps, qu'une mesure de prévention contre des dérives.

Les freins et difficultés prévisibles

Dans la préparation de la mise en œuvre, une évaluation réaliste de la situation devrait inclure l'identification des freins et difficultés possibles. Cette évaluation préalable est utile pour construire le plan de communication, affiner les messages, définir le contenu de la formation initiale et le style d'animation des séances.

Résistance

On rencontre généralement des difficultés lorsque le projet est lancé dans un contexte social peu propice à un projet participatif, ou après une première tentative qui a échoué. Le changement qu'apportent les 5S est souvent vu comme un facteur de risque par certaines personnes et il est fréquent de se heurter à *la résistance au changement*. Le lecteur se reportera au chapitre 9, Facteurs de risques et pièges (p. 215), qui traite de ces aspects.

Les 5S dans les bureaux

Une difficulté plus marquée dans les bureaux que dans les ateliers lors du déploiement des 5S, est le sentiment que le bureau est un espace privatif[1] dans l'organisation duquel des tiers n'ont pas à s'immiscer. Ce

1. Ce sentiment n'existe pas dans les bureaux de passage qui se partagent entre employés « nomades ». On note cependant une forte tendance à la personnalisation même dans les bureaux non attribués, où les occupants trouvent vite à se placer toujours au même endroit.

© Groupe Eyrolles

sentiment est très certainement renforcé par le fait que le poste de travail est quasiment dédié à une personne, qui le personnalise. Ensuite, contrairement au travail dans les ateliers, le travail de bureau reste essentiellement un travail individuel, peu ou pas standardisé, lié à des connaissances et compétences personnelles. L'organisation des tâches et leur mode d'exécution sont largement laissés à l'initiative des exécutants. Contrairement au travail dans les ateliers, il n'y a guère de mesure d'efficience, pas ou peu de dispositions permettant de prévenir les erreurs. La consignation des tâches et opérations sous forme de modes opératoires ou de procédures y est plus récente et reste certainement moins pointilleuse et restrictive que dans les ateliers.

Face aux réticences des personnels de bureau, le chef de projet doit rappeler que :

- l'objectif du déploiement des 5S est la facilitation et la simplification du travail ;
- les 5S permettent de meilleures performances et des économies ;
- lors d'une absence ou d'un remplacement, les collègues et la hiérarchie doivent pouvoir accéder facilement, rapidement et avec le moins d'efforts de recherche possible à l'information, aux dossiers, etc. ;
- dans le cadre du projet, on travaille sur les comportements et des « mauvaises » habitudes et non pas sur le jugement des individus.

Par ailleurs, le travail dans les bureaux peut se répartir en trois types d'affaires à traiter :

- les affaires identiques ;
- les affaires similaires ;
- les affaires particulières.

Pour les deux premiers types, leur récurrence donne du sens à une certaine standardisation du processus et à l'établissement de procédures. Le troisième type d'affaires requiert un traitement spécifique qui ne se laisse probablement pas *coder* de manière stricte.

© Groupe Eyrolles

FIXER LE BUT ET LES OBJECTIFS

Il n'est de vent favorable à celui qui ne sait où aller.

SÉNÈQUE

Cette citation de Sénèque est un excellent conseil à tous ceux qui sont tentés d'aller vers l'action avant d'avoir structuré un minimum leur projet[1]. Ce n'est pas parce que le vent des 5S souffle qu'il faut se lancer dans l'aventure. C'est parce que l'entreprise est confrontée à des enjeux, que les 5S sont un levier adéquat pour parvenir aux objectifs définis dans le cadre d'un projet global que l'on déploie les 5S. Faire des 5S simplement pour *faire des 5S* est absurde.

L'itinéraire ou *Roadmap*

La conduite de projet et la communication autour du projet nécessitent un « itinéraire », qui dans le langage des entreprises est souvent repris de l'anglais *roadmap* ou carnet de route.

L'itinéraire montre le parcours du point de départ – la situation actuelle – au point d'arrivée, la situation future, en passant par un certain nombre d'étapes. Un itinéraire comporte également une indication de durée de parcours, parfois même une estimation des dépenses à prévoir.

Un itinéraire est indispensable à la fois pour se situer en cours de route et expliquer à chacun où en est le projet et ne pas perdre de vue le but qu'il faut atteindre. L'itinéraire permet à chaque personne impliquée dans le projet de pouvoir se repérer, éventuellement de progresser seule, sans avoir systématiquement besoin de l'assistance du chef de projet.

Les itinéraires peuvent être très détaillés, comme les plans de vol, et il n'est pas permis de s'en éloigner, ou sont moins détaillés, ne mentionnant que les principales étapes obligatoires. Le parcours entre les étapes

1. La technique du PDCA rappelle que la planification précède l'action.

© Groupe Eyrolles

se décide alors par ceux qui l'empruntent et s'élabore éventuellement *chemin faisant.*

Le schéma ci-dessous (illustration 5) propose un itinéraire type.

Illustration 5 – Itinéraire

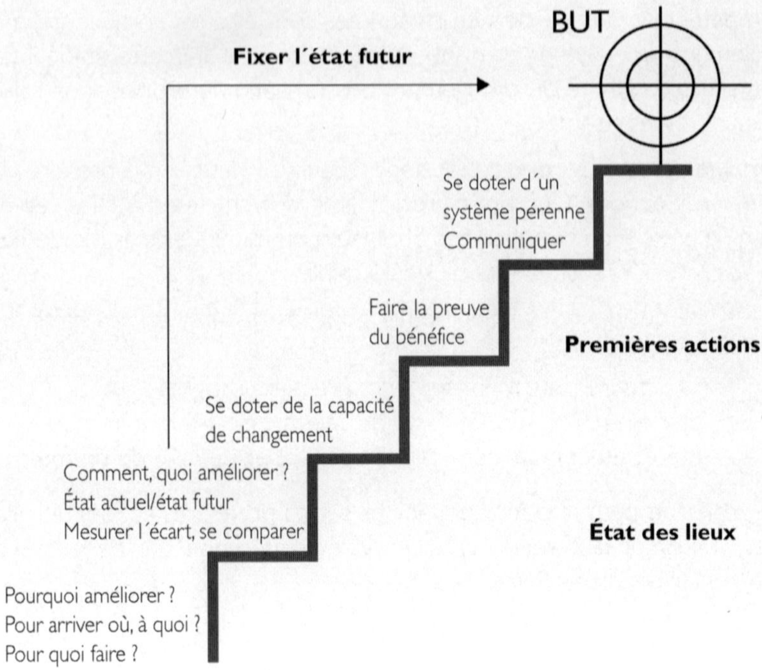

Avant d'entreprendre quoi que ce soit, il faut être clair sur la finalité de ce que nous voulons entreprendre. Quels sont les enjeux, pourquoi démarrer ce projet ? Dans notre cas, à quoi doivent servir les 5S ? Qu'en ferons-nous lorsqu'ils seront déployés ?

L'étape suivante consiste à définir un état futur, ce à quoi nous voulons parvenir, le but. Il faut faire un état des lieux et évaluer l'écart entre cet

© Groupe Eyrolles

état futur et l'état actuel[1]. Une fois l'écart état actuel/état futur évalué, il faut dégager les grandes pistes pour l'amélioration ; que faut-il améliorer et comment ?

Connaissant l'état d'origine et l'état futur, ainsi que des pistes pour y parvenir, il faut se doter de la capacité de changement. Cette capacité est multiforme, elle comprend les besoins méthodologiques, les besoins en ressources physiques, de formation, l'enveloppe budgétaire, les compétences. Ces besoins en ressources sont évalués en quantité, mais également en durée et en disponibilité. Au plus tard à cette étape il faut connaître le rythme de changement possible, afin de proposer un calendrier d'actions réaliste.

Lorsque tous ces prérequis sont réunis, il faut entreprendre les premières actions. Ces premières actions doivent viser à faire rapidement la preuve du bénéfice des 5S. Il faut communiquer très rapidement sur les premiers succès vers plusieurs publics :

- les décideurs et la hiérarchie pour les rassurer sur les gains déjà obtenus ;
- les acteurs, pour valoriser leurs premiers progrès ;
- les « autres », afin de faire du *teasing*, c'est-à-dire stimuler leur intérêt et leur donner envie de participer, de faire de même.

Le projet ne peut aboutir qu'avec ces seules premières actions, et pour cette raison, il faut se doter d'un système pérenne qui permette de progresser régulièrement vers le but.

PRENDRE CONSCIENCE DU RYTHME ET DE L'INTENSITÉ POSSIBLE

La planification réaliste du projet doit prendre en compte le rythme et l'intensité que l'on peut imposer aux groupes de travail. Les projets 5S

1. Il est recommandé de se comparer également à d'autres entreprises, concurrents, confrères, ateliers, bureaux, etc., pour évaluer la position plus largement.

© Groupe Eyrolles

relevant de la conduite du changement, la culture de l'entreprise, les habitudes, les profils des personnels conditionnent ces deux paramètres.

La direction vise traditionnellement l'amélioration des performances et/ou de la situation à court terme, avec idéalement leur maintien durable, à moyen et long terme. Impliqué dans un projet théoriquement sans fin, le chef de projet vise la pérennisation et l'appropriation par les personnels.

Ces deux visions s'opposent sur le court terme mais convergent à plus longue échéance. Le défi du chef de projet est donc de trouver un compromis acceptable quant à la vitesse d'atteinte des premiers résultats tangibles, ceci afin de contenter la direction, et le rythme de changement acceptable par les personnels.

5S secs ou doux ? Une question de style et de culture

Le déploiement des 5S peut s'envisager sous deux formes. L'une est « décoiffante », voire brutale, sous forme d'actions « coup de poing » ou *blitz*[1] ou plus poétiquement de *tornade blanche*. Il s'agit de mener en peu de temps des actions chocs, qui :

- montrent des résultats très rapidement, si possibles spectaculaires ;
- entraînent le maximum d'acteurs dans la dynamique ;
- limitent les hésitations par le rythme enlevé qui est imposé au groupe ;
- donnent le sentiment de vivre un intense changement.

Le principe du *blitz* est de concentrer les ressources et participants sur des zones et objectifs très focalisés. Par l'intensité et le sentiment

1. « Éclair » en allemand. Le terme fait référence au *blitzkrieg* ou attaques soudaines et intenses caractérisant la guerre de mouvements de 1939-1940. Il a été adopté par les Anglo-Américains pour désigner des actions menées intensément en jouant sur le sentiment d'urgence.

© Groupe Eyrolles

d'urgence, on force les participants à agir sans leur laisser le temps de développer des objections ou jouer de la résistance au changement.

Le tableau 7 suivant discute des mérites et inconvénients de cette méthode :

Tableau 7

Points positifs	Points négatifs
Objectifs et améliorations rapidement atteints	Risque que l'animateur propose et décide et que les participants exécutent
Actions et résultats focalisés	Risque d'optimisation locale au détriment de la performance globale
Symbolisme fort que les « choses bougent »	L'enthousiasme retombe lorsque le chantier n'est plus animé
Preuves rapides des bénéfices	Pas ou peu d'ancrage, le rythme n'ayant pas permis à tous de comprendre et assimiler les tenants et les aboutissants de la démarche
Dynamique : *On dit, on fait*	Les phases suivantes ne peuvent guère être menées de la même manière => risque de frustration, de démobilisation

Le mode *blitz* est adapté lorsqu'il faut créer une rupture avec les comportements et habitudes, lorsqu'il faut prouver rapidement les bénéfices de l'implémentation des 5S. Il est également approprié lorsque les objectifs ainsi que le temps et les ressources sont limités.

La seconde approche est plus douce et graduelle. Elle est fondée sur « amélioration progressive » et la technique des petits pas. On privilégie la compréhension, l'appropriation et la mise en œuvre par le groupe (tableau 8).

© Groupe Eyrolles

Tableau 8

Points positifs	Points négatifs
Le groupe décide/propose L'animateur est davantage une ressource, un coach qu'un moteur	Un aspect moins spectaculaire que le mode *blitz*
Symbolisme fort du pouvoir du groupe de faire bouger les choses	Les suggestions de « confort » risquent d'être majoritaires
Fort ancrage, le rythme permettant à tous de comprendre les tenants et les aboutissants de la démarche	Une certaine lenteur que l'animateur doit « gérer », il est possible que des membres se démobilisent
Les phases suivantes seront menées de la même manière => cohérence et continuité	

Exemple *hard*

Les chantiers sur le type *blitz* se conduisent typiquement sur quelques heures pour un thème et un périmètre précis, quelques jours à une semaine si c'est une implémentation initiale. Voici un déroulé typique d'une implémentation initiale sur une semaine :

Le chantier débute par la présentation de la démarche, les enjeux et objectifs suivis par la formation aux fondamentaux. La phase active débute ensuite par une première opération de tri-débarras qui doit simplifier la perception de l'environnement de travail. La deuxième phase passe par une observation critique sur le terrain et la pose d'étiquettes d'intervention (voir annexe p. 329).

Les actions à mener sont ensuite planifiées. En particulier il faut établir un classement par priorité et éventuellement par niveau de difficulté. Ce qui est du ressort de services annexes leur sera transmis par la voie habituelle, les actions à mener par les acteurs sont réparties entre les membres du groupe. La priorisation et la planification doivent permettre une structuration des actions, d'arriver à des résultats concrets et

© Groupe Eyrolles

rapides. Sans un minimum de structuration, le *blitz* risque de dégénérer en gesticulation d'une horde sauvage, sans résultats probants.

L'étape suivante consiste à nettoyer et procéder à la remise en état et petites réparations sur le périmètre du chantier. On en profite pour mettre en place le management visuel, procéder aux marquages et signalisations et installer les outils de communication.

Il faut ensuite élaborer les règles de vie dans le périmètre. Elles peuvent être l'extension des règles 5S définies ailleurs et/ou un jeu de règles locales, spécifiques à la zone, mais dans l'esprit du 5S de l'entreprise.

La semaine se termine par une présentation à la hiérarchie – idéalement la direction – des actions entreprises et des résultats obtenus, ainsi que des actions restantes et leur planning. Les participants sont invités à pérenniser les 5S par la mise en application des règles nouvellement définies, ainsi que par le recours aux suggestions d'améliorations via le tableau de plan d'action.

Expérience

Un petit groupe de participants a choisi une zone restreinte à une machine, une desserte et une étagère. En une heure, la machine a été nettoyée de tout le lubrifiant qui la maculait, les copeaux et débris retirés des recoins, cavités et ouvertures dans son bâti. La desserte a été vidée, nettoyée et son contenu passé au tri-débarras. Les outils indispensables ont été remplacés au besoin, complétés puis replacés judicieusement. L'étagère, où l'on stocke les bidons de lubrifiants et autres liquides a été débarrassée, nettoyée, remise d'aplomb en réglant ses pieds. Les emplacements des bidons ont été tapissés de mousses absorbantes, puis les bidons nettoyés ont été remis dans une disposition logique. Des poubelles spécifiques par type de déchets ont été ajoutées à proximité. Restait à faire : le bouchage des cavités et ouvertures dans le bâti machine pour éviter l'accumulation de copeaux et déchets et faciliter le maintien de la propreté.

© Groupe Eyrolles

Les déploiements de 5S aussi rapides peuvent déclencher des actions dont la durée dépasse celle du chantier pilote. De manière générale, la durée maximale d'un chantier 5S ne devrait cependant pas excéder 4 à 5 semaines, de façon à montrer rapidement les changements sur la zone ; une semaine de chantier proprement dit et trois à quatre semaines pour achever les tâches du plan d'actions.

Exemple *soft*

Par contraste avec la brièveté et le sentiment d'urgence et d'intensité du *blitz*, la seconde approche peut être qualifiée de « douce ». Elle est plus étalée dans le temps, avec un rythme typique d'une journée consacrée à un S particulier chaque semaine. Dans les intervalles de visites, dans le cas de l'accompagnement d'un consultant, ou des réunions de groupe, si le projet est piloté en interne, le groupe de travail est chargé de petits travaux.

Les facilitateurs et le chef de projet ont en charge la préparation de la séance suivante. Cette préparation comprend :

- la désignation d'une ou des zones d'application ;
- l'achat et/ou approvisionnement des fournitures et matériels (peinture, ustensiles, panneaux, étiquettes…) ;
- la constitution du/des groupes et la répartition des participants.

Pour les mises en œuvre accompagnées, le consultant guide et aide les facilitateurs et le chef de projet dans la préparation. Le jour prévu, le groupe se rassemble pour travailler sur un thème, lié au « S du jour ».

© Groupe Eyrolles

Expérience

Le thème du jour était « Situer » (2e S ou *seiton*, arranger les objets). En coanimation avec le chef de projet, j'ai fait l'ouverture de la séance en salle, en prenant des nouvelles de l'avancement des travaux de tri-débarras restant à terminer depuis la séance précédente. Puis nous avons rappelé le thème du jour, en quoi consiste cette phase des 5S et quelle serait la zone d'intervention.

Le chef de projet avait, dans la semaine précédente, procuré des feuilles de mousse, du papier de couleur fluo et emprunté une petite machine à plastifier les documents. Il avait également acheté un stand en kit pour monter un présentoir à outils auprès d'une machine.

Une partie du groupe s'est attachée à garnir les tiroirs d'un meuble d'atelier de mousse et à y découper la forme des outils. Une fois les outils mis en place, ils étaient maintenus par l'épaisseur de la mousse. La préhension n'était pas gênée et l'emplacement clairement identifiable.

L'autre partie du groupe a monté le stand, placé les accessoires et supports, en prenant soin de découper la forme des outils dans du papier jaune fluo et de le plastifier. Ces formes ont été mises sur le panneau et contrastaient fortement avec sa couleur bleue. L'identification de la forme en était grandement facilitée, ainsi que la compréhension immédiate et de loin si l'outil n'est pas en place.

D'autres menues opérations d'identification ont été menées dans la même journée ; marquage des poubelles par type de déchet, emplacements au sol, affichages…

La journée a été clôturée par un échange croisé entre les groupes, chacun synthétisant à l'autre la nature de ses interventions.

© Groupe Eyrolles

En synthèse

La distinction hard/soft ne préjuge en rien de l'intensité et de la densité des travaux entrepris lors des journées. À titre de comparaison, voici ci-dessous le « diagramme d'intensité » d'une approche de type *blitz* :

Illustration 6

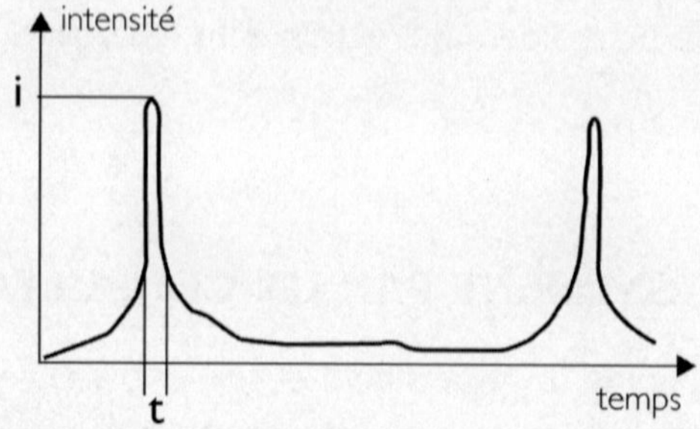

Au moment du chantier, son intensité est focalisée à la fois sur une durée brève (*t*) et un périmètre restreint. Entre deux *blitz*, l'activité du groupe est traditionnellement faible, voire nulle.

Dans l'approche soft, dont le « diagramme d'intensité » est présenté ci-dessous, l'intensité et la densité lors de la journée peuvent être au moins équivalentes à celui d'un *blitz*, mais la durée et le périmètre (thème et lieu d'application) sont plus larges (*t*).

Illustration 7

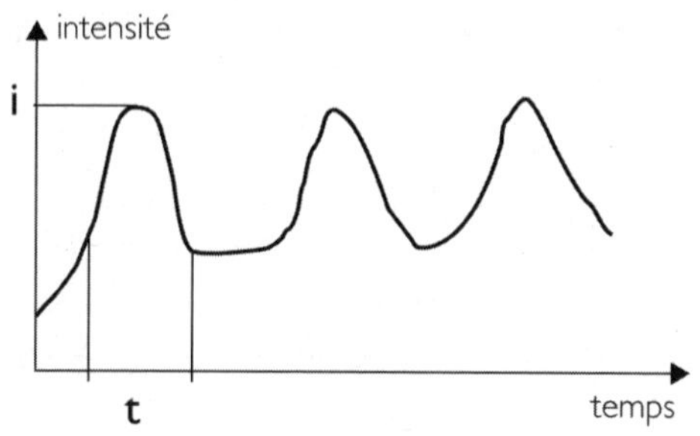

© Groupe Eyrolles

Le groupe conserve une activité résiduelle entre deux chantiers, qui peuvent être plus rapprochés que des *blitz* ponctuels.

Le choix de la méthode *hard* ou *soft* dépend avant tout de la culture de l'entreprise — ou de la zone considérée — et de ses enjeux. Le choix de la méthode peut aussi être lié au contexte du moment : une entreprise en difficulté peut opter pour une mise en œuvre *dynamique* des 5S, symbole de la mobilisation et de l'action. Notons qu'un praticien expérimenté peut aider la direction dans le choix du style de mise en œuvre.

L'ACCOMPAGNEMENT PAR UN CONSULTANT

Un consultant apporte un regard neuf et une expérience accumulée au fil de ses interventions dans des environnements variés, ainsi qu'une méthodologie éprouvée. Il dispose du recul suffisant pour apprécier la cohérence d'ensemble du projet. Le cas échéant, il aide à structurer le projet, à cerner les enjeux, à définir les objectifs et peut pallier un déficit de compétences et/ou disponibilités en interne. Le consultant est généralement un *coach*, dans le sens sportif du terme, du chef de projet novice sur le sujet. En fonction des besoins, il anime ou coanime les formations et les groupes de travail et/ou reste un soutien discret du chef de projet.

L'accompagnement d'un consultant est un incontestable accélérateur de déploiement, évitant notamment les tâtonnements et les erreurs des groupes sans expérience. Il représente également une caution de réussite, du moins sur les aspects méthodologiques, les actions demeurant de la responsabilité des membres du groupe 5S.

Le consultant est lié par contrat à l'entreprise qui le missionne. Le projet d'entreprise ne risque donc pas de souffrir d'une baisse de motivation ou d'essoufflement, le consultant est là pour stimuler les acteurs et aider le chef de projet à le mener à bonne fin. Ses visites ont généralement un effet encourageant sur le chef de projet et les participants.

© Groupe Eyrolles

Le consultant a un statut particulier, ni totalement dans l'organisation ni totalement étranger. Il devient fréquemment un canal de communication privilégié, peut être un facilitateur, un intermédiaire, celui à qui on peut dire et certaines fois celui qui peut dire ce qui ne se dirait pas entre collègues…

Le coût de l'accompagnement

Le coût de l'accompagnement par un consultant est parfois un frein à son recours. Il faut néanmoins se rappeler que ce coût est l'un de ceux que l'on peut connaître avec précision et certitude avant même de démarrer le projet !

Opportunément, le coût des interventions du consultant confère de la valeur au projet. En effet, le coût journalier du consultant fait de ses interventions des rendez-vous à ne pas manquer ! Les acteurs sont invités à agir et produire des résultats dans les intervalles de visites, car il serait insensé de payer un consultant pour ne pas obtenir de progrès en retour. Inversement, si aucun coût identifiable[1] n'est associé au projet 5S, il apparaît « sans valeur ». La tentation est alors forte de donner la priorité aux activités à valeur ajoutée, au risque de laisser mourir le projet, relégué aux activités de moindres priorités.

1. Voir à ce propos les précautions à l'emploi de stagiaires, p. 246.

© Groupe Eyrolles

Chapitre 6

La mise en œuvre des 5S

Une fois tous les préalables et prérequis validés, le projet peut être mis en œuvre. Il est recommandé de communiquer sur le projet à l'ensemble du personnel, en précisant que les premières actions ne concernent qu'une zone test ou pilote, avant d'être étendues à l'ensemble du périmètre visé.

Ensuite, une formation, qui peut n'être qu'un rappel des fondamentaux aux acteurs ainsi qu'aux encadrants, est fortement recommandée. Le choix de la zone pilote est à réserver à la direction si elle a déjà identifié des enjeux prioritaires, ou au chef de projet. Le choix sera fait de préférence avant le lancement officiel du projet. Il est important de mettre les acteurs rapidement dans l'action et de faire la preuve des premiers bénéfices des 5S.

Passer un contrat

La mise en œuvre des 5S et les premiers progrès font rapidement naître de nouvelles attentes et foisonner les suggestions chez les acteurs. Cependant, toute idée émise ne peut être systématiquement retenue et mise en œuvre.

Il est recommandé de passer un contrat entre les acteurs et la hiérarchie au lancement du projet, un contrat qui engage les deux parties, comme par exemple de la manière suivante :

© Groupe Eyrolles

Tableau 9

Direction et hiérarchie	Acteurs
• Préciser si une réponse négative à une suggestion, une idée, signifie un refus ferme et définitif, ou si elle signifie « pas maintenant, pas tout de suite » • Expliquer les raisons d'un refus ou d'une remise à plus tard	• Accepter le fait que tout ne peut pas être mis en œuvre, ni immédiatement • Accepter de bonne grâce les refus, qui font partie du jeu, tout en conservant un esprit de participation

Le chef de projet veillera à ce que les deux parties respectent leurs engagements.

LA FORMATION

En matière de 5S, il y a peu de connaissances académiques ou techniques à transmettre. La formation au sens *transmission d'un savoir*, va se limiter à expliciter les basiques S par S, les étapes successives de la mise en œuvre et donner quelques illustrations. La transmission du savoir se fait au travers de l'expérimentation, sur le terrain et lors du déploiement. On pourrait dire que les 5S se vivent plus qu'ils ne s'expliquent.

La formation initiale est davantage une entrée en matière, le moyen de communiquer plus en détail sur le projet et éventuellement rassurer les personnels concernés. Le formateur doit s'attacher plus à la forme de sa communication que sur le fond, qui, lui, sera travaillé sur le terrain. Si le formateur est externe, un consultant comme souvent, la formation est pour les membres du groupe projet et pour lui-même l'occasion de faire connaissance.

Il y a généralement deux types de personnels à former :

- les acteurs, qui sont les personnes qui feront l'action ;
- les encadrants et facilitateurs, qui sont les hiérarchiques et les fonctionnels, impliqués à divers degrés dans le projet.

© Groupe Eyrolles

Je recommande, si les conditions[1] le permettent, de scinder les deux populations et d'avoir deux modules de formation, un pour chaque catégorie. Nous en verrons les contenus un peu plus tard.

Pour les deux groupes toutefois, l'entrée en matière – la communication sur le projet et les enjeux – devrait être commune. La communication lors de la formation initiale est le moment idéal pour lever les malentendus, donner du sens[2] et surtout pour *vendre* un projet plus ambitieux que simplement *ranger et tenir propre* !

L'adulte est ainsi fait qu'il ira d'autant plus volontiers vers l'action qu'il en comprend les finalités. La formation est donc le moment privilégié pendant lequel on communique :

- le projet d'ensemble et ses enjeux ;
- quelles sont les contributions attendues des acteurs, encadrants et facilitateurs ;
- comment ils vont contribuer, essentiellement par le déploiement des 5S ;
- le bénéfice qu'eux-mêmes tireront de la mise en place des 5S.

La communication sur le projet et les enjeux

Concernant la communication sur le projet d'ensemble, j'ai toujours attaché la plus grande importance à communiquer au-delà des 5S, avec le souci d'inviter les acteurs à participer à un projet ambitieux[3], face à des enjeux importants pour l'entreprise. Néanmoins, il faut aussi en expliquer le bénéfice pour les participants. Généralement, mon discours tourne autour de l'opportunité donnée aux exécutants de définir l'environnement de travail qui leur est le plus propice. Eux, mieux que

1. Accord de la direction, ambiance, nombre de participants à chaque session, temps et disponibilités…
2. Le principe de sens, parmi les douze principes de la formation d'adultes énoncés par Sandra BELLIER (*Ingénierie en formation d'adultes*, Éditions Liaisons, Paris, 2000).
3. Sans se montrer démagogique, il est plus motivant pour un compagnon de se voir invité à bâtir une cathédrale que de recevoir l'ordre de casser des cailloux…

© Groupe Eyrolles

quiconque savent ce qu'il faut et comment faire pour que le travail soit le plus efficient possible.

L'amélioration des postes et de l'environnement de travail est également un signal fort de l'investissement de l'entreprise dans sa ressource humaine. Cependant, la liberté de repenser l'exécution du travail ne doit pas interférer avec les limitations du droit du travail, les consignes et règles de sécurité, ni avec le règlement intérieur de l'entreprise.

Cette communication se prépare soigneusement avec la direction, afin de ne pas trahir l'esprit de son projet, ni « vendre » une vision de consultant.

Exemple réel

Pour une société de transformation de métaux précieux, face aux opérateurs de production, le discours était le suivant :

1. La concurrence asiatique est une menace sérieuse.
2. Il existe une opportunité de développement pour laquelle il faut trouver rapidement de la capacité additionnelle, idéalement sans investissements.
3. Le projet 5S montre l'importance que la direction porte à son personnel, à son implication, sa motivation et sa sécurité.
4. Il est important de faire bonne impression aux clients visiteurs, car c'est un « facteur de confiance » favorable aux commandes futures.

Ces enjeux se sont déclinés en objectifs correspondants :

1. Réduire et fiabiliser les délais pour atteindre un taux de service de 95 %.
2. Augmenter la productivité pour dégager de la capacité supplémentaire sans investissement.
3. Améliorer les conditions de travail afin de prévenir et réduire les accidents de travail.

▶

© Groupe Eyrolles

4. Améliorer l'image de l'entreprise auprès des clients visiteurs, afin de démontrer le soin et la rigueur nécessaire aux fabrications, ainsi que l'attitude cohérente des personnels avec la noblesse des matériaux utilisés.

On est donc loin d'une entrée en matière centrée sur la *technique* ou la *philosophie* des 5S, les 5S ne sont qu'un moyen pour répondre aux défis auxquels est confrontée l'entreprise.

Formation des acteurs

Les exécutants sont quelquefois des volontaires, le plus souvent les acteurs désignés du projet de la direction. À chaque fois que cela est possible, je m'attache à démontrer que le projet à déployer n'est pas un caprice de chef, une fantaisie des mystérieux « ils » et « eux », mais une réponse logique qui s'impose d'évidence à la situation. Pour cela il est fondamental que les personnes concernées formulent **elles-mêmes** cette conclusion, le talent du formateur n'étant pas de faire la démonstration, mais d'y amener son auditoire.

En matière de 5S, sans entrer dans tous les détails de l'animation, un truc éprouvé est d'utiliser un jeu de photographies montrant des situations très dégradées : endroits en désordre, postes sales, bureaux encombrés, poubelles débordantes, sanitaires dégradés, entreposage dangereux, stocks pléthoriques, etc. Ces photos doivent idéalement provenir d'autres lieux que de l'entreprise concernée, ou alors ne pas montrer des lieux immédiatement identifiables.

Deux questions sont alors posées aux participants :

1. « Comment ont-ils pu en arriver là ? »
2. « Quels sont les risques de telles situations ? »

Les participants formulent **leurs** réponses et en débattent éventuellement. Le formateur ordonne les réponses puis il peut conclure par une phrase du type : « Maintenant que vous savez ce qui conduit à de telles

© Groupe Eyrolles

situations et les risques encourus, vous savez également comment éviter de telles situations et ne pas vous exposer à de tels risques. »

Après une mise en train de ce type, équipé d'un appareil photo numérique, j'emmène alors le groupe sur le terrain et leur demande de regarder autour d'eux et de signaler tout ce qui leur paraît « anormal ». Une photo est faite à chaque fois qu'un participant le demande. Si nécessaire, je suggère par questionnement : « est-ce que ceci est l'état normal ? », « ce bac sert-il à quelque chose ? », « pourquoi y a-t-il des chiffons à cet endroit ? »...

L'expérience montre que les participants, fraîchement éveillés à ce qu'ils ne savent pas encore être les 5S et virtuellement chaussés de leurs nouvelles lunettes à voir la saleté et le désordre se révèlent être de redoutables chasseurs d'anomalies !

De retour en salle, les photos prises durant la visite sont projetées et commentées. Généralement le public éprouve un choc en découvrant que dans leurs locaux, la situation n'est guère plus brillante que celle des images qu'ils ont commentées en début de séance. Cette prise de conscience étant faite, on passe à l'explication des principes 5S.

Plus les participants seront des gens d'action, plus il faut être bref dans les explications théoriques. Je reviens chaque fois que possible et opportunément sur les réponses formulées par les participants en début de séance, ainsi que sur les photos prises sur le terrain pour illustrer le discours théorique autour des 5S.

Je consacre la dernière partie de la formation à un microchantier. Il s'agit d'expérimenter sur un périmètre réduit une première opération tri – nettoyage – rangement rapide, pour illustrer le discours par la pratique.

La session est conclue par un bref échange sur l'ensemble des notions abordées et la prise de rendez-vous pour le lancement du chantier en vraie grandeur !

© Groupe Eyrolles

Formation des encadrants et facilitateurs

Les encadrants et facilitateurs peuvent être intégrés dans la formation des acteurs, mais il est recommandé de leur réserver au moins un module particulier, traitant des impacts managériaux des 5S, ainsi que des attendus spécifiques à leurs fonctions.

Les encadrants ont un rôle hiérarchique, on n'attend pas d'eux qu'ils s'investissent dans le déploiement des 5S autrement que par l'exemplarité de leur comportement, dans le respect et la facilitation des activités des groupes de travail. En premier lieu ils doivent respecter le temps réservé aux activités 5S, quand bien même ils seraient tentés de le récupérer pour faire face à des urgences. Il est important de rappeler que les 5S sont une forme d'investissement et que le temps consenti à leur mise en place se rattrape sur une meilleure efficience et moins de gaspillages à terme. Tant que cet investissement ne sera pas consenti, on ne peut espérer en retirer des dividendes !

La facilitation consiste à aider les acteurs à obtenir l'aide de services fonctionnels, comme la maintenance et/ou les méthodes, à acheter des fournitures ou à valoriser les résultats obtenus, encourager les participants.

Selon le contexte, les encadrants doivent être préparés au changement et parfois rassurés sur leur rôle futur. Dans les entreprises dans lesquelles l'autonomie des équipes est un objectif, le rôle hiérarchique de l'encadrant s'efface au profit de celui d'animateur d'équipe. Ce type de mutation est parfois difficile et doit être préparé et accompagné.

Le contenu du module encadrant se prépare avec la direction et il est souvent intéressant de pouvoir rencontrer et échanger avec des gens concernés au préalable. Les facilitateurs non hiérarchiques se rencontrent dans des entreprises d'une certaine taille et pour lesquelles les bénéfices attendus avec les 5S sont suffisamment importants pour qu'elles détachent des personnels pour animer et faciliter les activités 5S. Les facilitateurs sont souvent des techniciens, des familiers de la réalité du terrain et qui savent d'autant mieux accompagner les groupes opérationnels. Leur familiarité de la réalité du terrain servira opportunément à

© Groupe Eyrolles

filtrer les requêtes exagérées ou injustifiées que les opérationnels formulent à la hiérarchie, sous prétexte de 5S. Le chef de projet 5S peut lui-même être un facilitateur.

Facilitateurs et encadrants doivent être particulièrement sensibilisés sur la conduite et la gestion du projet, afin de ne pas laisser les groupes de travail dériver. Ce sont eux en premier lieu qui doivent aider les acteurs à garder le cap et ne pas se laisser distraire par des actions qui ne rapprochent pas du but.

Itinéraire pédagogique type

En synthèse, pour une formation 5S, mon itinéraire pédagogique type est le suivant :

- communication sur les enjeux et le projet, si possible avec introduction par un représentant de la direction ;
- exercice d'autodécouverte avec photos ;
- première visite sur le terrain ;
- explications des 5S ;
- microchantiers.

Ce déroulé tient en une journée avec 75 % d'action et de mise en situation, pour 25 % de théorie maximum. L'introduction, la communication et les microchantiers doivent impérativement être préparés à l'avance et en accord avec la direction de l'entreprise.

Une sensibilisation aux gaspillages et à leurs conséquences peut s'envisager en introduction, en illustration ou en complément de la formation 5S.

CHOISIR LE CHANTIER PILOTE

Pour l'initiation des 5S, il faut savoir commencer avec modestie, sur une zone, un atelier, un bureau, un service ou une section qui servira de « pilote ».

© Groupe Eyrolles

Ce chantier école permettra aux impliqués de la première heure, le chef de projet notamment, de mettre la théorie en pratique tout en limitant les efforts et les risques. Le déploiement des 5S sur le chantier pilote permet d'accumuler un peu d'expérience et surtout de pouvoir prouver la validité du concept aux yeux des participants et des « observateurs », avant d'étendre la démarche à d'autres zones.

Dans la pratique, la zone pilote aura été choisie avant la formation des acteurs, car elle servira à leurs travaux pratiques. Pour le choix de la zone pilote, je recommande de la choisir parmi les zones les plus dégradées dans le périmètre du projet. Toutes les parties prenantes du projet de déploiement 5S ont besoin de voir rapidement et de manière concrète l'efficacité de la démarche. Dans tout projet d'amélioration, les premiers gains sont importants et faciles à atteindre, comme le montre l'illustration 8 ci-dessous.

Illustration 8 – La courbe performances/investissements

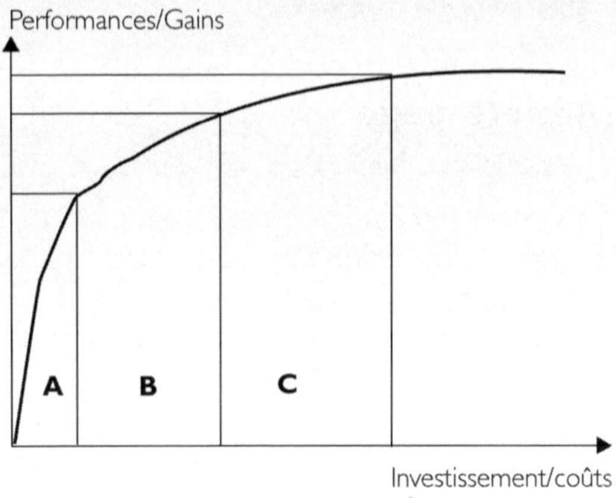

© Groupe Eyrolles

Partant d'une situation initiale dégradée, la moindre action amène des résultats importants avec peu d'efforts et peu d'investissements. Le rapport gain/investissement est particulièrement favorable (zone A).

Au fil du temps, à mesure que les actions les plus efficientes ont été menées, il faut des actions plus conséquentes et quelques dépenses supplémentaires pour aller plus loin. Le rapport gain/investissement (zone B) se dégrade. Néanmoins, ces actions de deuxième ordre restent intéressantes à mener.

Finalement, la recherche des ultimes améliorations se révélera de plus en plus coûteuse, jusqu'à présenter un rapport gain/investissement très défavorable (zone C). Dans ce dernier cas, il vaut mieux renoncer ou tout au moins rompre avec l'amélioration incrémentale[1].

En choisissant une zone dégradée, sale et en désordre la moindre amélioration sera visible rapidement. Ceci contentera la direction et la hiérarchie, toujours à la recherche de gains rapides, et conservera l'intérêt des personnels impliqués[2]. Par ailleurs, ce type de zone est souvent mal considéré, on ne lui consacre ni beaucoup d'attention ni beaucoup de moyens. Les personnels de ces zones se sentent laissés à l'écart et dévalorisés. Commencer le déploiement du projet avec eux, en leur fournissant écoute, moyens et estime, est un excellent moyen de les remobiliser au service de l'entreprise.

Éviter le prénettoyage

La désignation d'une section, d'un atelier ou d'un bureau pour servir de zone pilote peut donner lieu à un prénettoyage de la part des responsables ou des personnels de cette zone. Ce comportement peut être motivé par le souci de ne pas apparaître critiquable, ou pris en défaut quant à la tenue des postes. Il risque néanmoins de priver les participants au chantier 5S d'une partie de l'expérience que l'on compte leur faire vivre. C'est un appauvrissement pédagogique dans le sens qu'un prénettoyage n'aura pas la portée ni l'amplitude d'un chantier mené de

1. L'amélioration incrémentale, ou à petits pas, se heurte fatalement à cette limite. Pour aller plus loin, il faut créer une rupture, faire différemment, repenser le problème et ses solutions.
2. Le chef de projet doit garder à l'esprit que les acteurs ont un autre rapport au temps que les décideurs et que faute de gérer son projet avec des étapes à court terme, il ne pourra garder la mobilisation des acteurs.

© Groupe Eyrolles

manière formelle. Pour éviter cette déconvenue, il faut absolument passer un contrat avec les personnels concernés de la zone pilote :

- le chantier 5S n'est pas un tribunal ;
- les personnels concernés seront intégrés ;
- la zone doit rester dans son état habituel pour que le chantier 5S soit représentatif.

CONDUIRE LES PREMIÈRES ACTIONS

À ce stade, les participants du groupe de travail 5S en connaissent les fondamentaux et ils ont été informés des enjeux pour l'entreprise et les objectifs qui en découlent. Ils auront éventuellement vécu un microchantier d'initiation et connaissent le programme des actions à venir.

> Le lancement de chaque phase est un bon moment pour rappeler quel S est mis en œuvre et en quoi il consiste. Ceci assure un meilleur ancrage, la mémoire cognitive étant aidée par les cinq sens et par le fait de *faire*, de participer activement et pas uniquement d'*entendre* comme dans une formation en salle.

Trois plus deux et trois en un

Pratiquement, le déploiement des 5S sur le chantier pilote suit un schéma 3+2 ; les trois premiers S sont des thèmes d'action très pratiques et de terrain, suivis par les deux derniers qui font davantage appel à l'intellect et à l'abstraction. En fonction de la population des groupes à animer, le chef de projet devra en tenir compte, afin d'ajuster le style d'animation et son langage.

Une autre réalité concerne les interactions entre les trois premiers S qui s'interpénètrent, autorisant le 3 en 1.

© Groupe Eyrolles

Illustration 9

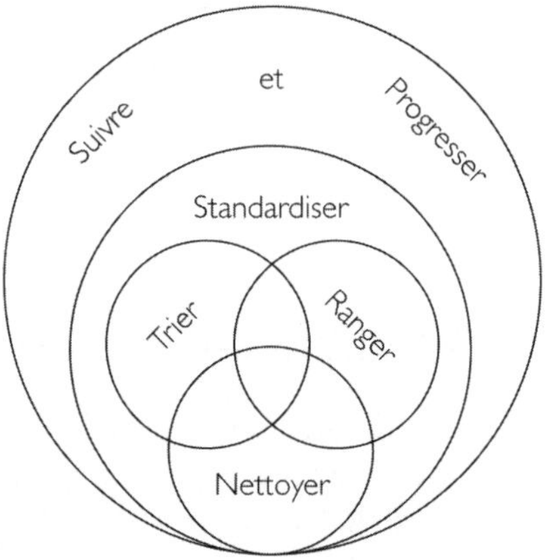

Lors du tri-débarras, il serait absurde de ne pas nettoyer les objets que l'on déplace et les emplacements vidés, sous prétexte que le thème du jour est le tri.

Il en va de même lors du rangement, pendant lequel on peut compléter le tri-débarras et nettoyer tout en rangeant. Finalement, lors du thème « nettoyer », il reste probablement des opportunités pour parfaire à la fois le tri et le rangement.

Ainsi, dans chaque phase, on va profiter pour trier, nettoyer et ranger, combinant les trois premiers S dans une même passe.

Trier – débarrasser (seiri)

Le premier S, rappelons-le est celui qui se focalise sur l'élimination du superflu, afin de dégager le poste de travail et son environnement immédiat de tout ce qui y est inutile. L'état du poste et l'accumulation des objets qui l'encombrent proviennent des habitudes et en partie de l'historique. Trier et débarrasser, c'est aussi simplifier les procédures, les formulaires, etc.

© Groupe Eyrolles

L'objectif du *seiri* est de ne garder au poste que ce qui est strictement lié à l'exécution du travail et qui est d'un usage permanent. Pour cela, il faut que le groupe de travail comporte un membre au moins qui soit familier du travail de la zone, afin d'éviter toute mauvaise décision, par ignorance des réalités du terrain.

La difficulté du *seiri* est d'éviter aussi bien les excès de prudence que le zèle à jeter. Il faut combattre la tentation de la conservation « au cas où », ne pas se laisser abuser par la valeur apparente des objets. Il ne faut pas non plus tolérer des excès de zèle, parfois malsains, destinés à nuire à des collègues ou à la hiérarchie.

Il existe de petits exercices pédagogiques portant sur le choix limité que doivent faire des naufragés parmi les restes de leur vaisseau pour assurer leur survie.

Ce genre d'exercice peut-être une introduction à la fois pédagogique et ludique sur le thème du tri-débarras.

Le tri peut s'envisager selon deux approches :

- La première consiste à lister au préalable tout ce qui est indispensable pour effectuer le travail, les différentes tâches dans la zone concernée, mais de ne lister que ce qui est indispensable. Le contrôle physique des objets présents dans la zone devrait alors éliminer, ou tout au moins marquer (voir Annexe 3, Méthode des étiquettes, p. 325) ou encore déplacer en zone d'attente de décision tout ce qui ne figure pas sur la liste.
- La seconde approche est plus directe : les armoires, tiroirs, étagères, boîtes et rangements actuels sont méticuleusement explorés. À chaque objet ou document rencontré on se pose la question de son caractère indispensable pour le travail à effectuer.

© Groupe Eyrolles

Quelle que soit l'approche choisie la finalité reste la même, répondre à ces trois questions :

- Qu'est-ce qui est indispensable pour effectuer le travail, la tâche ?
- Pour chaque élément indispensable, quelle est la quantité réellement nécessaire au poste ?
- Pour les éléments indispensables, où devraient-ils se trouver pour que le travail soit efficient ?

Le résultat de l'opération de tri-débarras doit être visible. Pour cela il faut que la différence avant/après soit indiscutable. On veillera à prendre des photos des états avant/après, ainsi que du tas d'objets dont on va se séparer, qui constitue les trophées de la chasse à l'inutile !

Conseils

Il est impératif de documenter scrupuleusement ce qui est débarrassé ou jeté, notamment si certains objets peuvent encore avoir une valeur d'usage ou d'échange, par une liste d'inventaire ou des photos. Ceci est nécessaire à la mesure des résultats et à la préparation de la cession (désimmobilisation comptable, vente), et évite les reproches lorsque disparaissent des objets pour lesquels on blâme les participants aux 5S !

Il est impératif de respecter, si elles existent, les procédures spécifiques au tri des déchets, à la destruction, la dépollution ou à la décontamination des objets dont on veut se débarrasser.

Applications dans les ateliers

Tout ce qui ne sert pas n'est pas forcément inutile et à jeter. Le tri-débarras est aussi une opportunité de mieux répartir les outils.

© Groupe Eyrolles

Anecdote

Dans une grande entreprise, le personnel se plaignait fréquemment du manque d'outillage électroportatif, essentiellement des visseuses. Vu le prix à l'unité, la direction rechignait à acheter des unités supplémentaires, étant donné le nombre déjà acquis. Sous couvert des 5S et du thème *trier et débarrasser l'inutile*, une revue de casiers a été organisée. De nombreux outils, au nombre desquels les précieuses visseuses, ont été identifiés comme peu ou pas utiles aux tâches actuelles des personnels qui les conservaient dans les casiers.

Ce stockage inutile était la conséquence logique, mais perverse de la dotation personnalisée des outils : chaque outil étant porté sur la liste personnelle de chaque agent. En défalquant ces outils des listes individuelles et en les mutualisant (inscription à la dotation de la section), non seulement les besoins réels ont été couverts, mais il restait des unités rendues au magasin commun.

Les stocks et encours trop importants sont inutiles. Il est recommandé de distinguer les lots de fabrication des lots de transport, car en général une seule pièce est usinée à la fois pendant que le reste des pièces attend, soit avant le poste, soit après. Ainsi pour un lot de fabrication de 100 pièces à usiner, l'évolution des encours avant et après le poste se fait de la manière suivante :

© Groupe Eyrolles

Tableau 10

Traitement de la pièce *n*°	Encours avant le poste	Au poste	Encours après le poste
Début	100	0	0
1	99	1	0
2	98	1	1
51	49	1	50
99	1	1	98
Fini	0	0	100

Si lot de fabrication = lot de transport, il faudra attendre la centième pièce avant de déplacer le lot vers le poste suivant[1]. En divisant le lot de transport par deux (le lot de fabrication restant égal à 100), le déplacement pourra intervenir à la fin de l'usinage de la cinquantième pièce et donc en moitié moins de temps. Ce demi-lot permettra d'enchaîner la tâche suivante plus rapidement. Le second demi-lot sera livré en fin de lot de fabrication, après la centième pièce. Les pièces en attente sont inutiles, elles encombrent l'espace et nuisent souvent à la visibilité et à la compréhension de l'état d'avancement du travail.

Ainsi stocks et encours sont eux aussi à considérer lors d'un chantier 5S !

Application dans les bureaux

Les circuits administratifs sont souvent de bons champs d'application pour le tri et l'élimination de l'inutile. Les procédures s'alourdissent souvent au fil du temps de contrôles, validations, autorisations et signa-

1. Les règles, officielles ou non, qui interdisent les mouvements tant que les lots ne sont pas complets font s'accumuler des quantités de pièces diverses très vite si des problèmes ne permettent pas de terminer les lots.

© Groupe Eyrolles

tures, qui persistent même quand les circonstances qui les ont fait naître disparaissent.

C'est ainsi que dans une entreprise, une demande d'avance sur salaire exigeait neuf signatures avant accord, alors qu'après une brève analyse, deux suffisaient. Le gain en était double : la réduction de la part de tâches inutiles des responsables et l'amélioration du délai de réponse au demandeur qui, dans ce cas, est un « client ».

Outre les procédures, les pistes d'investigation traditionnelles dans les bureaux sont :

- les piles de documents sur les bureaux, les étagères, dans et sur les armoires ;
- les objets et documents posés dans les recoins, derrières les portes et le mobilier, entre les bureaux, etc. ;
- les documents constituant les dossiers ;
- les dossiers ;
- les affichages ;
- les câblages électriques, informatiques et téléphoniques ;
- les fichiers informatiques et les courriers électroniques.

Tableau 11

Objets et éléments à considérer	Exemples
Documents périmés et toujours présents/toujours affichés	Calendriers, notes de service, documents administratifs, offres promotionnelles, activités culturelles ou associatives…
Documentation obsolète	Catalogues, plaquettes de présentation, conditions de vente, horaires de train, d'avion, guides des hôtels et restaurants

…/…

© Groupe Eyrolles

Copies multiples de documents	Notes de service, notes d'information, procédures
Fichiers informatiques en doublons (hors copies de sauvegarde)	Fichiers dupliqués pour essais, fausses manipulations
Dossiers divers non contractuels	Prospects, clients, fournisseurs
Archives officielles et officieuses	
Les fournitures de bureau en surnombre et celles hors d'usage	Stylos, crayons, feutres, trombones et attaches

À propos de stylos : les puristes des 5S estiment que de n'avoir qu'un seul stylo à quatre couleurs est suffisant et que celui-ci remplace avantageusement les nombreux stylos que l'on a tendance à accumuler puis finalement à égarer !

Les calendriers sont une de mes cibles favorites et qui me déçoivent rarement. Lors d'une visite, repérez les calendriers. Hormis ceux de l'année passée pour les premiers mois de la nouvelle année, est-il nécessaire de s'entourer de la collection de la décennie ? Il arrive aussi que l'on trouve des postes pourvus de plusieurs calendriers identiques de l'année en cours. Pourquoi ?

Les dossiers clos sont à mettre aux archives. Mais il est recommandé avant cela de trier et distinguer dans ces dossiers les pages réellement utiles à conserver et les pages de documents intermédiaires, brouillons, notes, etc., qui n'avaient un sens que pendant la durée de vie active du dossier. Ces dernières pourront être éliminées au profit d'un gain de place mais aussi d'un gain de temps, lorsque dans le futur on cherchera une information dans le dossier.

Les boîtes aux lettres recueillant les courriers électroniques ont tendance à grossir rapidement, engorgeant l'espace mémoire qui leur est alloué. Un tri régulier permet d'éliminer les messages devenus obsolètes et inutiles, d'archiver dans un répertoire distinct les messages à archiver, pour ne finalement conserver que les messages pertinents et utiles.

© Groupe Eyrolles

Les « outils » faits maison

Lors de chantier 5S dans les ateliers, il est courant de découvrir des outils bricolés, tels que les lames de cutter entourées de ruban adhésif, des barres métalliques tordues ou autres objets curieux dans des états très divers.

Anecdote

Des membres du groupe 5S viennent de découvrir dans une desserte une paire de ciseaux dont les lames sont cassées (illustration 10). Ils s'apprêtent à jeter ces ciseaux visiblement impropres à l'usage, quand le propriétaire de la desserte, également membre du groupe, intervient.

Il explique qu'il a cassé les lames à dessein, se fabriquant ainsi une paire de pinces avec laquelle il tire sur la bande de tôle sortant de la machine.

Cet *outil* lui est indispensable !

Illustration 10

Ces outils bricolés ou les astuces développées par les exécutants sont autant de preuves de leur génie créatif et de la bonne volonté des opérateurs, souvent réduits à la débrouillardise. Il arrive fréquemment que l'outil demandé leur soit refusé, ou que les délais et le circuit d'obtention découragent leurs meilleures intentions.

© Groupe Eyrolles

Si l'on rencontre de tels objets, il convient de vérifier :

- s'ils sont effectivement indispensables ;
- si on peut les remplacer par de « vrais » outils adaptés et sûrs.

S'ils doivent être conservés et qu'en l'état ils ne présentent pas de risques pour les utilisateurs, ils seront reconnus comme des outils et traités en tant que tels :

- remis en état s'il le faut ;
- identifiés puis rangés avec les autres outils.

Si ces outils présentent des risques pour l'utilisateur, il faut vérifier avec des services maintenance ou outillage si l'on peut améliorer, remédier au problème. Dans la négative, il faut rechercher avec l'utilisateur une solution alternative sans risque.

Les effets personnels

Les opérations tri-débarras révèlent fréquemment la présence d'effets personnels sur le poste de travail ou dans son environnement. Ces effets personnels ne contribuent quasiment jamais à l'exécution[1] de la tâche. Dans de tels cas, les chefs de projet 5S sont parfois devant un dilemme : faut-il appliquer l'orthodoxie des 5S ou se montrer tolérant, sous prétexte de sauvegarder de bonnes relations de travail ? À mon sens, il faut différencier les réponses en fonction des éléments litigieux.

La première approche consiste à vérifier dans quelle mesure les éléments litigieux interfèrent avec le règlement intérieur et les dispositions relatives à la sécurité. Ce sont là deux domaines non négociables. Si des règles ou consignes existent, il faut les appliquer.

1. Dans le cas contraire, c'est en général à l'entreprise de les fournir.

© Groupe Eyrolles

Pour la seconde approche, on peut mettre à profit la méthode interrogative des « pourquoi »[1], qui permet de remonter à la cause racine du problème et peut aider à le résoudre.

Vêtements, sacs, chaussures, etc., devraient se trouver au vestiaire.

- Pourquoi (n° 1) ces effets ne sont-ils pas au vestiaire ? Le vestiaire existe-t-il ? Si la réponse est non, la mise à disposition de casiers, la création d'un vestiaire permet de ne pas étaler des affaires personnelles, avec tous les risques et problèmes que cela comporte.
- Si le vestiaire existe, pourquoi (n° 2) n'y met-on pas les affaires ? Est-il mal placé ? Est-il inadapté ?
- Si la réponse est oui, pourquoi (n° 3) l'est-il et comment peut-on y remédier ?
- Si la réponse est non, pourquoi (n° 3) n'y met-on pas les affaires ? Est-ce par facilité, par convenance ?

À ce stade, la plupart des personnes interrogées conviennent que la place de ces affaires est dans le vestiaire et vont les y mettre. Pour celles qui mèneraient un combat d'arrière-garde, il faut leur rappeler que les 5S servent également à établir ou rétablir des règles. Le dégagement des affaires personnelles inutiles et leur rangement en font naturellement partie.

Pour les affaires personnelles qui sont davantage des éléments de personnalisation de l'environnement de travail ; poste de radio, portrait de famille, poster, peluches, bibelots… et qui ne présentent pas d'entorse formelle aux règles, il faut un peu de doigté.

Pour le chef de projet, l'idéal est d'amener leurs propriétaires à réfléchir puis à conclure eux-mêmes à l'inopportunité de la présence de ces éléments au poste de travail.

1. La méthode des « cinq pourquoi » consiste à poser cinq fois la question « pourquoi ? » afin de remonter à la cause racine d'un problème. En pratique, trois questions suffisent généralement car il est difficile de débusquer les causes des causes avec un quatrième et cinquième pourquoi ?

© Groupe Eyrolles

Les évolutions récentes du monde du travail

Le rappel des évolutions récentes des pratiques dans le monde du travail peut être mis à profit pour vaincre la résistance au changement en matière de tri-débarras, et notamment le débarras des affaires personnelles. Dans les ateliers comme dans les bureaux, la **polyvalence** est une qualité de plus en plus appréciée, voire indispensable. Or tenir divers postes de manière régulière et efficiente suppose que l'on puisse s'y repérer rapidement, sans tâtonnements ni énervement. Plus un poste sera organisé pour la bonne exécution de la tâche qui y est prévue, plus cela sera facile.

Hormis les personnels, les postes eux-mêmes peuvent être polyvalents. C'est le cas des **cellules flexibles**. Ces cellules servent à plusieurs usages, à traiter différentes opérations, produits ou séries et sont reconfigurées ou déplacées fréquemment. La vitesse à laquelle on peut reconfigurer ou déplacer ces cellules et reprendre une activité productive conditionne leur performance, leur productivité. Par conséquent, plus les opérations de conversion sont simplifiées, meilleure sera la productivité.

Les équivalents des cellules flexibles dans le monde des bureaux sont les **bureaux de passage**. Ces bureaux ne sont pas affectés à une personne en particulier, mais sont mis à disposition de visiteurs ou de personnels « nomades » (commerciaux, consultants…). Ces bureaux ne peuvent, de par leur nature, être encombrés ni personnalisés, sous peine de dégrader leur aspect fonctionnel.

Au-delà des locaux, certains équipements sont mis à la disposition de plusieurs utilisateurs : ce sont des **ressources partagées**, telles que photocopieurs, imprimantes, fax, scanners, etc. Là encore, pour que les différents utilisateurs puissent s'en servir sans soucis, il est indispensable de standardiser ces ressources et d'en retirer tout l'inutile.

Les plantes

Le souci d'agrémenter les lieux de travail pousse parfois à y introduire des plantes. Les plantes d'agrément sont à exclure des environnements sensibles à l'hygiène ou aux risques de contaminations, comme les labo-

© Groupe Eyrolles

ratoires agroalimentaires, chimiques, cosmétiques et *a fortiori* des environnements à atmosphère contrôlée (salles blanches, locaux stériles, etc.).

De manière générale les plantes peuvent être source de salissures et de pollution :

- feuilles mortes, débris végétaux ;
- terre échappée des pots ;
- eau d'arrosage répandue, stagnante ou débordante ;
- présence d'insectes et autres animaux.

L'opportunité de la présence de plantes dans le périmètre immédiat du poste de travail doit être évaluée en fonction des risques potentiels sur la qualité, la sécurité et l'hygiène.

Lorsque la présence de plantes ne contrevient pas expressément aux règlements ou aux consignes d'hygiène et sécurité, mais présente des risques potentiels, il faut expliquer avec soin aux personnes qui les ont mises en place spontanément et de leur propre initiative les inconvénients des plantes, la nature des risques et les conséquences de leur présence.

On ne peut ignorer le fait que les plantes soignées par des personnes dévouées sont parfois la cible de plaisanteries douteuses ou d'actes de vandalisme tel l'arrosage au détergent ou à l'eau savonneuse.

Bruit et pollution visuelle

Le bruit et les informations en surnombre sont des éléments perturbateurs, qui souvent ralentissent ou même empêchent la prise en compte d'une information cruciale. Dans un environnement très bruyant il est difficile de discerner un signal sonore plus faible. Les personnels exposés à ces conditions témoigneront de leur accoutumance au niveau sonore et de l'adaptation de leur sensibilité à des variations subtiles du niveau sonore. Cependant, cette accoutumance est porteuse de risques à long terme et ne doit pas être acceptée.

© Groupe Eyrolles

Une grande quantité d'éléments affichés (indicateurs, témoins, écrans, signaux lumineux, etc.) pollue visuellement l'environnement et risque de noyer l'information[1] utile dans la multitude des éléments qui ne sont plus que des données ou du « bruit ».

Bruit et pollution visuelle sont donc bien des champs d'application du tri-débarras, mais traditionnellement peu explorés dans les chantiers 5S. Pourquoi laisser ces thèmes aux seuls Comité Hygiène et Sécurité Conditions de Travail (CHSCT), médecins du travail et ergonomes alors qu'une collaboration profiterait à l'amélioration de l'environnement de travail ?

Ranger et arranger (seiton)

Le second S de la série est celui du *seiton* ou rangement, qui se focalise sur l'organisation efficiente de l'environnement de travail. Visibilité et compréhension sont les maîtres mots de cette seconde phase, qui se matérialise par une disposition logique et compréhensible des différents éléments dans l'espace, de leur identification, ainsi que du positionnement ergonomique des objets nécessaires.

Idéalement, un visiteur étranger à l'organisation devrait comprendre l'activité et l'enchaînement des différentes tâches par la simple observation, sans aucune explication. Notons que plus une organisation est disposée linéairement, plus elle est lisible et compréhensible.

Les identifications par des tracés et des indications symboliques ou en clair, ont une triple fonction :

- ils aident à la compréhension de l'environnement ;
- ils indiquent également l'existence de règles et les portent à la connaissance de tous. C'est une forme de partage ;
- ils trahissent tout manquement aux règles : objets débordants dans les allées délimitées, stockage et dépôts dans des zones non prévues à cet effet, etc.

1. On distingue l'information de la *donnée* comme étant une réponse à la question que l'on se pose.

© Groupe Eyrolles

L'application du *seiton* doit s'envisager en entonnoir, du général au particulier. On commence par se poser la question de l'optimisation des implantations des postes, des machines et des différentes zones dans l'espace de travail[1]. Il y a de nombreux gains à faire en termes de mouvements inutiles, de manutentions, déplacements, des gains de surface, des améliorations des flux, de l'accessibilité et de la compréhension du fonctionnement dans cet espace. Une fois l'espace arrangé et les différentes identifications faites, on focalise sur l'arrangement des objets dans cet espace, sur chaque poste de travail, dans chaque tiroir, etc.

Identifier, visualiser, ranger

Les coins et recoins sont des endroits difficilement visibles, dans lesquels le désordre et la saleté s'accumulent volontiers. C'est aussi au détour d'un virage, à un croisement, au coin d'un couloir que les risques de collisions et d'accidents sont les plus importants.

Pour toutes ces raisons on matérialise[2] clairement les limites entre les allées de circulation et les zones de travail, les zones de stockage, les zones de dégagement, les contours des machines, des équipements et de toutes les installations fixes. De nombreuses entreprises choisissent de mettre en couleurs différenciées les diverses zones, afin de faciliter la compréhension de l'organisation :

- allées et passages ;
- zones de travail ;
- zones d'entrée et de sortie de matières et pièces ;
- stocks et encours ;
- zones d'attente de jugement qualité/litiges ;
- zones de chargement/déchargement ;
- etc.

© Groupe Eyrolles

1. Le chef de projet aura validé au préalable auprès de la direction que la redisposition est envisageable.
2. À faire une fois que l'implantation est optimisée !

Des règles particulières peuvent s'appliquer dans les différentes zones, comme la nature et la durée des dépôts et stockages, des obligations et interdictions, les limitations d'empilement, etc. Le marquage et la visualisation rappellent que des règles existent et rendent visibles les transgressions : tire-palettes en stationnement dans une allée ou caisse posée négligemment qui déborde de sa zone de stockage, par exemple.

Après la prise en compte de l'environnement, il faut focaliser sur le poste de travail et rendre le rangement le plus efficient et le plus visuel possible. Le degré d'efficience se mesure par le temps nécessaire pour localiser, identifier, retrouver ou obtenir ce que l'on cherche. L'idéal étant de ne nécessiter qu'un temps très court. Le côté visuel le rend accessible à la majorité des personnes, indépendamment de la compréhension de codes ou de l'interprétation d'écritures.

Un rangement ergonomique devrait avoir les caractéristiques suivantes :

- il doit être visible, visuel et immédiatement compréhensible ;
- la disposition des emplacements (panneaux d'outils, armoires, étagères…) ainsi que des objets (classeurs, outils, ustensiles…) est logique et intuitive ;
- il permet un contrôle rapide et à distance de la disponibilité et du bon état opérationnel des objets ;
- il permet la prise et la dépose aisée et en toute sécurité ;
- il est disposé au plus près du lieu d'utilisation.

Conseils

Certains objets ou outils sont souvent appelés d'une autre manière que de leur nom « officiel ». C'est souvent le cas des personnels qui ne sont pas des professionnels du secteur, qui baptisent les outils et objets. Or l'identification vise à partager l'information, l'espace et les objets qui s'y trouvent. Le choix des dénominations devrait tenir compte des noms consacrés par l'usage et compris par la majorité.

© Groupe Eyrolles

En revanche, un objet ou un lieu doit toujours être désigné par un nom unique.

Les identifications par codes de couleurs devraient être complétées par un symbole, par égard et précaution envers les personnes ayant des difficultés à percevoir les couleurs !

Chaque chose est identifiée de manière explicite et dispose d'une place de stationnement ou de rangement déterminée et connue. Après utilisation, chaque chose retourne, en bon état à sa place.

Conseil

Identifiez la place d'un objet en y inscrivant son nom. C'est un moyen de lever les éventuelles ambiguïtés mais aussi de diffuser la connaissance de la dénomination officialisée de l'objet.

Il est évident que l'on va ranger uniquement des choses utiles, il est donc recommandé de compléter le tri-débarras de la phase précédente par une seconde analyse, surtout sur les objets litigieux ou en attente de jugement. Inversement, il faut organiser le rangement avec des jeux d'outils ou la documentation complète. Les rajouts ultérieurs pour cause d'oublis seraient inesthétiques et risquent de nuire rapidement au nouvel arrangement !

Choix du lieu de rangement :

Le choix du lieu de rangement se fait en fonction de la fréquence d'utilisation. Le rangement selon la logique des 5S se base sur le principe suivant : l'éloignement d'un objet est inversement proportionnel à sa fréquence d'utilisation. Plus un objet est utilisé fréquemment, plus il sera

© Groupe Eyrolles

proche du poste de travail. Inversement, l'usage d'un objet peu utilisé acceptera un temps de déplacement plus important, par exemple se rendre aux archives, à un dépôt, etc.

Ce principe est résumé dans le tableau (12) suivant :

Tableau 12

Fréquence d'utilisation	Action/stockage
Inconnue	Recourir à la méthode des étiquettes
Très faible ou faible	Jeter ou mettre à l'écart
Moyenne	Stocker dans le périmètre de l'unité de travail, à une place déterminée et définie physiquement
Élevée à permanente	Stocker à proximité immédiate, sur le lieu ou le poste de travail. Certains outils ou ustensiles peuvent être portés par la personne qui les utilise.

Il est recommandé de ne pas multiplier et disséminer les rangements inutilement. Cependant, le lieu de stockage doit également tenir compte de la facilité/difficulté avec laquelle on transporte l'objet au lieu de l'utilisation. L'utilisation de certains outils ou objets à des endroits divers et variés sera facilitée par l'acquisition ou la création de rangements mobiles, comme par exemple des servantes d'atelier, les chariots de ménage, etc.

Ci-dessous, une servante d'atelier personnalisée par les opérateurs selon leurs besoins.

© Groupe Eyrolles

Illustration 11

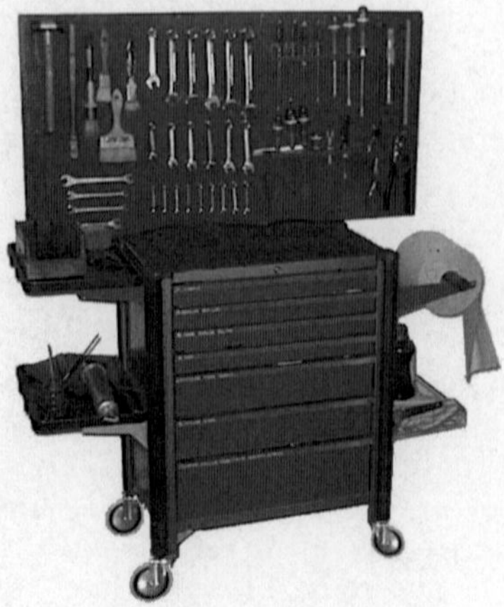

Le rangement/stockage peut être soumis à des règles de sécurité spécifiques :

- archivage en armoires ignifuges de certains documents et supports ;
- présence d'installations ou équipements spécifiques (climatisation, froid, aération, atmosphère contrôlée, bacs de rétention, protection incendie...) ;
- limitation de quantité ou de concentration ;
- obligation de stocker dans des locaux éloignés et sécurisés (bunker antidéflagrant) ;
- ...

Dans ces cas, le 5S cède le pas ou compose avec ces règles non négociables.

© Groupe Eyrolles

Anecdote

Les peintres d'un atelier de maintenance avaient pour habitude de ranger leurs pots de peinture et de mastic entamés dans leurs casiers personnels. Les mélanges et dilutions spécifiques étaient faits dans des contenants variés, pas toujours adaptés et également stockés dans les casiers. Par confort ou paresse ces pots n'étaient pas toujours rebouchés. Les conséquences étaient les dégagements de solvants dans les casiers ainsi qu'un gaspillage de matière, chacun ouvrant un nouveau pot de peinture ou de mastic, ignorant que le collègue avait des restes.

Cacher n'est pas ranger

Le mobilier d'atelier ou de bureau, particulièrement les armoires et étagères, fait communément partie de l'espace de travail. Ces meubles doivent s'intégrer dans la démarche 5S et non pas se transformer en cache-misère, dans ou sur lesquels on entasse de l'inutile ! Il semblerait qu'une loi non écrite mais très répandue dicte de déposer des objets sur le dessus des armoires et qu'aucune étagère ne doive jamais rester vide ! Cacher n'est pas ranger, tout comme faire de belles piles bien alignées de choses inutiles n'est pas ranger.

Du point de vue du management visuel et des 5S, les armoires ont un point faible : leurs portes. Ces portes (pleines) cachent le contenu de l'armoire, l'état du rangement et font obstacle à l'accès rapide aux documents, outils ou fournitures que l'armoire abrite. Portes fermées, on ne peut pas voir ni de loin ni instantanément si un objet, un outil ou un document est à sa place. Il faut alors se déplacer jusqu'à l'armoire et l'ouvrir pour constater.

Les astuces en matière de 5S consistent à :

- démonter les portes, afin de rendre le contenu de l'armoire visible ;

© Groupe Eyrolles

- mettre en place des armoires à portes transparentes ;
- se discipliner et ouvrir les portes au début du travail et à les refermer à la fin[1].

Les étagères ouvertes, faites d'échelles et de planches, sont visuellement et, du point de vue des 5S, supérieures aux armoires, car les éléments rangés sont visibles par les 4 côtés. L'absence de cloison empêche d'y placer négligemment des objets qui pourraient en tomber.

Tout comme pour les armoires, le contenu doit trouver une place attribuée, en fonction de la fréquence d'utilisation. Les emplacements seront marqués visuellement (formes, contours, couleurs, références…) afin que chacun puisse savoir ce qui manque et où replacer ce que l'on y rapporte.

Il est entendu que ces remarques ne concernent que ce qui peut être partagé et vu du plus grand nombre. Sont exclus les documents confidentiels, les objets de valeurs, les objets nécessitant un stockage dans une ambiance contrôlée, les médicaments, etc.

Notons encore la solution intermédiaire adoptée dans certaines usines, d'entourer les étagères de grillage pour en protéger le contenu contre les abus et le non-respect des règles d'utilisation.

Exemples informatiques

Les outils informatiques et leurs fantastiques possibilités de traitement, de duplication et de stockage de données finissent parfois par les cacher à l'insu de leur utilisateur. Qui n'a pas pesté en cherchant désespérément un fichier, un courrier électronique, une adresse dans le répertoire ? La rigueur dans la gestion et le rangement des fichiers, l'organisation des répertoires et dossiers n'en est que plus nécessaire. Les concepteurs de logiciels ne se sont pas fait d'illusion sur la difficulté d'obtenir cette rigueur de la part des utilisateurs, en intégrant des fonctions de recherche de documents et fichiers…

1. Ce qui n'est réellement envisageable sans danger qu'avec des portes coulissantes, ou pliantes, les portes pivotantes ouvertes risquant de constituer un obstacle au cheminement ou de limiter la visibilité.

© Groupe Eyrolles

En matière d'organisation et de « rangement » de fichiers informatiques, pensez-vous systématiquement à donner un nom significatif aux répertoires, dossiers et documents ?

Il y a quelques années à peine, cette discipline ne devait s'appliquer qu'au contenu du (petit) disque dur et aux nombreuses disquettes. Dans ce domaine virtuel comme dans le réel, le désordre tend à occuper toute la place disponible. C'est ainsi que les copies multiples et les fichiers inutiles ont suivi l'évolution des capacités de stockage.

Le problème aujourd'hui n'est pas tant de récupérer de l'espace de stockage (les capacités de stockage ont littéralement explosé) que de retrouver rapidement des informations fiables et des documents à la bonne version ! D'autant que les périphériques intelligents et les moyens de stockage sont tellement nombreux et diversifiés que l'on s'y perd :

- disques aux divers formats ;
- clés, cartes et mémoires amovibles ;
- assistants personnels ;
- appareils photo numériques ;
- messageries (professionnelles et privées) ;
- lecteurs de musique.

Entre le moment où j'écris ces lignes et celui où vous les lirez, la liste se sera allongée de quelques innovations supplémentaires, ajoutant à la complexité et renforçant le besoin de rigueur dans le « rangement » des données et fichiers.

Exemples dans les bureaux

La réimplantation dans les bureaux est généralement plus aisée que dans des ateliers industriels ou des entrepôts. Le *seiton* est une bonne occasion de revoir comment circulent personnes, documents et informations et de rationaliser ces flux en éliminant les déplacements et mouvements

© Groupe Eyrolles

inutiles. Des gains de temps substantiels peuvent être faits rien qu'en plaçant un photocopieur ou une imprimante partagée à un meilleur endroit, en fonction des personnes qui les utilisent. Lorsque les postes sont réimplantés en fonction des flux, on focalisera sur l'aménagement de ces postes et de leurs annexes.

Les nouvelles technologies de l'informatisation et de la communication (NTIC) auraient dû contribuer à réduire la production de papier, on sait qu'il n'en est rien. Afin de réduire les consommations, les pages imprimées d'un seul côté sont couramment utilisées comme feuilles de brouillon. Pour encourager cette pratique, il est recommandé de placer ces réserves à un endroit pratique et facile d'accès et non pas de multiplier les diverses réserves personnelles ! On indiquera clairement que ces feuilles sont destinées à servir de brouillons et sont mises à la disposition de tous. Il faut de la même manière prévoir un endroit judicieux, bien placé et correctement identifié pour recevoir le papier et les cartouches de *toner* destinés au recyclage.

Les câbles et prises réseau sont de bons exemples d'application d'identification dans les bureaux. Les progrès technologiques ont unifié les connectiques des terminaux téléphoniques et les périphériques informatiques, de sorte que si l'on change un câble, on ne sait généralement plus dans quelle prise le brancher. L'identification claire des prises et câbles évitera de déranger un technicien pour si peu de chose, et de bloquer le travail en attendant une intervention technique.

Les câbles forment volontiers des tas disgracieux et visibles, même derrière ou sous les bureaux. Quelle extrémité appartient à quel câble ? L'identification des extrémités permet de gagner du temps et de garder son calme durant une intervention.

Les câbles à terre représentent de réels dangers pour les personnes qui circulent. On cherchera à mettre au maximum les câbles dans des goulottes et à les fixer hors des cheminements.

© Groupe Eyrolles

Conseil

Les câbles et fils électriques peuvent être liés avec des bandes de ruban auto agrippant Velcro®, qui autorisent leur regroupement en torons et leur libération rapide sans outillage particulier.

Les documents doivent être partagés et les copies personnelles limitées au maximum. Le partage suppose un système de classement et rangement compris de tous. À noter que les meubles à classeurs rotatifs (illustration 12) permettent un gain de place appréciable.

Illustration 12

Les écrans d'ordinateurs et les piles de documents peuvent constituer de véritables « cloisons » particulièrement gênantes dans les bureaux où se produisent des échanges face à face ; bureau d'accueil, conseiller d'assurance, de banque, etc.

Le titulaire des lieux devra penser à ses visiteurs, et un bon exercice de réflexion en la matière est de prendre physiquement leur place et de noter tout ce qui paraît gênant et améliorable.

© Groupe Eyrolles

Anecdote

De nombreux commerciaux ont déjà fait l'expérience d'être confronté à un prospect ou un client qui vante les offres concurrentes mais sans vouloir les citer. La revanche du commercial est de voir derrière son interlocuteur, dans l'armoire ouverte, les dossiers portant explicitement le nom de ses concurrents…

Les *bannettes* à courrier ne sont pas des corbeilles de stockage. Elles doivent être limitées en nombre et en capacité, afin que l'utilisateur ne soit pas tenté d'y déposer des documents, mais traite rapidement ceux qui s'y trouvent.

Les revues déjà lues sont-elles à conserver ? Si oui, il faut organiser l'archivage dans une bibliothèque. Sinon, on s'en débarrasse. Les revues non encore lues sont mises en circulation et une case à cocher pour identifier ceux qui les ont déjà lues.

Dans l'exemple ci-dessous (tableau 13), M. Dupont qui a lu le document, le transmet à Mme Durant, qui elle-même est priée de le passer à M. Martin, qui à son tour le rendra à Mme Truc pour archivage.

Tableau 13

M. Dupont		√
Mme Durant		
M. Martin		
Archives (Mme Truc)		

© Groupe Eyrolles

Les clés non identifiées sont souvent une source d'énervement et de perte de temps. Il faut repérer et marquer explicitement toutes les clés et les ranger de manière pratique dans des boîtes à clés. Les boîtes à clés elles-mêmes doivent être placées dans des endroits visibles et accessibles. Si leur contenu n'est pas visible au travers de leur porte, il faut afficher le contenu à côté, afin que les utilisateurs ne perdent pas de temps à chercher la clé qui ouvre la boîte à clés qui… ne contient pas la clé recherchée ! Afin qu'en cas de besoin ou d'urgence, chacun puisse savoir où les récupérer, tout emprunteur de clé doit signaler son emprunt dans un cahier, et mettre une étiquette d'emprunt à la place de la clé, etc.

Dans les bureaux modernes on trouve de moins en moins de cloisonnements ou de plus en plus de cloisons en verre, exposant l'état du lieu à tous les regards. L'état du dessus des bureaux est représentatif du soin et de la rigueur de leur titulaire. Les chefs doivent se montrer exemplaires dans leur propre environnement de travail, afin de pouvoir être légitimement exigeants envers leurs subordonnés.

Les consommables

Les matières ou objets consommables doivent être gérés, de manière que l'on ne soit pas gêné ou empêché par leur manque ou leur absence : ramettes de papier et *toner* pour imprimantes et photocopieurs, chiffons et produits de nettoyage, protections individuelles jetables, objets à usage unique, etc.

Si ces consommables sont en libre-service, il est recommandé de déterminer un niveau minimum à partir duquel il faut faire un réassort. Les méthodes les plus simples sont celles du double bac et celle de l'étiquette :

- la *méthode du double bac* consiste à mettre à disposition les consommables dans deux bacs. Lorsque le premier est vide, il est retourné pour remplissage, la contenance du second devant couvrir le délai de remplissage et de retour du premier bac ;

© Groupe Eyrolles

- la *méthode de l'étiquette* consiste à placer une étiquette, souvent rouge, au niveau de stock à partir duquel il faut déclencher le réassort. Une fois ce niveau atteint, l'étiquette doit être transmise dès qu'elle apparaît à la personne en charge de l'approvisionnement. La bonne définition de ce niveau permet, comme pour la méthode du double bac, de consommer le reste du stock pendant que s'effectue la commande, la livraison et la mise à disposition du réassort.

Exemples dans les ateliers

Une bonne entrée en matière pour le rangement et l'arrangement dans les ateliers est de s'attaquer à l'identification, aux marquages et repérages :

- repérage et marquage des boîtes à clés, des clés (de coffret, de portes, de cadenas…) ;
- repérage et marquage des vannes ; position ouverte et fermée, en précisant quelle est la position « normale » ;
- marquage des tuyauteries, selon les normes NF X08-100 et suivantes ;
- identification des zones à risques, marquages des emplacements ;
- mention des précautions à prendre.

Les procédures, modes opératoires et autres notes gagnent à être mises sous chemises plastiques placées dans des présentoirs pupitres ou muraux. Cela les protège et facilite leur utilisation.

Rien ne doit traîner à terre, surtout si cela présente un risque pour la sécurité ou la qualité. On procède à l'accrochage des sangles, élingues et à la fixation des câbles. Les câbles et tuyaux d'alimentation seront montés sur des enrouleurs (câbles électriques et tuyaux d'air comprimé).

> Le matériel (moteurs, pompes, pièces…) qui traîne ou qui est entreposé sauvagement, est-il utilisable ? S'agit-il de pièces mauvaises, de rebuts, de retouches et réparations à effectuer ou encore d'objets à jeter ?

© Groupe Eyrolles

Pour une meilleure visibilité, on préférera des contenants transparents ou translucides pour les fûts, jerricans et bidons. De même il est recommandé d'utiliser des bacs ajourés ou des paniers en fil d'acier lorsque cela est possible.

Sur les machines et avec l'aide du service maintenance, on procédera au regroupement et à l'identification des commandes et des indicateurs : manomètres, leviers, vannes, mise en peinture des graisseurs. Les zones de danger peuvent être peintes de couleur voyante pour les identifier.

Les outils et autres objets contenus dans les tiroirs peuvent être des sources de blessure lorsqu'il faut farfouiller dans le fourbi. On privilégiera des rangements de type « à encastrement » faits à l'aide de mousse dans laquelle on découpe la forme de l'outil ou de l'objet et que l'on collera au fond (illustration 13). Les objets ainsi rangés dans leurs empreintes ne bougeront pas à l'ouverture ou à la fermeture et tout objet qui n'a pas son emplacement dans la mousse n'a pas sa place dans le tiroir !

Illustration 13

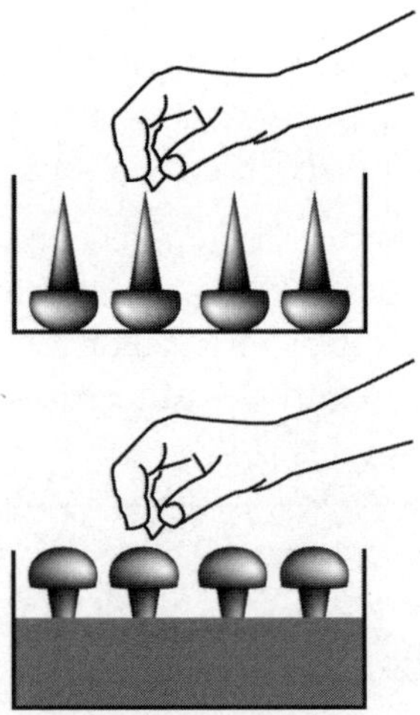

© Groupe Eyrolles

Les instruments de mesures doivent toujours porter une indication sur leur état :

- calibré et apte à l'usage ;
- usage restreint à certaines mesures ;
- utilisable pour indication mais la mesure ne fait pas foi ;
- usage interdit pour mesure.

Il faut se poser la question de l'utilité de conserver les instruments inaptes à la mesure. Peut-on les faire calibrer, doit-on s'en débarrasser ? Ces instruments sont fragiles et sensibles, il faut donc veiller à les utiliser et les ranger avec soin. Ils ne doivent pas tomber, ni être soumis à des chocs, des vibrations, des variations de température, etc. On pourra procéder du général et commun vers le particulier et les outils du poste.

Les tableaux à outils, les arrangements de tiroirs doivent être logiques et l'ordre de présentation des outils être cohérent avec l'ordre d'utilisation. Au poste, il est recommandé de placer les outils de telle manière que l'on puisse les saisir et les utiliser directement, puis les reposer sans changer de main.

Conseil

Dans certains contextes il faut garder le maximum de souplesse dans l'arrangement des rangements, notamment les tableaux d'outils, car les tâches et besoins d'outillages peuvent changer en fonction de nouveaux lancements en série, de nouveaux modèles à fabriquer, etc. Les panneaux perforés et les accessoires d'accrochage[1] offrent cette souplesse tout en étant esthétiques et fonctionnels. Les formes des outils peuvent être découpées dans des papiers aux couleurs fluorescentes ou contrastées, puis être plastifiées et placées dans les supports derrière les outils.

1. Voir les exemples sur le site http://www.leaninnovations.ca

© Groupe Eyrolles

L'aménagement du poste de travail

L'aménagement du poste de travail dans les industries est une prérogative des services méthodes, héritiers de l'Organisation scientifique du travail (OST) et symbole de la séparation des penseurs et des exécutants du travail. Les 5S entendent redonner voix au chapitre aux exécutants qui sont concernés au premier chef et connaissant bien souvent mieux les difficultés et contraintes révélées par leur pratique régulière. Pour autant, il ne faut pas négliger les apports de services techniques et des méthodes ni des spécialistes en ergonomie, car le seul bon sens et l'expérience des personnels de terrain condamneraient à des progrès lents et à un apprentissage par essais et erreurs.

Diverses techniques peuvent être mises à profit pour étudier et aménager le poste de travail :

- les observations des gestes et de l'exécution des cycles de travail permettent de déceler les mouvements inutiles, les pas et déplacements en surnombre, les mouvements du buste qui trahissent des objets trop éloignés, les mouvements de rotation, de retournement des pièces, les ressaisies, les changements de main, etc. Notons que les enregistrements vidéo s'avèrent très utiles pour visionner au ralenti et évaluer les durées de mouvements rapides. L'observation et l'analyse sont une technique *a posteriori* qui nécessite de voir les tâches s'exécuter ;
- les méthodes de temps prédéterminé permettent de définir un cycle de travail idéal en allouant à chaque geste de base un temps standard. Les temps standard sont construits à partir de gestes élémentaires et de paramètres tels que la distance de préhension, la difficulté, le poids à manipuler, etc. Ces méthodes ne nécessitent pas de voir le travail s'exécuter, puisqu'elles définissent à l'avance la meilleure manière de l'exécuter.

Quelle que soit la méthode, la finalité reste la même : construire un environnement de travail propice à l'efficience de l'exécution, à la bonne qualité et nécessitant le minimum d'efforts. Ainsi, dans l'aménagement des postes de travail a-t-on beaucoup à gagner à collaborer avec des

© Groupe Eyrolles

spécialistes ; les exécutants font part de leurs besoins et de leurs contraintes, des difficultés rencontrées et des idées d'amélioration. Les spécialistes apportent leurs connaissances en matière d'anthropométrie, de bruit, d'éclairage, en colorimétrie, facteurs d'ambiance et en matière d'interfaçage homme/machine.

Exemples dans les entrepôts et magasins

Durant la rédaction de ce livre, je me suis rendu dans une grande enseigne bien connue de meubles scandinaves à monter soi-même. Après le passage dans le hall d'exposition, où l'on voit le mobilier en situation et où l'on récupère l'information sur son lieu de stockage, allée 1 emplacement 4 en l'occurrence, le client passe dans l'entrepôt de stockage avant d'arriver aux caisses. Le petit meuble convoité se trouvait bien allée 1 emplacement 4, empilé avec d'autres dans leurs emballages impeccables.

Du point de vue 5S, cet exemple est représentatif à plusieurs titres :

- il existe un lien entre les informations disponibles dans le magasin et la réalité dans l'entrepôt, ce qui implique de l'organisation et de la rigueur ;
- les consommateurs qui, par définition, ne sont pas des professionnels expérimentés de l'entreposage, bénéficient d'un mode opératoire simple, pratique et explicite ;
- l'entrepôt est le prolongement du magasin, où l'on a pris soin de mettre en valeur les meubles. Il faut donc une cohérence entre l'ambiance dans le hall d'exposition et l'aspect de l'entrepôt. De fait, le hall de stockage est clair, aéré, propre et bien rangé. Les identifications sont explicites, les colis faciles à trouver.

Les entrepôts et magasins sont, par la nature de leur activité, des endroits où le rangement détermine en grande partie la performance du service rendu. Il faut y entreposer les matières, pièces, fournitures et marchandises qui y entrent et reprendre dans ces stocks les quantités adéquates pour préparer des lots ou des commandes à livrer.

© Groupe Eyrolles

En matière de logistique, les défis tournent autour de la maîtrise du triptyque qualité – coûts – délais, autrement dit, il s'agit de répondre de manière économiquement viable aux exigences de livraison conforme et à temps, au moindre coût, imposées de manière de plus en plus précise par les clients.

La mauvaise organisation des stockages, des indications inexistantes, erronées ou ambiguës ou encore des circuits de prélèvement non optimisés conduisent à :

- des pertes de temps ;
- des erreurs dans la préparation ;
- des pertes d'unités stockées ;
- du surstock ;
- du gaspillage de place ;
- etc.

Anecdote

Une entreprise dont le magasinage de ses stocks monstrueux égarait régulièrement et souvent définitivement des pièces, avait fini par en prendre l'habitude et créa l'acronyme PAJ (Perdu à jamais) pour justifier les écarts de stocks lors de ses inventaires.

Dans les magasins et entrepôts, l'usage de caisses et caisses-palettes pliables permet un gain de volume appréciable et une facilité de rangement lorsque ces conditionnements sont vides. À noter les caisses-palettes grillagées repliables qui combinent les possibilités de gain de place et la faculté de voir leurs contenus.

Les engins de manutention et de levage

Les tire-palettes et les engins de levage[1] sont de l'avis des utilisateurs toujours trop peu nombreux. Ils déplorent le temps perdu à les recher-

1. Cela s'applique également aux machines à laver les sols.

© Groupe Eyrolles

cher, la mesquinerie des autres utilisateurs qui les accaparent et les cachent ainsi que le mauvais état dans lequel ils les trouvent parfois, notamment le niveau de charge des batteries. En fait, c'est moins le nombre et la répartition des engins qui fait problème que le manque de discipline quant à leur utilisation. La définition et l'identification des aires de stationnement, ainsi que les règles d'utilisation et de partage rentrent parfaitement dans le cadre des 5S. Un tire-palettes laissé sous une palette peut parfaitement passer inaperçu, son timon étant sa seule partie (théoriquement) visible. Pour cette raison, le rapporter à son emplacement de stationnement est indispensable.

Idée

J'ai souvent proposé d'équiper les tire-palettes d'un fanion, afin de les rendre repérables de loin, à l'instar des chariots de supermarché pour enfants, mais sans succès jusqu'à présent…

Les engins électriques doivent être régulièrement rechargés. Cette contrainte facilite la discipline du rangement, tout du moins en fin de service !

Nettoyer et tenir propre (seiso)

Si les 5S sont à juste titre assimilés à l'*hygiène industrielle*, le S qui la symbolise le mieux est certainement celui du *seiso* ou nettoyage. De manière générale, notons que la présence de détritus attire d'autres détritus, et encourage littéralement à en déposer. Le manque de propreté encourage les mauvais penchants, comme ne pas se donner la peine de jeter convenablement les détritus dans les réceptacles et endroits prévus pour cela. Vu la situation dégradée, « un peu plus ou un peu moins de saleté ne change rien ». L'acte incivique reste quasi anonyme et bouscule peu les scrupules, puisque d'autres font ainsi…

© Groupe Eyrolles

A contrario, la propreté constante rend l'apparition de la saleté gênante, elle décourage les dépôts sauvages qui se remarquent de suite et dénonce les contrevenants. Les 5S s'attachent à restaurer la propreté, à donner les moyens de nettoyer et tenir propre, et définir des règles de conduite. Ces remarques valent pour les tenues de travail ; plus les tenues de travail seront claires et propres, plus les travailleurs veilleront à moins se salir.

Certaines activités sont spontanément associées à la propreté et à l'hygiène :

- médicales (salles d'opération, cabinets dentaires, industrie pharmaceutique) ;
- alimentaire et restauration (boucheries, cuisines) ;
- high-tech (les salles blanches d'assemblage de disques durs ou de satellites).

Les autres secteurs ont également intérêt à maîtriser l'environnement de travail, car la qualité des produits et la fiabilité des procédés peuvent en pâtir. L'industrie électronique ne passe pas pour être particulièrement sale, voici pourtant deux exemples tirés de ma propre expérience, deux conséquences qui ont la même cause : la poussière.

Poussière et qualité produit

La fabrication d'appareils de haute-fidélité, tuners, lecteurs de compacts discs et amplificateurs, consiste à produire des cartes électroniques puis à les assembler avec des éléments mécaniques pour en arriver au produit terminé. Pour les clients, l'aspect de ces produits haut de gamme compte autant que les qualités de reproduction du son. Un de nos principaux soucis en matière de défaut d'aspect était les poussières accumulées entre la fenêtre et l'afficheur. La fenêtre était en matière plastique transparente et donc susceptible de générer de l'électricité statique. Les poussières en suspension étaient alors attirées par le plastique et s'y déposaient. Malgré toutes nos précautions, la plupart des défauts de poussière qui échappaient à la vigilance du montage n'étaient vus que lorsque l'appareil était mis sous tension, plusieurs postes plus loin.

© Groupe Eyrolles

La réparation nécessitait le démontage complet de la face avant, le nettoyage de la face interne de la fenêtre et le remontage de l'ensemble. Pour un défaut aussi banal, la dépense d'énergie et la perte de temps étaient considérables !

La maîtrise du problème (il n'a jamais pu être totalement éradiqué) a nécessité la neutralisation des charges électrostatiques au poste, ainsi que le nettoyage fréquent du poste, avec confinement des poussières.

Nous avons connu d'autres problèmes d'aspect, des microrayures dues à des petites limailles qui se logeaient dans les chiffons d'essuyage. À l'analyse, ces limailles se sont révélé être de très fins copeaux métalliques produits lors du vissage des pièces en métal avec des vis autotaraudeuses.

Le diable est dans les détails…

Poussière et fiabilité process

Dans les anciens procédés de brasage des cartes électroniques, le décapage chimique des parties à souder est fait à l'aide de résine de colophane (résine de pin pour l'essentiel).

En séchant sur les cadres transportant les cartes à souder, la résine durcit et finit par constituer une couche épaisse et dure. L'abrasion de ce dépôt de résine par le frottement des bandes transporteuses produit une poussière de paillettes particulièrement agressive car acide. Cette poussière nous a causé une panne dont la cause fut difficile à cerner : elle a fini par aveugler des capteurs optiques sur la ligne de convoyage. L'automate ne recevant plus les signaux attendus a eu un comportement erratique. Le nettoyage des capteurs lui-même n'a pris que quelques secondes, mais déterminer la cause de la panne, puis accéder aux capteurs nous a pris plusieurs heures !

Cette déconvenue nous a encouragés à nettoyer les cadres de soudage plus fréquemment, afin de réduire la génération de cette poussière.

© Groupe Eyrolles

Le nettoyage

On ne peut obtenir de travail de qualité dans un environnement dégradé, sale ou inadapté !

La qualité des travaux de peinture ou d'imprimerie est particulièrement exposée aux risques de non-qualité dus à des poussières ou saletés. La fiabilité des équipements peut être mise à mal par le colmatage de tanks ou des conduits, des buses bouchées, etc.

Un environnement sale et mal tenu présente des risques pour la sécurité :

- incendie dû à des chiffons imbibés de matières inflammables ;
- explosions dues à des poussières en suspension ;
- risques de courts-circuits, avec des poussières ou des matières conductrices ;
- risques de chutes sur des sols maculés ;
- risques de laisser choir des objets ou des conditionnements dont les surfaces ou les poignées sont glissantes ;
- etc.

En matière de 5S, ce thème emblématique du nettoyage peut aussi se transformer en handicap, si l'on laisse s'installer le malentendu *5S = faire le ménage*. Pour cela, il faut bien comprendre que le nettoyage est à prendre dans un sens plus large, car il inclut également la remise en état, les réparations suite aux dégradations constatées. Il vaudrait mieux parler d'entretien périodique, comme on fait (on devrait faire !) régulièrement pour un véhicule :

- vérification des niveaux de lubrifiant, du liquide lave-glace, du liquide de refroidissement, éventuellement du liquide batterie ;
- vérification de l'état d'usure des pneumatiques et de leur gonflage ;
- vérification du fonctionnement des différents feux ;
- lavage du véhicule ou au moins des vitres et des optiques.

Ces quelques opérations sont destinées à s'assurer de l'état opérationnel du véhicule, sans pour autant se substituer à la révision faite par

© Groupe Eyrolles

un professionnel. Le lavage du véhicule, hormis les vitres, est davantage un acte d'amour-propre, car l'état du véhicule est considéré comme représentatif de la personnalité de son propriétaire.

Au travail, ne devrait-on pas s'attacher à l'état du poste et de ses équipements, puisqu'ils dépendent largement des soins de leurs utilisateurs ? Dans cet esprit, certaines entreprises ont opté pour le verbe *soigner* plutôt que *scintiller* pour caractériser cette troisième phase des 5S.

Lors du déploiement des 5S, le thème nettoyage est à concevoir sous trois approches successives :

1. Le grand nettoyage initial.
2. Le nettoyage régulier.
3. Éviter de salir.

Le grand nettoyage initial

Auriez-vous acheté ce livre s'il était taché ?

Le premier grand nettoyage initie de manière souvent spectaculaire la mise en œuvre de la troisième phase des 5S. Ce grand nettoyage est rendu nécessaire par l'accumulation de saletés, poussière et crasse, mais aussi de nombreuses dégradations durant toute la période *d'indifférence*, durant laquelle les personnes se sont résignées à l'état de saleté

© Groupe Eyrolles

« habituel ». Le grand nettoyage est généralement conduit avec enthousiasme, car c'est une des actions dont les effets sont les plus visibles, même si ce premier nettoyage est un dur labeur !

Selon l'état du chantier, il faut prévoir les ustensiles et les produits adéquats et en nombre suffisant : chiffons, essuie-tout, détergents, pelles, brosses, balais, etc. Sachant que le grand nettoyage initial consomme davantage de fournitures, en quantités et types différents, que les fournitures usuelles du nettoyage régulier.

Le chef de projet devrait également prévoir l'assistance de la maintenance lors de cette opération, car sous la crasse se cachent bien souvent des dégradations, fuites ou problèmes masqués et passés inaperçus jusqu'alors. Il est opportun de faire procéder aux réparations immédiatement.

Suggestion

L'assistance des services maintenance peut aussi être mise à profit pour procéder à des améliorations concernant le nettoyage des machines, ainsi que les accès aux endroits à nettoyer : dépose de capots, systèmes de démontage rapide, remplacement de carters et capots opaques par des pièces transparentes, révision des cheminements de câbles, etc.

Le résultat de l'opération doit être visible. Les visiteurs de la zone doivent s'étonner du changement intervenu. Les photos avant/après vont fixer ces premiers progrès. Dès le nettoyage initial, on peut établir des standards de propreté et l'état de référence que le nettoyage régulier doit maintenir.

© Groupe Eyrolles

Le nettoyage régulier

Le nettoyage régulier est une pratique qui doit être aussi naturelle que les soins d'hygiène corporelle. Il est indispensable pour maintenir l'état de propreté atteint après le grand nettoyage initial. Pour que le nettoyage régulier se fasse correctement, il faut affecter les zones à nettoyer et en déléguer la responsabilité à des individus identifiés. Donner des consignes générales telles que « nettoyer son poste » ou « procéder au nettoyage » conduira rapidement les personnels à ne faire que le minimum. L'expérience enseigne également que « donner à tout le monde, c'est donner à personne », autrement dit si personne n'est explicitement désigné responsable, personne ne se sentira spontanément responsable.

Le plus souvent on confie la responsabilité à tour de rôle à chacun des membres du groupe de la zone considérée, évitant ainsi toute contestation sur la difficulté ou la durée de l'opération. Un tableau explique clairement qui fait quoi et quand. Chaque personne chargée d'une tâche signe le tableau quand elle s'est acquittée de ses actions. Cela responsabilise les acteurs et permet de vérifier la bonne application des règles en toute transparence.

La définition de ce qui doit être nettoyé, ainsi que la fréquence se fait lors du chantier 5S initial, durant la phase *nettoyage* ou au plus tard lors de la *standardisation* (mise en place des règles). Il faut naturellement consentir le temps et les moyens nécessaires au nettoyage régulier, tels que :

- procédures, modes opératoires et méthodes de nettoyage ;
- produits et ustensiles adaptés ;
- consignes de sécurité.

La recommandation est de nettoyer tous les jours, afin d'éviter le syndrome des écuries d'Augias (voir p. 145). Le temps quotidien à consacrer au nettoyage doit être cohérent avec la nature de l'activité. Cependant mieux vaut un nettoyage quotidien de courte durée qu'un nettoyage de durée forcément beaucoup plus longue si la fréquence diminue.

© Groupe Eyrolles

Expérience

Dans mes ateliers d'assemblage de produits électroniques, chaque opératrice consacrait les cinq dernières minutes de sa journée de travail à nettoyer la zone dont elle avait la charge. L'existence de règles ne suffisant pas à en garantir l'application, je demandais aux chefs d'équipes et agents de maîtrise de vérifier régulièrement la bonne application des règles de nettoyage quotidien. J'allais moi-même visiter ostensiblement de temps à autre les ateliers durant le nettoyage.

Par ailleurs, les personnels inoccupés durant les préséries, les inventaires, les temps de changements de séries particuliers ou les pannes, étaient invités à procéder à des nettoyages de plus grande ampleur que les cinq minutes quotidiennes n'autorisaient pas.

Le nettoyage est un acte d'appropriation du poste, de la zone, car les personnels ayant nettoyé et *a fortiori* ceux nettoyant régulièrement, ne supportent plus que d'autres salissent[1].

Le nettoyage permet également d'améliorer l'environnement, par exemple en adaptant l'éclairage et les couleurs afin de mettre en évidence toute salissure. L'effet recherché étant de rendre toute dégradation visible et insupportable.

Idée

Munir les chariots élévateurs d'un large balai à franges[2] à l'arrière, qui ramasse et entraîne les poussières durant tous les trajets.

1. Avec le risque de découragement puis de résignation si la hiérarchie n'aide pas à imposer le respect des règles.
2. Les balais à franges sont réputés être des *aimants à poussière*.

© Groupe Eyrolles

Le nettoyage régulier est une forme d'inspection, durant laquelle les personnes impliquées vont découvrir très tôt des fuites, des irrégularités ou des dégradations et pourront y remédier avant que ces détériorations ne conduisent à une panne ou un incident. Le nettoyage régulier contribue alors également au maintien de la qualité et de la productivité. Ce nettoyage est dit à « valeur ajoutée », car c'est un moyen de détection et de correction. On a donc intérêt à y recourir fréquemment.

Le nettoyage à valeur ajoutée est le premier pas vers l'automaintenance et la TPM[1], qui peut nécessiter une petite formation au fonctionnement des machines et équipements. Une *check-list* peut aider efficacement en stipulant les points d'intervention et de contrôle :

- propreté des pièces ;
- absence de fuites ;
- tension des câbles et chaînes ;
- serrage des vis et boulons ;
- etc.

Capteur à cinq sens

L'humain dispose d'un ensemble de capteurs à cinq sens ! Chaque personne impliquée dans le nettoyage, peut, par l'un ou plusieurs de ses cinq sens détecter un problème : odeur anormale, couleur inhabituelle, température non conforme, bruit curieux, vibrations, problème d'alignement, viscosité ou sensation différente, état de surface, etc.

Dans certains cas, les personnes peuvent détecter un problème par un goût particulier (eau de fontaine, machine à café, restauration, processus agroalimentaire, etc.).

© Groupe Eyrolles

1. Total Productive Maintenance, démarche visant à maximiser la disponibilité des machines et équipements, dont les 5S forment la base.

Les personnels impliqués vont peu à peu découvrir les difficultés et les limites du nettoyage habituel. Ceci va les inviter à améliorer leurs méthodes de nettoyage, mais aussi à éviter de salir !

Éviter de salir

Nettoyer régulièrement n'est pas une tâche très gratifiante, mais néanmoins indispensable. Le piège habituel avec un *mal nécessaire*, c'est de mettre l'accent sur « nécessaire » et de l'accepter comme tel, au lieu de viser l'éradication du « mal ». Les 5S invitent à se faciliter la tâche en matière de maintien de la propreté en s'engageant dans une réflexion sur « comment éviter de nettoyer tout en maintenant propre ? ». La réponse est simple : il faut éviter de salir ! Pour éliminer les causes de salissures, il faut analyser puis traiter les origines de la saleté.

Rendre la saleté visible

De nombreuses entreprises choisissent de repeindre les sols et les machines en couleurs claires, voire en blanc, afin de rendre la saleté plus visible, mais aussi plus insupportable.

La démarche d'analyse passe par la détermination de chaque type de salissure, son « ancienneté » ainsi que le volume et la fréquence d'apparition. On recherche ensuite les causes d'apparition et les solutions possibles. Pour les causes simples, il suffit de mettre en œuvre les solutions. Pour les causes plus complexes ou plus subtiles, une démarche de résolution de problèmes plus complète peut se révéler nécessaire.

© Groupe Eyrolles

Analyser ce qui traîne

Analyser les résidus et débris amassés lors d'un balayage peut être riche d'enseignements. C'est ainsi que la surconsommation de visserie et petits composants a trouvé sa source dans les difficultés de préhension et l'inadéquation des présentoirs. La mise en place de distributeurs de vis automatiques a réduit les pertes de vis tout en améliorant sensiblement la productivité des postes d'assemblage.

Comme pour tout plan d'action, il est judicieux de fixer des priorités en fonction du volume, de la fréquence et/ou de la difficulté à nettoyer. Chercher à simplifier et à éviter le nettoyage participe au processus de progrès permanent, nettoyer n'est plus un mal nécessaire mais une opportunité de progrès.

Fausse bonne idée

En visite dans une entreprise de mécanique, j'observe un ouvrier qui usine des profilés d'aluminium avant de les placer dans un rayonnage. Ses opérations d'usinage génèrent de nombreux copeaux qui se répandent partout autour et, pour certains, restent collés au profilé. Lorsqu'un profilé avec un copeau est glissé sur un autre, une rayure plus ou moins profonde se forme sur les surfaces en contact. Je demande au chef de service qui guide la visite si ces rayures sont gênantes. « Cela dépend, mais nous pouvons les gommer avec des gommes spéciales et, si vraiment c'est trop profond, nous éliminons le profilé abîmé. »

Je suis surpris par un tel gaspillage alors que, pour le prévenir, il suffirait d'éliminer les copeaux avant rangement du profilé… C'est au tour de mon hôte d'être surpris par une suggestion aussi étrange.

Je demande ensuite à l'ouvrier comment il nettoie l'amoncellement de copeaux sous les rayonnages. Il s'ensuit une longue explication sur la difficulté du nettoyage, le manque de temps et les habituelles litanies en

© Groupe Eyrolles

la matière. Je précise ma question : « Comment pourriez-vous améliorer la propreté sous le rayonnage ? » Réponse : « Il faudrait creuser une fosse en dessous pour que les copeaux y tombent. » Je m'attendais à ce que la réponse aille dans le sens du confinement et de la récupération des limailles et copeaux **avant** leur dispersion, ou à la rigueur à la création d'une espèce de tiroir en tôle que l'on puisse tirer pour le vider, mais pas à des travaux de génie civil !

Les progrès en matière de nettoyage

Si l'on considère l'évolution du niveau de propreté durant les trois phases classiques du nettoyage (illustration 14) celui-ci va connaître une forte accélération lors du grand nettoyage initial (1). Passé les premiers progrès importants, on note une relative stagnation, qui correspond à la phase de stabilisation (2). Ce palier n'est pas gênant, dans la mesure où il correspond à l'ancrage des bonnes pratiques de nettoyage et le maintient de l'état standard. Les premiers progrès de la phase d'amélioration continue relèveront encore le niveau de propreté (3).

Illustration 14

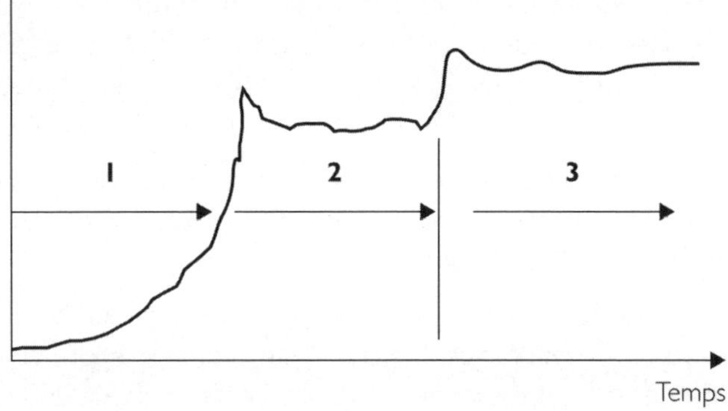

© Groupe Eyrolles

Face aux progrès réalisés, l'énergie à mettre en œuvre (illustration 15) sera très importante au début, pour initier le nettoyage et réaliser le grand nettoyage initial (1). Cette énergie décroîtra (2) ensuite à mesure que les efforts quotidiens de moindre intensité et durée maintiendront l'état général. L'amélioration continue vise à simplifier, faciliter et même supprimer le nettoyage (3).

Illustration 15

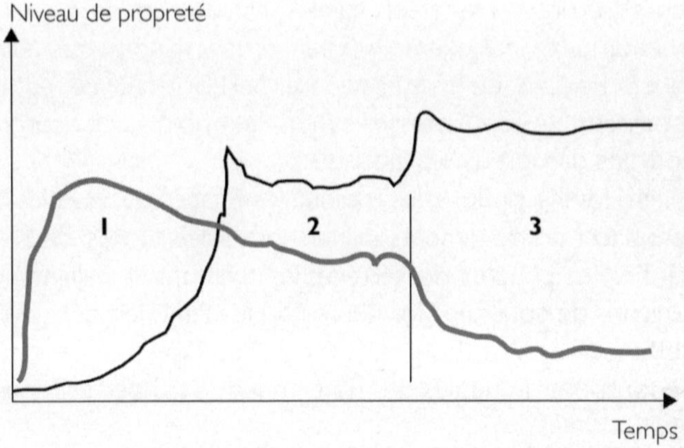

Lors d'un chantier 5S, le nettoyage se mène en deux temps :

1. Le nettoyage opportuniste lors du thème tri-débarras, car il serait dommage de ne pas nettoyer les objets que l'on déplace, ainsi que la place dégagée à cette occasion.
2. Le nettoyage ciblé de la phase *seiso* qui prend le plus souvent l'allure d'une *tornade blanche.*

Exemples d'actions de nettoyages en atelier

Voici quelques exemples d'actions que l'on peut entreprendre dans un contexte d'atelier industriel :

© Groupe Eyrolles

- enlever les copeaux et déchets des endroits difficilement accessibles, sur et autour des machines, y compris dans les bacs à lubrifiant ;
- vérifier la propreté des crépines, nettoyer les bacs de décantation, les fonds de cuves ;
- vérifier et compléter tous les niveaux des fluides, les pressions ;
- aspirer la poussière des filtres des armoires et coffrets de commandes, des ventilateurs ;
- nettoyer les capteurs optiques, les cellules photoélectriques, les verres et vitres ;
- remettre des verres neufs sur les instruments de mesure cassés (manomètres, par exemple), changer les manomètres abîmés ;
- repeindre afin de mieux repérer les organes de commandes (poignées, leviers, manivelles...), les points de contrôle, les endroits dangereux, les graisseurs ;
- refaire les inscriptions, les marquages effacés ou maculés ;
- remplacer les documents, instructions sales, tachés, illisibles ;
- vérifier les couples de serrage, les fixations, les alignements, les tensions de courroies, les heures de fonctionnement ;
- nettoyer les sols, reboucher les trous et fissures si nécessaire ;
- dépoussiérer le dessus des réflecteurs de lampes (rampes néon).

Quelques conseils en matière de travaux de peinture :

- ne pas cacher la misère et la crasse sous une couche de peinture ! Les 5S font partie de l'éducation à la qualité et à la rigueur. Peindre ou repeindre suppose que l'on prépare les surfaces à peindre, que l'on nettoie, dégraisse, décape, sans oublier de protéger ce qui ne doit pas être peint, et d'y consacrer le temps nécessaire ;
- ne pas se lancer dans des travaux de peinture que l'on ne peut pas achever dans le temps imparti aux activités 5S. Si ces travaux sont plus longs, il faut dégager des personnels spécifiquement pour cela, ou passer le relais au service entretien par exemple ;
- avant peinture de machines et équipements, vérifier leur disponibilité avec le responsable de production et/ou l'ordonnancement,

© Groupe Eyrolles

puis négocier une date et heure de « restitution ». Ne pas sous-estimer le temps de séchage, allongeant le temps d'indisponibilité.

Exemples d'actions de nettoyages dans les bureaux

Les locaux de bureaux sont souvent nettoyés par du personnel de service, ce qui tend à déresponsabiliser les occupants. Le dessus des bureaux est lui systématiquement considéré comme une zone taboue, que les personnels de service n'osent pas déranger. C'est ainsi qu'en l'absence d'initiative du titulaire, la poussière et les taches s'y accumulent. Voici quelques exemples d'actions de nettoyage :

- dégager le dessus des bureaux, des tables de réunion, les nettoyer ;
- nettoyer les claviers, les écrans, les souris ;
- nettoyer les traces de doigts sur le mobilier, les portes des armoires ;
- télécopieur, photocopieur, photocopieuse et imprimante, scanneur :
  - nettoyer les bacs à papier des poussières de papier,
  - remettre du papier,
  - nettoyer les vitres, vérifier la poussière devant les grilles d'aération ;
- vider et laver les poubelles, les corbeilles à papier ;
- vider les tiroirs, étagères et armoires et en nettoyer le fond, les tablettes ;
- nettoyer vitres et cloisons ;
- retirer les affichages obsolètes, remplacer les défraîchis.

On ne compte plus les pannes et dysfonctionnements informatiques dus aux liquides renversés sur les claviers, particulièrement des boissons. Les documents urgents et importants, inopportunément tachés par des traces de café sont également des incidents classiques dans les activités administratives. Éviter de salir (et de détériorer) commence par prendre la précaution d'éloigner les boissons et autres sources de salissures potentielles de l'espace de travail.

© Groupe Eyrolles

Les règles d'usage des salles de réunion

De nombreuses entreprises ont défini des règles de bon usage de leurs salles de réunion. Ces espaces communs doivent être restitués dans un état opérationnel, qui permette aux participants de la réunion suivante de travailler sans avoir à reconditionner la salle. Ces règles se formulent autour des thèmes suivants :

- les chaises sont rangées ;
- aucun papier ni aucun objet n'est abandonné sur les tables ;
- les gobelets de boisson et les restants de collation sont jetés, les tables nettoyées ;
- les tableaux blancs sont effacés, les feuilles utilisées des *paper boards* sont tournées ou débarrassées ; il reste du papier pour les suivants ainsi que des feutres en bon état de fonctionnement ;
- la salle a été aérée, les lumières sont éteintes.

Exemples de moyens pour ne pas salir ou au moins limiter la saleté

Tableau 14

Actions	Commentaires
Capots et paravents pour éviter les projections	Les machines de coupes ou d'usinage projettent souvent des copeaux, le soudage projette des particules incandescentes. Limiter les projections limite l'ampleur du nettoyage
Aspiration des fumées, des poussières et débris. Suppression des soufflettes. Élimination des courants d'air	L'aspiration et le confinement des poussières et particules sont toujours plus favorables que leur dispersion par soufflage

…/…

© Groupe Eyrolles

Bacs de rétention, écoulements contrôlés des liquides	De plus en plus réglementés, les rejets, fuites et écoulements doivent être limités et sécurisés
Réglages limitant la pollution	Polluer, c'est salir !
Goulottes et évacuation des déchets et salissures.	Si l'on peut automatiser l'évacuation, même par la simple gravité, il faut le faire !
Limiter la présence et l'emploi de carton et de caisses en bois	Tous deux génèrent des poussières et des particules
Le stockage des emballages (caisses, palettes…) en plein air doit être abrité	L'eau, des brindilles, de la poussière, de la terre et des excréments d'animaux peuvent être ramenés dans des emballages qui ont été stockés en plein air

Les écuries d'Augias

Parmi ses fameux travaux, Hercule, demi-dieu de la mythologie grecque, reçut pour mission de nettoyer en une journée les écuries d'Augias, qui comptaient 3 000 têtes de bétail. Ces écuries n'avaient pas été nettoyées depuis trente ans. Crasse et fumier s'étaient accumulés à tel point qu'Hercule perça deux brèches de part et d'autre des écuries, et détourna deux fleuves du voisinage, l'Alphée et le Pénée. Les eaux, en s'engouffrant dans les bâtiments, nettoyèrent en profondeur la saleté incrustée, et ressortirent en passant par les pâturages, qu'ils débarrassèrent également de la bouse accumulée.

« Nettoyer les écuries d'Augias[1] » est une expression populaire signifiant *effectuer un grand nettoyage*. Elle est également couramment utilisée au sens figuré, pour désigner une réforme en profondeur ou d'assainissement d'une institution, d'une administration ou d'une entreprise.

1. Notons que le récit des écuries d'Augias remontant à l'antiquité grecque, cet aspect au moins des 5S n'est pas culturellement japonais !

© Groupe Eyrolles

Anecdote

L'entretien et le nettoyage d'une cabine de peinture de très grande dimension étaient planifiés pour durer deux jours et nécessiter quatre chariots pour évacuer les boues et résidus de peinture. Une fois le chantier entrepris par les services de maintenance, les agents se rendirent compte qu'il faudrait une semaine au moins, avec du renfort en personnel, et que pas moins de dix chariots seraient nécessaires pour évacuer les résidus accumulés. La cabine de peinture est un goulot d'étranglement traditionnel dont l'arrêt perturbe le flux de production. Le manque d'entretien courant et la priorité donnée à la production sur une longue période se sont révélé des gains à court et moyen termes que l'entreprise allait payer au prix fort. Il existe encore des écuries d'Augias de nos jours…

Sociétés de nettoyage

Le thème nettoyage des 5S peut parfois surprendre les collaborateurs qui avaient l'habitude de voir du personnel, généralement d'une société extérieure, spécialement affecté au nettoyage. Le nettoyage par les employés eux-mêmes ne répond pas à une lubie de la hiérarchie ni à une recherche d'économies, mais à un réel besoin de maîtriser l'environnement de travail :

- une société de nettoyage rémunérée pour ses services ne pourrait que se réjouir de voir de la saleté à nettoyer. Elle n'aurait aucun intérêt à améliorer les processus et opérations de façon à éviter de salir !
- pour que les personnels externes puissent faire du nettoyage à valeur ajoutée, il faudrait les initier au métier, aux machines et équipements, ce qui n'aurait aucun sens !
- il n'y a pas de responsabilisation des personnels de l'entreprise, puisqu'ils ne subissent pas de déconvenue durable. Personne ne

© Groupe Eyrolles

s'approprie les lieux, les uns n'étant que de passage, les autres peu concernés par leur maintien en état.

Dans la pratique, les sociétés de nettoyage sont surtout sollicitées pour le nettoyage des bureaux, des parties communes : couloirs, toilettes, restaurant d'entreprise, des vitres et des sols. Le déploiement des 5S ne devrait pas remettre en cause leurs attributions. Je recommande cependant de vérifier si la fréquence des lavages des sols est suffisante ou s'il faut l'augmenter en confiant les lavages intermédiaires aux participants 5S. L'entretien de l'espace communication devrait également rester sous l'entière responsabilité des groupes 5S.

Standardiser (seiketsu)

Le quatrième S est celui de la standardisation. Par la standardisation on s'efforce de maintenir les résultats et progrès en intégrant les bonnes pratiques (re)découvertes par les acteurs des chantiers des 3S précédents (débarras, rangement, propreté). Le *seiketsu* aide à combattre la tendance naturelle au laisser-aller et le retour aux vieilles habitudes, en d'autres termes, à installer la rigueur. Pour que ces pratiques deviennent régulières, il faut les instituer comme des règles de vie et de comportement dans les unités de travail.

Pour cette phase également, le résultat de l'opération doit être visible. Les règles seront définies et documentées, des instructions et des affichages de préférence visuels mis en place, afin que chacun soit informé et puisse respecter facilement les règles d'organisation. Ces nouvelles règles doivent ensuite s'intégrer aux modes opératoires, gammes et procédures.

© Groupe Eyrolles

Attention à ne pas réinventer la roue !

Si des règles existantes ne sont plus ou pas suivies, il n'est pas nécessaire de les réinventer. Il faut avant tout vérifier leur pertinence et leur applicabilité, déterminer pourquoi elles ne sont pas mises en œuvre. Si rien ne s'oppose à leur application et qu'elles sont pertinentes, il faut les remettre dans les standards et les faire appliquer. Dans le cas contraire, il faut les adapter ou les remplacer par de nouvelles versions.

Ne pas confondre règles 5S et règles de sécurité !

Les règles de sécurité sont dictées par les exigences de la réglementation et/ou certains choix de la direction. Ces règles ne sont pas négociables. Si des règles de sécurité n'existent pas ou semblent insuffisantes, le déploiement des 5S est une opportunité de les créer, de les renforcer.

Mon petit jeu favori

Tester le verrouillage des coffrets et armoires électriques des ateliers que je visite. Les résultats sont toujours surprenants.

Une fois les efforts de communication et d'éducation faits, les éléments de standardisation permettent de détecter facilement le non-respect des règles et les comportements déviants. Les règles seront :

- affichées et visibles ;
- compréhensibles et comprises de chacun ;
- pertinentes et faciles à mettre en œuvre.

L'objectif de la standardisation est de donner à chacun la capacité de déceler les anomalies et d'agir en conséquence. La teneur et le style de rédaction des consignes ou des règles doivent également être sans ambi-

© Groupe Eyrolles

guïté et ne pas laisser le champ libre aux interprétations. À titre d'exemple, cette anecdote : sur une cartouche filtrante du système de masque de respiration était inscrite une date, largement dépassée le jour de ma visite. Je demandai alors si cette date était celle du dernier changement de cartouche effectué ou celle du prochain changement à effectuer : personne ne fut en mesure de me répondre !

Définir des règles

La première précaution à prendre pour l'établissement des règles est de les faire établir par les acteurs du terrain eux-mêmes. Ceci pour être cohérent avec l'objectif de leur donner les moyens de repenser un environnement de travail qui leur soit propice, mais aussi et surtout parce que tous ceux qui auront participé à l'établissement des règles n'auront pas de raison de ne pas les appliquer par la suite.

Ce double point est important ; la délégation de pouvoir pour *penser le travail* est une rupture avec les habitudes du taylorisme qui sépare ceux qui pensent le travail et ceux qui l'exécutent. C'est la base de la démarche participative, sans laquelle les 5S perdraient leur sens. En effet, les activités liées à la tenue des postes sont le plus souvent exécutées sous la contrainte de la hiérarchie. Or, c'est une pratique naturelle et librement consentie qui est recherchée au travers des 5S.

L'adhésion quasi naturelle aux règles que l'on a soi-même aidé à formuler est également une bonne assurance contre la résistance au changement. La définition d'un *standard* ou état de référence doit se faire à partir des résultats obtenus. À ce stade, on ne cherche pas à définir un idéal, mais à prendre acte des premiers progrès obtenus et chercher à les maintenir en les définissant comme étant l'état standard.

Pour conserver cet état, que faut-il faire et ne pas faire ? La méthode d'animation du groupe de travail peut s'inspirer de celle utilisée pour la formation des acteurs. On utilise la technique du brainstorming pour déterminer toutes les obligations et les interdictions qui répondront à cette question. La synthèse formule la ou les règles.

© Groupe Eyrolles

L'animateur pourra s'aider du QQOQC pour structurer le travail du groupe et vérifier que les propositions sont opérationnelles :

Tableau 15

QQOQC…	Désigne	Exemple
de **Quoi** s'agit-il ?	Objet, méthode, opération…	Nettoyage journalier du couloir
Qui est concerné ?	Responsable, bénéficiaire, acteur…	À faire par la personne désignée par le planning hebdomadaire
Où cela se passe-t-il ?	Lieu, service, atelier, process…	Couloir central entre travées 10 et 11
Quand cela doit-il se faire ?	Date, durée, fréquence, planning…	Chaque soir, à la fin du poste, pendant 5 minutes
Comment doit-on le faire ?	Moyens, matériel, procédure, manière…	Utilisation du kit de nettoyage sur chariot
Combien ?	Durée, distance, unités…	Balayer et ramasser du poste 1 au poste 8

Les règles et standards s'appliqueront aux lieux mais aussi aux méthodes de réalisation, aux informations, aux équipements et à leur utilisation, aux différents flux qui parcourent l'environnement de travail. Après débats et amendements éventuels, la règle retenue sera celle dégagée par consensus. Il se peut que le premier jet ne soit pas très ambitieux, mais ce qui importe est l'expression des règles par les acteurs eux-mêmes. Le cinquième S nous servira à améliorer et/ou corriger les imperfections des premières tentatives.

© Groupe Eyrolles

L'animateur doit rendre le groupe attentif à un double aspect de l'évolution des règles : d'une part on souhaite pérenniser la démarche 5S et ses résultats. Il n'est donc pas question d'établir des règles provisoires, le temps que dure la session 5S et de retomber dans les anciens travers par la suite. D'autre part, tri-débarras, rangement et propreté vont évoluer à mesure que la situation s'améliore et que les acteurs gagnent en maturité dans la pratique des 5S. Il faut donc prévoir que les règles évolueront elles aussi pour s'adapter en permanence. Ces évolutions ne se feront que dans un seul sens[1], celui du progrès !

Exemples

La standardisation peut consister à repérer les serrages sur les écrous. Une fois les écrous serrés à la valeur du couple voulu, on trace un trait de couleur indélébile sur l'écrou en débordant sur le support (illustration 16). De cette manière, tout desserrage ou serrage excessif se verra par le désalignement des deux portions de trait.

Illustration 16

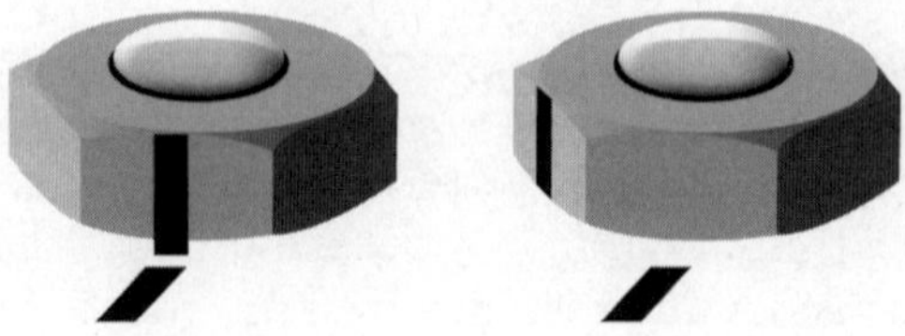

La règle en la matière est double :

1. Tout écrou doit être marqué.
2. Tout écrou doit être resserré de manière à ce que les deux marques coïncident.

© Groupe Eyrolles

1. On peut illustrer cela avec la roue du PDCA et sa cale (voir p. 166).

De la même manière on peut repérer les piétements de machines ou de convoyeurs en traçant leurs contours au sol. Les déplacements et décalages par choc ou vibration deviennent alors apparents.

La célèbre maxime **une place pour chaque chose, à chaque chose sa place** est une règle traditionnelle et incontestée des chantiers 5S. On peut inviter les acteurs à creuser cette affirmation trop générale et incantatoire pour en dégager des règles plus « opérationnelles », comme par exemple :

- je signale que j'emprunte un objet, un outil, un document ;
- je rapporte ce que j'emprunte, en bon état, dès que j'ai terminé ;
- je remets mon emprunt à la bonne place, à disposition du prochain utilisateur ;
- je mets les déchets dans la poubelle qui convient ;
- je ramasse tout objet à terre ;
- …

Pour la forme, il ne faut pas hésiter à faire appel à la créativité des participants. On voit des règles sous forme de tables de commandements, de bandes dessinées, d'affiches…

L'exemple de l'informatique

En matière d'arrangement standardisé, un exemple fameux est celui des interfaces graphiques des suites logicielles que nous utilisons tous. La place des commandes dans les menus, ainsi que la signification des boutons et des icônes sont communes à une très grande variété d'applications. Les gains procurés par cette standardisation sont :

- un apprentissage et une prise en main accélérée ;
- une utilisation intuitive ;
- une meilleure productivité ;
- la possibilité de se débrouiller avec des versions étrangères ;
- etc.

On peut critiquer la place de ces commandes et le choix des pictogrammes, mais la question est moins de savoir si les commandes sont

© Groupe Eyrolles

bien placées en termes d'ergonomie de l'interface homme/machine que de reconnaître les gains et avantages incontestables de cette standardisation.

La règle Premier Entré – Premier Sorti (FIFO)

Cette règle est une pratique courante dans de nombreuses activités, très souvent désignée par son acronyme anglo-saxon FIFO *(First In First Out)*, parfois sous le sigle PEPS, pour Premier Entré Premier Sorti. Le principe est contenu dans le nom : tout objet placé dans le stock, dans un rangement, un document mis sur une pile, un pot sur une étagère, etc., doit ressortir dans le même ordre qu'il y est entré, tel un fluide dans un tuyau, comme le montre le schéma (illustration 17) ci-dessous.

Illustration 17

L'ordre d'entrée par la gauche est 1 ; 2 ; 3, ordre conservé à la sortie par la droite. Cela se fait naturellement dans les systèmes d'approvisionnement gravitaires, des glissières inclinées chargées par l'arrière et dont on consomme les objets dans l'ordre d'arrivée par l'avant.

L'opposé serait le Dernier Entré Premier Sorti (LIFO en anglais, pour *Last In First Out*) dont le principe est illustré par le schéma 18 ci-dessous :

L'ordre d'entrée par la gauche est 1 ; 2 ; 3 mais la sortie se faisant par le même accès, l'ordre de sortie est inversé 3 ; 2 ; 1.

Illustration 18

© Groupe Eyrolles

Ce principe se retrouve tout naturellement dans les contenants avec un fond, les emplacements à accès unique :

- palettes dans un camion ;
- objets empilés dans une caisse ;
- documents empilés puis dépilés ;
- marchandises dans les rayons des magasins.

L'inconvénient majeur du LIFO est la contrainte des gestions de priorités, typiquement lorsqu'il faut prendre garde à ne pas dépasser une date de péremption, ou si la traçabilité impose un suivi rigoureux des lots utilisés.

L'adoption de la règle du FIFO, résout un bon nombre de problèmes de ce genre dus au manque de rigueur. Cependant imposer une règle n'est pas suffisant, il faut mettre en place des moyens simples et pratiques pour respecter le principe. C'est un excellent exercice de créativité à proposer aux participants des chantiers 5S.

Standardisation des outils

Les opérations de tri-débarras, ainsi que le rangement permettent de faire un inventaire des outils indispensables. Ces outils nécessaires pour l'exécution des tâches sont-ils standardisés et réduits dans leur diversité ? La question s'applique :

- aux outils informatiques et bureautiques ; tout le monde utilise-t-il les mêmes programmes, sont-ils adaptés à l'usage ?
- aux fournitures ;
- aux documents ;
- aux outils à main ;
- etc.

Les tableaux suivants donnent quelques exemples d'items pouvant être standardisés avec leurs paramètres de définition principaux. Lors des sessions de travail 5S, on peut faire établir ce type de *check-lists* par les participants (tableau 16).

© Groupe Eyrolles

Tableau 16

Outils et fournitures	Paramètres
Tournevis	• quelle empreinte (à fente, cruciforme…) ? • dimension largeur et longueur • isolé ou non • …
Clés	• type et dimensions
Outillage portatif	• marque unique (réduire le nombre de pièces détachées) • type d'énergie
Cutter	• dimensions et type des lames
Protections individuelles	• type de bouchons d'oreilles • modèles de casques • lunettes • types de gants
Lubrifiants	• type, viscosité…

Concernant les documents :

Tableau 17

Documents administratifs	Paramètres
Documents en général	• charte graphique unique ? • présentations unifiées ?
Formulaires	• présentations unifiées ? • les imprimés ont-ils toujours le même aspect, d'une commande à l'autre ? • existe-t-il une bonne pratique en matière de création de formulaire (mentions indispensables, suggestions de présentation…)
Signalisation et signalétique dans l'entreprise	• liée à la communication • liée à la sécurité

© Groupe Eyrolles

En matière de bureautique :

Tableau 18

Bureautique	Paramètres
Imprimantes et fax	• marque unique ? • cartouches compatibles et du même type ?
Fournitures et consommables	• les supports enregistrables sont-ils unifiés ? • dimensions et types de papier
Adresses de messageries	• leur structure est-elle logique et identique pour tout le monde ?

Pour l'entreposage :

Tableau 19

Logistique et magasinage	Paramètres
Boîtes, caisses	• dimensions et type • empilables ? • pliables ?
Palettes	• dimensions • matière (plastique, bois, métal…) • type de gestion (retour, recyclage, jetable)
Fournitures d'emballage	• types • matières • dimensions et caractéristiques

© Groupe Eyrolles

Le test du Martien

Pour vérifier le degré de standardisation, il faudrait mettre la zone à l'épreuve d'un invité martien, qui, bien évidemment, ne comprend pas notre langue. Si on le lâchait dans la zone concernée, muni d'un seul outil, une clé de 12 par exemple pour l'atelier et un stylo quatre couleurs pour les bureaux, pourrait-il :

- comprendre l'organisation ?
- visiter seul, sans se perdre ?
- exécuter les tâches aux différents postes, grâce aux seules instructions qui y figurent et avec son unique outil ?
- ne pas se mettre en danger, ne pas prendre de risques ni en faire courir à autrui ?
- se conformer à nos règles ?
- communiquer ses remarques et idées ?

Dans la pratique, on peut jouer[1] à se mettre dans la peau d'un Martien et tester la zone. Les frais de déplacement du Martien étant excessifs, on peut également inviter un *candide* pour tester le degré de standardisation. Le candide pouvant être un(e) employé(e) des bureaux mettant une zone d'atelier à l'épreuve et inversement.

Pour les bureaux recevant des visiteurs externes, des clients, on peut les mettre à l'épreuve du client mystère, qui est un (faux) client plus intéressé par un audit discret de l'organisation et la qualité du processus mis en œuvre que par la prestation. Cette technique s'emploie par exemple dans les boutiques pour tester la qualité de l'accueil, des renseignements et la compétence des personnels. Une version adaptée du client mystère serait un jeu de rôles, dans lequel un(e) collègue candide se met à la place du visiteur ou du client, et note ses bonnes et mauvaises impressions en termes de 5S, telles que les verrait le visiteur qu'il incarne.

1. Cette approche ludique convient bien pour donner un peu d'attrait aux travaux de ce thème, plus abstrait par nature.

© Groupe Eyrolles

Suivre et progresser (shitsuke)

« Vingt fois sur le métier remettez votre ouvrage.
Polissez-le sans cesse et le repolissez.
Ajoutez quelques fois, et souvent effacez. »

NICOLAS BOILEAU (1636-1711)

Les traductions littérales de *shitsuke* sont *rigueur* ou *éducation*. La concision de ces termes ne restitue qu'imparfaitement le sens de *l'éducation aux bonnes manières* ou la *rigueur dans son comportement* que les idéogrammes originaux suggèrent. L'apprentissage traditionnel oriental se fonde sur une relation maître/disciple, dans laquelle le disciple commence par imiter le maître et répète longuement avant de pouvoir prétendre améliorer la méthode ou la technique.

C'est le cas de la calligraphie chinoise, où les pratiquants tracent inlassablement les mêmes caractères, jusqu'à en posséder une exécution parfaite[1]. On dit que l'exercice de la calligraphie apprend la discipline, la patience et la persévérance.

De manière plus générale, les musiciens, les sportifs et même les pompiers pratiquent des exercices réguliers pour s'assurer qu'ils conservent la maîtrise de leur art, de leurs performances. C'est dans le même esprit que la cinquième phase des 5S appelle à leur mise en pratique régulière et rigoureuse. La pérennisation des 5S est le premier objectif du *shitsuke*, l'amélioration continue en est le second. Une des clés du succès durable des 5S est la rigueur dans l'application, mais aussi dans le suivi régulier de l'application des règles et des pratiques.

Le verbe *Suivre*[2] qui caractérise cette étape est à prendre dans ses deux acceptions :

1. Suivre les consignes et les règles, c'est-à-dire les appliquer et les faire appliquer.

1. Les pratiquants d'arts martiaux reconnaîtront également les « *kata* », ces enchaînements que l'on répète jusqu'à en posséder la maîtrise parfaite.
2. Les Anglo-Américains utilisent *sustain*, qui signifie maintenir, poursuivre, persévérer.

© Groupe Eyrolles

2. Vérifier périodiquement la bonne application des consignes et règles.

Ce suivi ne doit pas être une version instrumentée d'une pratique imposée par la hiérarchie, mais plutôt la vérification du degré d'appropriation des principes par les personnels, l'opportunité de remettre les règles et bonnes pratiques en mémoire et de corriger toutes les dérives.

Les participants au chantier 5S sont en général acquis à sa cause. Ils sont moralement astreints à l'observation des règles puisqu'ils ont contribué à les établir. De plus, celles-ci doivent leur faciliter le travail et leur procurer davantage d'agrément dans leur environnement, leur conférant ainsi un *bénéfice* personnel. La hiérarchie, idéalement participante ou tout au moins initiée aux 5S, adoptera un comportement exemplaire et soutiendra les acteurs dans le maintien des progrès et le respect des règles par tous, au quotidien. Pour que l'adhésion des personnels dure au-delà de la durée du chantier pilote, il faut que leur hiérarchie de proximité et le chef de projet 5S continuent à animer des réunions et des actions sur ces thèmes. Un projet 5S est un projet sans fin, mais qu'il faut animer en permanence pour le maintenir en vie !

Suivre l'application des règles

Le suivi de l'application des règles suppose que celles-ci aient été établies et diffusées, que les moyens nécessaires, notamment les ustensiles et produits de nettoyage, soient disponibles. Lorsque rien ne s'oppose à la mise en application des règles, il faut responsabiliser et former les acteurs de la zone concernée :

- ceux qui n'auraient pas participé au chantier pilote ;
- ceux qui sont désignés pour s'occuper d'une portion de la zone ;
- ceux qui ne travaillent qu'occasionnellement ou pour une durée limitée dans la zone.

On veillera très tôt après l'établissement des règles dans l'étape 4 à faire prendre de bonnes habitudes, même si le suivi n'est pas encore formel-

© Groupe Eyrolles

lement en place. Finalement, on instaure un programme de contrôle régulier.

Moyens et la fréquence du contrôle du respect des 5S

La démarche 5S se veut résolument participative, et, idéalement, les activités 5S se gèrent en toute autonomie par les acteurs du terrain. Il est donc normal que la vérification de la bonne application leur soit également confiée. C'est à eux, durant la cinquième étape du chantier pilote, de définir les moyens et la fréquence du contrôle. Généralement on recourt à des audits internes, à des auto-évaluations. Celles-ci doivent donner une appréciation objective de la situation du moment ainsi que l'écart par rapport à la situation antérieure.

Parce que les champs d'application des 5S et les règles associées peuvent être nombreux et variés, la vérification s'appuie volontiers sur des *check-lists*, des formulaires d'évaluation. Il faut donc, pour contrôler l'application des 5S, développer des formulaires et le système de notation associé. Il faut ensuite déterminer à quels intervalles se feront ces contrôles, qui les fera et quels types d'actions seront à entreprendre si le résultat n'est pas conforme aux attentes. Le chapitre 7, Mesure, évaluation et tableau de bord (p. 171), livre tous les détails nécessaires à la mise en place des moyens et procédures.

Progresser

Les premières actions entreprises dans le périmètre du chantier pilotes amènent le plus souvent des résultats spectaculaires, mais malgré cela, la situation demeure largement améliorable. En effet, après avoir débarrassé et nettoyé on constate qu'il ne reste que des choses utiles au poste et dans son environnement immédiat, tout est propre en apparence.

À y regarder de plus près, il reste cependant des traces et des saletés tenaces et subtiles. Le nettoyage quotidien reste long et/ou difficile. L'environnement, même épuré de l'inutile qui encombre, reste mal agencé et mal adapté. D'une part il est difficile de trouver ce dont on a

© Groupe Eyrolles

besoin, d'autre part on n'est pas certain de n'avoir gardé que des choses réellement utiles.

À l'inverse, dans l'enthousiasme du chantier pilote et malgré les précautions, on a peut-être éliminé des objets qui, tout compte fait, étaient indispensables... Pour progresser sur les thèmes tri, débarras et nettoyage, il faut faire un bilan de cette première étape, recenser les problèmes rencontrés pour pouvoir y remédier. Afin de structurer et pouvoir analyser le bilan sur des faits, il est recommandé de renseigner des fiches d'anomalies, comportant :

- les anomalies constatées sur les postes ;
- l'identification et l'indication des principales sources de salissure ;
- l'identification et l'indication des endroits difficiles à nettoyer ;
- les remarques des personnels concernés.

L'analyse et la synthèse de ces fiches sont un excellent thème de travail de groupe pour une prochaine session. L'animateur s'emploiera à ce que le groupe fasse ressortir de manière pertinente les problèmes et les solutions, avec un ordre de priorité, un responsable par action et une date d'achèvement.

COMMUNIQUER AUTOUR DES PREMIERS SUCCÈS

Quels que soient le calendrier et les modalités du déploiement, il faut exploiter immédiatement les premiers progrès et les premiers résultats pour communiquer. Rappelons qu'il est important de faire très vite la preuve du bien-fondé du projet par les résultats. Cela tombe bien, les résultats les plus spectaculaires s'obtiennent en général au début.

Le chef de projet inclura l'exercice de communication dans chaque thème et dans chaque session qu'il anime. Il pourra :

- faire paraître un article, photos à l'appui, dans le journal interne de l'entreprise ;
- faire confectionner aux participants des panneaux d'information ;

© Groupe Eyrolles

- inviter la hiérarchie, les parrains de l'opération à se rendre compte sur place,

La présentation des résultats à la hiérarchie

Il est important de pouvoir faire présenter les premiers résultats à la direction par les participants eux-mêmes. Ceci les valorise et leur donne l'opportunité de s'exprimer sur leurs problèmes et faire part de leurs suggestions. C'est également une opportunité pour les exécutants d'avoir un accès privilégié à ce niveau hiérarchique, avec lequel ils n'ont en général que peu de contact. Le chef de projet aidera à synthétiser et à structurer la présentation et les assurera de son soutien durant cet exercice intimidant avec lequel ils sont probablement peu familiers. Au cours de l'exposé, le chef de projet recentrera l'orateur sur l'essentiel, pour le guider, le soutenir et lui éviter de dériver.

L'exposé peut être présenté par des binômes ou successivement par chaque participant, afin de maintenir une certaine égalité parmi eux. Les plus réticents auront le droit de passer leur tour, mais devront prendre la parole la fois suivante, lorsqu'ils auront vu faire les premiers.

Où et quoi présenter ?

Les actions engagées et les progrès obtenus doivent se voir sur le terrain. On privilégiera de présenter les résultats *in situ*, là où ils se matérialisent. La hiérarchie invitée n'est pas forcément familière des lieux, il faut donc prévoir des exemples de l'état antérieur, à comparer avec ce que l'on peut voir désormais :

- photos d'avant à comparer avec l'aspect maintenant ;
- formulaires et documents d'avant, à comparer avec les nouveaux ;
- témoignages des personnels : comment ils faisaient avant et comment ils font désormais.

Il faut également présenter les innovations et nouveautés, comme l'installation d'une boîte à idées, le chariot à ustensiles, le tableau d'outils, l'espace communication, etc. Pour des résultats chiffrés, il est plus facile

© Groupe Eyrolles

d'utiliser l'affichage de l'espace communication ou encore les tableaux et installations d'une salle de réunion :

- poids, volume, surfaces, temps économisés ;
- planning des actions et nombre d'actions en cours ;
- nombre d'actions entreprises et soldées ;
- état des dépenses réalisées et prévues par rapport au budget ;
- résultats des audits et contrôles ;
- calendrier d'avancement, des sessions et des réunions programmées.

On profitera de la présence de la hiérarchie pour faire le point des blocages et des besoins de soutien. La présentation de résultats encourageants favorisera d'autant l'engagement et certaines décisions. Il faut « vendre » les progrès et résultats, en restant honnête bien entendu.

Rappel (aux chefs distraits)

1. Respectez toujours vos engagements.
2. Concrétisez-les rapidement.
3. Vérifiez que les consignes que vous donnez (pour respecter vos engagements) sont bien exécutées dans les temps.

…Car si vos subordonnés ont moins de patience que vous, ils ont meilleure mémoire !

La visite et participation de la hiérarchie

Lors des présentations de résultats, les représentants de la direction devront être conscients de l'éventuel effet d'intimidation que leur présence peut induire. Ils devront se mettre au niveau de langage et de compréhension de leurs hôtes. Ils se montreront bienveillants, mêmes s'ils doivent exiger davantage de résultats ou un rythme de progrès plus soutenu.

© Groupe Eyrolles

Quelle forme vous paraît être la plus recevable par des personnes qui sont convaincues d'avoir bien fait :

- « Il faut en faire plus et plus vite ! »
- « Qu'est-ce qui vous freine pour aller encore plus loin, plus vite ? »

Un entretien préalable du chef de projet avec la hiérarchie peut s'avérer utile, pour s'informer sur l'avancement du projet et ne pas donner aux participants la désagréable sensation qu'avant cette réunion les chefs et directeurs ignoraient tout de ce projet présenté comme important !

Les visites de la hiérarchie ne devraient pas se limiter aux invitations formelles des groupes, mais également se faire spontanément. Un directeur qui prend un peu de son temps pour venir spontanément rencontrer les participants et voir les travaux lors d'une session donne des signes forts :

- de son intérêt pour un projet d'entreprise délégué aux personnels ;
- de considération pour les participants ;
- de reconnaissance des efforts et des résultats ;
- d'encouragement à persévérer.

Le directeur doit-il frotter avec le groupe ?

La participation de la hiérarchie doit-elle rester symbolique et distante ou le chef de service, le directeur doit-il frotter les machines et trier l'inutile avec les participants des groupes de travail ? Il n'y a pas de réponse unique, elle s'apprécie dans le contexte. Dans certaines entreprises, la proximité des hiérarchiques et des opérationnels fait que les premiers participeront spontanément aux opérations sans gêner les seconds par leur présence. Dans d'autres entreprises, on n'imaginerait pas plus que l'on n'apprécierait le mélange des genres.

Ce qui en revanche est attendu de la part de tous est une participation individuelle :

- le chef doit donner l'exemple par son comportement ;
- les responsables doivent ranger et nettoyer leur bureau ;
- tout le monde doit respecter les règles.

© Groupe Eyrolles

RÉPLIQUER L'EXPÉRIENCE DU CHANTIER PILOTE

La réplication de l'expérience se conçoit selon deux axes. Le premier, vertical, cherche à maintenir les résultats atteints sur le chantier pilote, mais avec une économie de moyens et d'efforts. Puis, au-delà du maintien, à améliorer les résultats et aller plus loin. Le second axe est horizontal, il cherche à répliquer les premières expériences du chantier pilote sur d'autres zones, pour couvrir progressivement, par diffusion, l'ensemble du périmètre visé.

L'amélioration continue est inscrite dans la cinquième phase des 5S, le *shitsuke*, depuis leurs origines. La démarche et l'outil qui la supporte est le PDCA.

Le principe du PDCA

Le PDCA est une démarche structurée en quatre étapes, dont les initiales forment l'acronyme : Planifier, Déployer, Contrôler, Agir[1]. Ces quatre étapes rappellent que :

1. Toute action doit être précédée par une étape de **P**réparation et de **P**lanification, pour éviter la tentation de se lancer sans avoir réellement compris et correctement évalué la situation.
2. Il faut **D**éployer les actions planifiées.
3. Ensuite, après le déploiement, il faut en évaluer les résultats, au moyen de mesures ou de **C**ontrôles. Il s'agit également de **C**omprendre en étudiant les résultats, s'ils répondent aux attentes et dans la négative, comprendre pourquoi.
4. En fonction de l'évaluation des résultats, soit l'action est satisfaisante et l'on peut chercher à **A**ller plus loin, soit elle doit être revue, corrigée ou réorientée afin d'obtenir le résultat escompté.

1. Le modèle original, américain, et très répandu dans les entreprises de tous les pays est Plan, Do, Check, Act.

© Groupe Eyrolles

Illustration 19

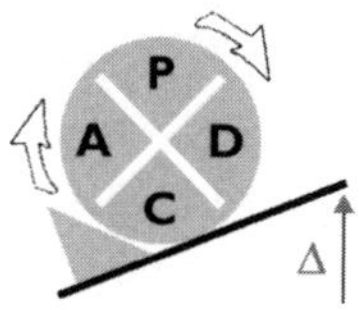

Une fois ces quatre étapes franchies, on « refait un tour » en recommençant à préparer et planifier la suite. Le cycle PDCA est représenté par une roue à quatre quadrants (illustration 19), gravissant la pente du progrès. Cette roue est supposée tourner sans discontinuer pour pratiquer l'amélioration continue.

Pour empêcher tout retour à l'état antérieur et assurer la pérennisation des progrès obtenus, il faut placer une cale sous la roue. Si la représentation de la cale trouve sa place logiquement sur le dessin, on se demande comment elle se matérialise dans la pratique. Les 5S fournissent une réponse élégante : ce sont les procédures nouvellement créées, ou celles mises à jour qui fixent les nouvelles règles de vie et de comportement et évitent de revenir aux mauvaises habitudes.

Le PDCA constitue une méthode donnant d'excellents résultats à condition de respecter les différentes phases et de leur accorder l'importance nécessaire :

1. Brûler l'étape de planification ou de préparation démontre une propension à l'activisme, c'est-à-dire la prépondérance de l'action pratique au détriment de la réflexion, de la théorie. On pense agir, mais le plus souvent on n'y gagne que de l'agitation.
2. À l'inverse, ne pas passer au déploiement, c'est rester dans la planification infinie et dans l'incantation : « il y a qu'à... », « il faut qu'on... »
3. Ne pas mesurer et contrôler, c'est faire preuve d'excès d'optimisme ou d'un total manque de rigueur !
4. La dernière phase d'analyse et de réaction permet de boucler le système, c'est-à-dire conditionner les actions futures aux résultats

© Groupe Eyrolles

obtenus. Ceci est indispensable pour conserver l'alignement de la suite des actions (la trajectoire) vers le but.

Le PDCA vise à remplacer les slogans et exhortations par des plans d'action clairs[1]. Il permet aux participants de comprendre la logique et l'enchaînement des différentes étapes, pourquoi il ne faut pas se précipiter dans le tri-débarras sans avoir préalablement fixé l'état des lieux initial et défini les moyens de mesurer les progrès, par exemple.

Le PDCA fournit une trame pour structurer l'avancement des travaux. L'animateur des groupes de travail demandera aux participants de mettre en pratique ce principe :

1. Que planifiez-vous ?
2. Comment allez-vous déployer ?
3. Comment allez-vous évaluer et mesurer les résultats ?
4. Si les résultats ne sont pas conformes à vos objectifs, que ferez-vous ?

Le PDCA appliqué aux 5S s'envisage à plusieurs échelles, pour la gestion du projet comme pour la conduite d'actions spécifiques, ainsi que selon les deux axes : approfondir un thème ou étendre la démarche à d'autres secteurs.

Exemple

Le premier (grand) nettoyage ou la séance de pose d'étiquettes sert à établir l'état des lieux. Cette phase concrète est exploitée pour **P**lanifier les actions et fixer les objectifs avec les acteurs. Les actions sont menées, **D**éployées et leurs résultats **C**ontrôlés. On évalue alors l'écart entre les résultats obtenus et les objectifs visés pour ré**A**gir. On redéfinit, on planifie de nouvelles actions et… c'est reparti !

1. CHARDONNET André et THIBAUDON Dominique, *Le guide du PDCA de Deming, progrès continu et management*, Éditions d'Organisation, Paris, 2003.

© Groupe Eyrolles

Un élément américain repris par les Japonais

Le principe du PDCA est associé à William E. Deming[1], qui par ses enseignements dans le domaine de la maîtrise de la qualité, aida l'industrie japonaise de l'immédiate après-guerre à se relever. Les 5S sont donc une intégration des préceptes du programme TWI, des enseignements de Deming et de l'approche participative.

Chantier pilote, vitrine des 5S

Le chantier pilote sert à démontrer l'efficacité des 5S sur un périmètre restreint, ainsi que de laboratoire d'essai au chef de projet, animateurs et participants. Une fois ce premier rôle rempli, le chantier pilote devient la première vitrine des 5S dans l'entreprise. Il est donc important d'y démontrer avec évidence et clarté les bénéfices de la méthode. Le chantier pilote doit être visité et servir d'exemple aux chantiers suivants. Le chef de projet et/ou les animateurs doivent être des promoteurs de visites interzones ou interateliers, car les participants n'iront pas spontanément.

1. La *roue du progrès* est parfois appelée « roue de Deming ».

© Groupe Eyrolles

Anecdote

L'expérience montre que les personnels affectés à un atelier ou un service vont rarement visiter les autres ateliers ou services. Ils rencontrent leurs collègues dans des lieux communs et « neutres », comme le restaurant d'entreprise ou les salles de pause. Ainsi ai-je parfois entendu sur le ton du reproche « nous ne savons même pas à quoi servent les cartes électroniques que nous fabriquons », alors que ces mêmes personnes ne se sont jamais donné la peine de regarder les lignes d'assemblage final, éloignées de quelques dizaines de mètres…

Ce même phénomène se reproduit dans les projets du type 5S.

© Groupe Eyrolles

Chapitre 7

Mesure, évaluation et tableau de bord

Les acteurs du projet 5S exploitent des ressources mises à leur disposition pour atteindre un but. De l'état d'origine à l'état final (l'atteinte du but), la « trajectoire » du projet passe par un certain nombre d'objectifs d'étape, comme le montre l'illustration 20 ci-dessous.

La trajectoire idéale, planifiée est rectiligne, alors que le déploiement de tout projet suit en réalité des cheminements plus tortueux, en fonction des difficultés, contraintes et aléas.

Pour piloter son projet, le chef de projet doit disposer d'un tableau de bord, notamment pour vérifier si l'avancement du projet progresse au rythme souhaité et si le cheminement reste dans un relatif alignement avec la trajectoire idéale. Le tableau de bord doit aider à détecter les dérives et prendre les décisions nécessaires pour corriger la trajectoire.

Illustration 20

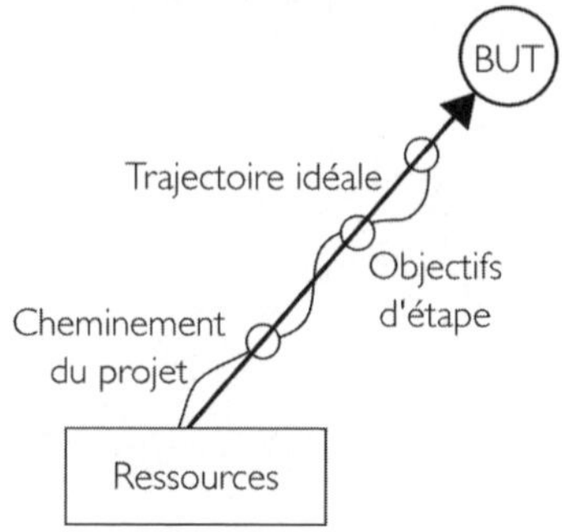

© Groupe Eyrolles

Le projet 5S a trois parties prenantes :

- la direction, qui cautionne le projet et alloue les ressources ;
- les participants, qui sont à la fois ressources, acteurs et en partie bénéficiaires ;
- le chef de projet, qui gère le projet et fait le lien entre les deux autres parties.

Dans l'approche participative, les participants doivent pouvoir situer eux-mêmes l'état d'avancement du projet, s'acquitter des tâches qui leur sont confiées et planifier de manière cohérente leurs actions futures.

> Le respect du principe PDCA impose la mesure ou l'évaluation pour vérifier la pertinence d'une action et l'écart qui en résulte. L'analyse du résultat permet de décider de continuer dans la même voie ou de réorienter l'effort si celui-ci ne produit pas les résultats escomptés.

LA MATRICE DE MATURITÉ

Le chef de projet peut utiliser un outil simple pour vérifier la diffusion et la maturité par zone, une matrice du type de celle-ci (tableau 20) :

© Groupe Eyrolles

Tableau 20

	MATURITÉ	Initiation	Approfondissement	Formalisation	Perpétuation
THÈME					
Tri-débarras					
Rangement					
Nettoyage					
Standardisation					
Progrès					

Chaque thème est évalué selon une échelle allant de la simple initiation, c'est-à-dire un premier déploiement, à la perpétuation par les acteurs de la zone de manière autonome. Le but étant de faire passer toutes les zones de l'initiation à la perpétuation sur chacun des thèmes. Ce petit outil pratique ne suffira pas pour la gestion de l'ensemble du projet, pour lequel il faut bâtir un **tableau de bord** digne de ce nom.

LE TABLEAU DE BORD

La direction exige des rapports réguliers sur l'avancement du projet, la consommation des ressources et les éventuels points problématiques. La gestion du projet répondra à leurs interrogations, notamment à l'aide du tableau de bord. Le tableau de bord est donc un outil de pilotage indispensable à usages multiples. Il doit comporter obligatoirement une

© Groupe Eyrolles

majorité d'éléments factuels rapportés par un système de mesure, dont la perception puisse être partagée sans ambiguïté par tous.

Le tableau de bord servant à la gestion du projet global sera différent du tableau de bord propre à une zone déterminée, car ils répondent à des besoins différents :

- le chef de projet et la direction voudront avoir une vision globale de l'évolution du projet, connaître les évolutions dans le temps ; actions à court terme et progression sur le long terme, ainsi que les évolutions dans l'espace ; les différentes zones passées aux 5S, après le chantier pilote. C'est un outil de pilotage « stratégique » ;
- les acteurs dans leur zone ont besoin d'un tableau de bord très opérationnel, focalisé essentiellement sur les actions et résultats de leur zone.

Durant les déploiements d'actions sur plusieurs semaines, il est indispensable de recourir à des mesures intermédiaires après chaque thème de travail, pour :

- vérifier les écarts et déviations éventuelles tant qu'ils restent de faible amplitude ;
- conserver l'attention des participants sur la durée ;
- mettre en place les cliquets ou cales de la roue du PDCA.

LA MESURE, INDISPENSABLE AU PROGRÈS

L'adage populaire dit que ce que l'on ne mesure pas, on ne le connaît pas. Mesurer c'est connaître et pouvoir maîtriser. La première mesure indispensable dans le déploiement des 5S est l'état des lieux initial. Comme la police sur la scène du crime, on ne touche à rien tant que les premiers constats ne sont pas faits ! En effet, trop de groupes se précipitent dans les premières actions, atteignent un résultat spectaculaire, mais sont incapables de le valoriser pleinement et de communiquer sur ce premier succès pour la simple raison que la référence initiale a disparu !

© Groupe Eyrolles

Mesurer sous-entend traduire un état en éléments d'appréciation factuels et explicites. En effet, comment peut-on exploiter des appréciations du type : *c'est peu rangé, c'est mal tenu, plutôt propre, assez désordonné*, etc. ? À la rigueur, les témoins sur site peuvent partager une perception commune, mais ce type d'information est inexploitable dès qu'elle est coupée de son contexte. Le chef de projet et les animateurs devront veiller à ce que les participants expriment les progrès par des mesures factuelles et non des impressions subjectives.

Exemples de résultats mesurables

Tableau 21

Actions menées	Paramètre à mesurer	Unités de mesure (exemples)
Suppression des temps de recherche	Temps gagné (ou non perdu),	Minutes, heures
	Augmentation proportionnelle de la production	Nombre de pièces, unités supplémentaires vendues, chiffre d'affaires
Diminution des pannes sur des équipements régulièrement nettoyés et contrôlés	Augmentation proportionnelle de la production	Nombre de pièces, unités supplémentaires vendues, chiffre d'affaires
Diminution du taux d'accidents	Réduction du nombre de jours d'arrêts par rapport au mois ou à l'année précédente	Nombre de jours consécutifs sans accidents, pourcentage par rapport à la période précédente
Réduction de l'absentéisme	Taux d'absentéisme	Pourcentage
	Jours sans absents	Jours
Réduction des erreurs de traitement	Satisfaction clients	Taux ou nombre de réclamations
Gain de place, ordre	Surfaces libérées	m^2

© Groupe Eyrolles

Appréciation et évaluation de paramètres non quantifiables

Le tableau de bord peut comporter des éléments d'appréciation pour les paramètres non quantifiables : facteurs d'ambiance, implication personnelle, etc., mais qui doivent demeurer minoritaires et pertinents. La participation aux activités 5S et les résultats obtenus sont en général un baromètre de l'état d'esprit et du degré de participation qui règne dans l'entreprise.

Anecdote

Un cadre d'une entreprise écoutant mes explications sur les basiques des 5S réagit à l'évocation des panneaux d'outils communs : « Le jour où nous pourrons laisser les outils en libre-service, sur un panneau accessible à tous, ce sera le signe qu'un grand changement sera intervenu ! »

C'est ainsi que dans cette entreprise, le panneau d'outils commun est devenu un indicateur de progrès et un symbole du changement de comportement.

Exemples de paramètres non mesurables

- amélioration de la motivation du personnel ;
- amélioration de l'ambiance ;
- développement et renforcement de l'esprit de groupe ;
- amélioration de l'organisation et du respect des règles ;
- responsabilisation de chacun dans son périmètre d'action ;
- amélioration de l'implication dans le projet 5S et les projets de l'entreprise.

© Groupe Eyrolles

L'intérêt des photos

Les photos permettent de traduire un état qui est difficile à mesurer et quantifier. Elles permettent de partager une perception subjective du type *c'est peu rangé, c'est mal tenu, plutôt propre, assez désordonné*, etc., par la conservation du contexte dans l'image. La photo devient une « mesure » dès que l'on peut comparer un état *avant* action à un état *après* mise en œuvre. Les photos sont également des supports de communication visuelle, exploitables facilement et rapidement.

> La popularité, la facilité d'emploi et le coût décroissant des appareils photo numériques, leur disponibilité dans les entreprises devrait en faire un outil privilégié de l'évaluation et de la communication dans un projet 5S.

Certains changements se font à une fréquence faible, ce qui les rend moins perceptibles. C'est typiquement le cas des enfants qui grandissent. Les parents qui les voient quotidiennement ne s'en rendent pas trop compte, alors que les oncles et tantes qui ne les voient qu'occasionnellement notent des changements importants.

Dans le même esprit, il est intéressant de faire des *photos des quatre saisons* de certaines zones. La technique est simple :

- on choisit un point de vue où l'on place l'appareil photo et on prend une première photo ;
- à intervalles réguliers on replace l'appareil photo de la même manière au même endroit et l'on refait une photographie ;
- au fil du temps et des images accumulées, les évolutions lentes deviennent apparentes.

Les photos accumulées forment aussi la mémoire du projet et en partie celle de l'entreprise. Je recommande au chef de projet de constituer une

© Groupe Eyrolles

chronique du projet en collectant et commentant les diverses photos prises au fil du temps.

Benchmarking

La mesure s'envisage selon une référence « interne », indiquant le progrès, l'écart par rapport à une situation antérieure. L'autre usage de la mesure est de pouvoir s'évaluer par rapport à des références « externes », c'est-à-dire d'autres zones, ateliers ou services, ou encore se comparer aux filiales du même groupe, aux concurrents, etc. La comparaison aux meilleurs et l'adoption d'une stratégie pour les égaler ou les dépasser, s'inspirer des méthodes utilisées ailleurs avec succès s'appelle le *benchmarking*.

Un des usages du chantier pilote est de servir de référence aux chantiers suivants, les nouveaux participants pourront ainsi venir se *benchmarker* au chantier pilote. À mesure que les progrès et innovations sur les nouveaux chantiers montrent leurs effets, ce sont les « anciens » du chantier pilote qui iront voir comment les nouveaux ont réussi leur progression et éventuellement s'inspirer de leurs méthodes.

Stimulation extérieure

On démontre facilement, à l'aide de petits jeux, que sans stimulation extérieure, un groupe de travail qui ne mesure que ses progrès relatifs va progresser lentement et éventuellement finir par stagner. La révélation qu'un autre groupe ou un concurrent réussit à atteindre des performances bien plus élevées va déchaîner la créativité et conduire à une amélioration drastique.

Le chef de projet et les animateurs veilleront à « organiser » les séances de benchmarking, car les visites croisées sont rarement pratiquées spontanément.

© Groupe Eyrolles

AUTO-ÉVALUATION ET AUDITS 5S

Pour assurer le suivi et la progression des 5S, ainsi que pour communiquer efficacement, il est nécessaire de mesurer. Les 5S étant une démarche résolument participative, on va confier aux participants la responsabilité de s'auto-évaluer. Les groupes de travail pourront ainsi vérifier par eux-mêmes l'impact de leurs efforts et planifier les nouvelles actions à entreprendre.

Notons que le fonctionnement autonome des groupes de travail se mesure aussi à la qualité de leur auto-évaluation et dans leur autodiscipline. Cependant, la confiance n'exclut pas le contrôle. Il faut aussi et surtout assurer la cohérence des auto-évaluations entre les différents chantiers ou les différentes zones. Pour ces raisons, on pratiquera des évaluations contradictoires : les audits 5S.

Ces dispositions seront communiquées très tôt, au début du projet, pour qu'il n'y ait pas de malentendu ultérieurement sur ce contrôle, par rapport au discours qui privilégie l'autonomie. Les audits 5S sont aussi un moyen pour stimuler les acteurs dans leurs chantiers respectifs.

Les auto-évaluations

Les auto-évaluations se fondent sur des formulaires ou grilles d'appréciation. Ces grilles sont idéalement conçues par les participants eux-mêmes lors du chantier pilote, dans le cadre de la démarche participative. Dans la pratique, les documents sont plutôt fournis par le chef de projet et éventuellement amendés et enrichis par les groupes des participants. Les raisons à cela sont :

- le manque d'expérience et le temps que mettraient les participants à élaborer des formulaires pertinents par apprentissage ;
- le privilège et l'avantage que l'on consentirait aux participants du chantier pilote qui pourraient élaborer les documents, par rapport aux participants des chantiers suivants qui en hériteraient ;
- les défis sous-jacents à inclure dans les formulaires, pour pousser les participants à aller plus loin ;

© Groupe Eyrolles

- le besoin de documents harmonisés et applicables à toutes les zones concernées dans l'entreprise.

L'expérience des praticiens montre que les formulaires en usage dans les différentes entreprises convergent tous vers des contenus similaires. Cette distribution est donc un gain de temps et d'énergie. Notons que l'élaboration des formulaires est rarement la phase favorite des participants, qui apprécient la fourniture de documents tout faits, ne serait-ce qu'à titre d'exemples.

À une fréquence que le groupe définit, les évaluations sont conduites par les membres du groupe. Il est indispensable que les auto-évaluations soient planifiées, les participants nommés et le planning affiché. Après chaque auto-évaluation les résultats sont affichés immédiatement sur les panneaux de l'espace communication. Des résultats insuffisants appellent des mesures correctives immédiates que le groupe décide et porte sur le plan d'action, lui aussi affiché. Hormis pour la première fois, le chef de projet ne devrait pas participer à l'auto-évaluation, laissant ainsi aux groupes toute leur autonomie, mais il viendra prendre connaissance des résultats dans l'espace communication.

La fréquence des contrôles doit être compatible avec les impératifs du travail ordinaire[1] (la mission première) des participants et cohérente avec le rythme de dégradation possible de l'environnement de travail. La régularité des contrôles est importante car elle donne une vision de la continuité des efforts en matière de 5S et évite que les individus ne s'accommodent de la situation, en perdant peu à peu leur sens critique, ne cherchent plus à poser des questions, à se lancer des défis et à améliorer la situation présente.

Les audits 5S

Un audit se définit comme une vérification de la conformité à des règles, à un référentiel. Le terme s'applique donc avec pertinence à notre

1. Il faudra néanmoins veiller à ne pas sacrifier ces rendez-vous réguliers avec l'impérative auto-évaluation 5S sous prétexte d'urgence ou de retards.

© Groupe Eyrolles

propos[1]. En effet, pour assurer la cohérence des auto-évaluations entre différents chantiers ou différentes zones, il est nécessaire de disposer d'une référence commune. Cette référence est en général double :

1. Le référentiel, un recueil des points à évaluer avec les critères et paramètres associés ainsi que le système de mesure et le plus souvent l'expression des niveaux attendus.
2. Une équipe de praticiens qui effectuent une évaluation contradictoire et indépendante de celle des participants. Ces évaluations conduites par une équipe (ou une personne) spécifique sont aussi appelées *audits*.

Le référentiel représente les tables de la loi, exprimant pour chaque thème des 5S et du projet de l'entreprise, les critères et paramètres à contrôler, ainsi que le niveau attendu pour chacun d'eux. Le référentiel comporte ou est associé à un système d'évaluation, le plus souvent présenté sous forme de grilles.

Les audits doivent assurer que les auto-évaluations dans les différentes zones sont cohérentes entre elles. Le référentiel commun n'y suffit pas forcément, notamment si la rédaction des critères et la formulation du questionnaire laissent une certaine part à l'appréciation individuelle. Les personnes chargées des audits, étant « toujours » les mêmes, elles auront une appréciation qui sera en générale identique d'une évaluation à l'autre.

La composition de l'équipe d'auditeurs doit être cohérente avec la taille de l'entreprise et l'importance que l'on donne au projet. Dans les petites structures, un seul auditeur suffit.

La création de l'équipe d'auditeurs est une opportunité de la créer multifonctionnelle, en intégrant par exemple, outre le chef de projet et animateurs 5S, un représentant de la maintenance, de la direction des ressources humaines, de la direction, du marketing et éventuellement un

1. Le terme est suffisamment employé dans les milieux professionnels (audit qualité, audit fournisseur, audit financier…) pour ne poser aucun problème de compréhension. Pour des compléments sur les méthodes d'audit, voir HOHMANN, 2004, ouvr. cité.

© Groupe Eyrolles

candide. Chacun ayant une sensibilité particulière selon son domaine d'expertise et trouvant durant l'audit à s'ouvrir à d'autres domaines.

La fréquence des audits sera fixée par les auditeurs, en fonction de l'avancement des 5S, du rythme du projet, des objectifs, etc. Le planning des audits, comme celui des auto-évaluations, doit être affiché et respecté. Le choix des dates ne devrait pas être fonction de l'intensité de l'activité, car les règles 5S sont applicables en permanence et pas uniquement lorsque l'activité est calme, ou encore lorsque le personnel n'a plus que les 5S pour s'occuper *utilement*.

Dans le même esprit, le respect des principes et des règles 5S devant être permanent, des audits « surprises » ne devraient ni perturber les audités ni conduire à des résultats plus mauvais que les audits planifiés. Toutefois, si les auditeurs souhaitent pratiquer des audits « surprises », il faut indiquer explicitement cette possibilité aux participants, dès le début du chantier.

Les auditeurs utilisent les mêmes outils que les acteurs des 5S durant leurs auto-évaluations. On attend cependant des auditeurs une rigueur et une certaine sévérité. La rigueur démontre le soin porté à cette évaluation complémentaire. De manière générale, toute évaluation doit être conduite avec soin, par respect pour les efforts qui ont été entrepris par les participants. La sévérité incite les participants à repousser les limites, à améliorer leurs performances. On s'attend par conséquent à ce que :

1. Les auditeurs aient une compétence et une expérience en matière de 5S, qui leur confèrent de la légitimité dans leur rôle. Un seul expert dans le groupe d'auditeurs est suffisant, le chef de projet par exemple, à condition que celui-ci participe bien aux audits et encadre les auditeurs novices.
2. Le résultat d'audit prime sur les résultats d'auto-évaluation, une règle qui devra être énoncée très clairement, dès le début du chantier.

Notons que les audits peuvent également s'envisager comme des validations successives, par lesquelles les auditeurs estiment que, sur un

© Groupe Eyrolles

thème, le niveau minimum requis est atteint et par conséquent autorisent le travail sur le thème suivant. Exemple : le thème « trier et débarrasser » est validé, le thème suivant sera « ranger ».

Confrontation auto-évaluations – audits

Les résultats des audits sont, comme les auto-évaluations, affichés tout de suite dans l'espace communication. Il est important que les évaluateurs et les auditeurs exploitent les mêmes documents, pour confronter et analyser les résultats des uns et des autres.

Trois situations peuvent se présenter :

1. Les évaluateurs sont plus sévères que les auditeurs.
2. Les auditeurs sont plus sévères que les évaluateurs.
3. Les résultats sont similaires.

La première situation, dans laquelle les évaluateurs sont plus sévères que les auditeurs, peut se rencontrer, mais doit rester anecdotique, sans quoi il faut envisager de recomposer l'équipe d'auditeurs. En effet, la compétence et la légitimité des auditeurs, voire le sérieux du projet tout entier finirait par être mis en cause.

Le deuxième cas, dans lequel les auditeurs sont plus sévères que les évaluateurs, devrait se trouver fréquemment, au moins tant que les participants n'ont pas exploité tous les potentiels d'amélioration et qu'ils n'ont pas acquis une expérience des 5S suffisante. Le résultat de l'audit primant sur celui de l'auto-évaluation, le groupe de travail est tenu de proposer rapidement un plan d'action pour tout résultat en dessous du niveau minimum requis.

Ainsi, si le critère « ordre et rangement » noté 12/20 est jugé « insuffisant », alors que le minimum attendu est de 14/20, les membres du groupe doivent proposer une action corrective structurée. Ce même point devra être réévalué par les auditeurs lors du prochain audit. Si l'intervalle entre deux audits est trop important, au-delà de deux ou trois semaines, il est préférable de déléguer la réévaluation au chef de projet, qui agit sur ce point en lieu et place de l'équipe d'audit. Outre

© Groupe Eyrolles

l'exigence d'une action corrective, le chef de projet ou les animateurs exploiteront les écarts entre les résultats et les objectifs pour stimuler, challenger les acteurs pour réduire ces écarts.

L'audit n'est ni un procès ni une punition. Les auditeurs s'attacheront donc à valoriser les points satisfaisants et à souligner les *potentiels d'améliorations* qu'ils ont décelés. À terme, il faut que les résultats des auto-évaluations et les résultats des audits convergent, faute de quoi il faut s'inquiéter du manque de progrès du groupe.

Le troisième cas, dans lequel les résultats sont similaires, démontre la pleine maturité des participants et si les résultats sont durablement similaires, l'autonomie du groupe. On peut alors réviser la fréquence des audits à la baisse, témoignant ainsi du supplément de confiance accordée au groupe. Je déconseille cependant l'abandon total des audits.

Prix, trophées et récompenses

L'atteinte des objectifs, des niveaux attendus lors des audits peut donner lieu à une remise de prix, de trophées, de certificats ou de récompenses au cours d'une petite cérémonie. C'est l'occasion pour la direction de montrer à la fois son intérêt et sa satisfaction quant aux résultats obtenus. Pour les participants, c'est la reconnaissance de leurs contributions et de leurs performances, ainsi qu'une occasion de côtoyer les directeurs dans un contexte favorable. Les certificats ou lettres de la direction sont affichés sur le tableau de l'espace communication.

Les formulaires d'évaluation

Les formulaires d'évaluation sont des supports communs à l'auto-évaluation et aux audits. Ils doivent être simples et pratiques, pour une utilisation par tous les personnels sur le terrain. On choisira des formulations simples et sans ambiguïté. Le système de notation associé doit lui aussi être simple et fournir un résultat représentatif, objectif et cela rapidement et sans besoin de recours à des calculs complexes.

© Groupe Eyrolles

Conseil

Dans les grilles d'évaluation, on évitera de donner la possibilité de choisir une note médiane. L'expérience montre que si les critères d'appréciation sont disposés selon un nombre impair de catégories, une majorité de réponses sera pile dans la médiane, ce qui se révèle parfaitement inexploitable.

Exemple de grille d'évaluation sans position médiane :

Tableau 22

Critère	- Note +			
	1	5	7	10
Tous les dossiers utiles sont à un seul endroit				
Il existe un dossier unique par projet				
On trouve un document ou une information en 30 secondes maximum				

Dans cet exemple, les notes s'échelonnent entre 1 (le moins bon) à 10 (le meilleur) en quatre intervalles. Un cinquième intervalle « au milieu » aurait permis aux évaluateurs de *ne pas se mouiller* en choisissant la position médiane. Les 5S étant le plus souvent déployés S par S, des évaluations sont conduites après chaque étape, ce qui requiert des formulaires spécifiques à chaque thème.

Les exemples suivants sont donnés pour chaque thème et formulés avec des affirmations qui représentent l'état idéal. L'évaluation porte ainsi sur l'écart par rapport à cet idéal. Il faut alors préciser le sens de la notation :

© Groupe Eyrolles

- la note maximale sanctionne la conformité à l'idéal

ou

- la note maximale sanctionne le démérite par rapport à l'idéal.

Tri-débarras

Tableau 23

Auto-évaluation 5S	**Zone :** **Date :** **Évaluateurs :**	
Tri – débarras	**Note**	**Remarques**
Les abords de la zone sont propres et dégagés		
Tous les objets dans la zone de travail sont nécessaires à son exécution		
La zone de travail est exempte de déchets, de restes et de rebuts		
Les objets fréquemment utilisés sont placés à proximité		
Les objets peu utilisés sont hors de la zone de travail		
Tout ce qui concerne le travail précédent a été dégagé : pièces, outils, documents…		
Les documents de travail (procédures, modes opératoires, formulaires…) sont au poste et à jour		

© Groupe Eyrolles

Rangement et identification

Tableau 24

Auto-évaluation 5S	**Zone :** **Date :** **Évaluateurs :**	
Rangement et identification	**Note**	**Remarques**
Les différentes zones sont marquées et identifiées		
Les indications et consignes de sécurité sont en place et visibles		
Les organes de commande et de contrôle sont repérés, les indications lisibles/compréhensibles		
Les stocks et encours ne débordent pas de leurs zones réservées		
Les bacs, caisses, palettes, produits sont identifiés, on connaît leur provenance et leur destination.		
Ce qui est dans les contenants ou dans les zones correspond bien aux indications		
Livres, classeurs et document sont étiquetés et rangés au bon emplacement		

© Groupe Eyrolles

Nettoyage

Tableau 25

Auto-évaluation 5S	**Zone :** **Date :** **Évaluateurs :**	
Nettoyage	**Note**	**Remarques**
Les abords de la zone sont propres et dégagés		
Les sols sont propres, régulièrement lavés		
La zone de travail est exempte de déchets, de restes et rebuts		
Le dessus du mobilier est dépoussiéré		
Les classeurs sont repérés, rangés dans le bon endroit, dans le bon ordre		
Les tableaux effacés sont propres, les tableaux papier ont encore suffisamment de papier, ils sont prêts à un nouvel usage		
Tout ce qui concerne le travail précédent a été dégagé : pièces, outils, documents…		
Variantes informatiques		
Les disques durs sont régulièrement défragmentés et nettoyés		
Les fichiers temporaires et les essais sont effacés lorsqu'ils sont inutiles		

© Groupe Eyrolles

Maintien des règles et standards

Tableau 26

Auto-évaluation 5S	**Zone :** **Date :** **Évaluateurs :**	
Maintien des règles et standards	**Note**	**Remarques**
Les coffrets électriques sont verrouillés		
Tous les objets dans la zone de travail sont nécessaires à l'exécution du travail		
La zone de travail est exempte de déchets, de restes et rebuts		
Les objets fréquemment utilisés sont placés à proximité		
Les objets peu utilisés sont en dehors de la zone de travail		
Tout ce qui concerne le travail précédent a été dégagé : pièces, outils, documents…		
Les documents de travail (procédures, modes opératoires, formulaires…) sont au poste et à jour.		
Une *check-list* des tâches 5S journalières, hebdomadaires et mensuelles existe et est utilisée		
Les tableaux d'affichage et communication sont en place, organisés et tenus à jour		
Variantes informatiques		
Les programmes antivirus sont mis à jour régulièrement		
Les sauvegardes de données sont programmées et ont lieu périodiquement		
Les codes de sécurité et d'accès sont régulièrement changés		

© Groupe Eyrolles

Progrès continu

Tableau 27

Auto-évaluation 5S	**Zone :** **Date :** **Évaluateurs :**	
Progrès continu	**Note**	**Remarques**
La hiérarchie n'est plus nécessaire au maintien des activités et des performances 5S		
L'équipe procède régulièrement et de manière autonome à des activités 5S		
Les standards et règles évoluent régulièrement		

Dans l'exemple suivant, la notation est pondérée en fonction :

- soit de l'importance donnée au thème ;
- soit de la maturité du thème sur la zone évaluée ;
- soit de la difficulté relative à atteindre et maintenir les standards dans cette zone.

Sur ce dernier point par exemple, on mettra un coefficient différent pour l'évaluation de l'atelier de fonderie et pour l'évaluation des bureaux.

© Groupe Eyrolles

Tableau 28

Auto-évaluation/Audit 5S	**Zone :** **Date :** **Évaluateurs :**						
Thème : Nettoyage	**Note**				Coefficient	Total	**Remarques**
	0	5	10	20			
Les abords de la zone sont propres et dégagés							
Les sols sont propres, régulièrement lavés							

La patrouille 5S

La patrouille 5S est une formule hybride entre auto-évaluation et audit, que nous avons pratiquée. Sous l'égide du responsable qualité, également « gardien des 5S » dans l'entreprise, certains managers, agents de maîtrise ou chefs d'équipes furent désignés à la fois responsables des 5S dans leur secteur, mais aussi auditeurs lors des patrouilles. Pour intégrer l'ensemble du personnel à la démarche, un roulement de deux opératrices joignait la patrouille chaque mois, en tant que *candide* invité.

L'intégration des opératrices leur permettait de :

- participer à l'évaluation ;
- voir et vivre de l'intérieur le déroulement de l'audit ;
- apporter la vision opérationnelle et de terrain aux évaluateurs ;
- témoigner, lors de leur retour dans leurs sections du déroulement de l'évaluation par la patrouille.

La patrouille disposait de fiches d'évaluation, qui étaient en même temps le référentiel, construit à partir des règles 5S générales et des règles spécifiques, dictées par l'entreprise.

© Groupe Eyrolles

À une paire de patrouilleurs étaient assignés plusieurs secteurs à auditer. Deux patrouilles pouvaient auditer un même secteur. Le planning des patrouilles veillait à ce que les auditeurs évaluent tous les secteurs au fil des mois. À la fin de l'audit, les fiches d'évaluation portant les notes face à chaque critère, ainsi que les remarques éventuelles étaient mises en commun et discutées par les patrouilleurs. Le responsable qualité recueillait ensuite l'ensemble des fiches et calculait pour chaque secteur, la note globale obtenue. Le tableau récapitulatif des résultats était affiché.

Des demandes d'amélioration 5S pouvaient être émises au besoin, enjoignant les responsables concernés à se pencher sur un point d'amélioration précis, à répondre de manière concrète et avec un engagement sur un délai.

LA VISITE 5S À LA MANIÈRE D'UN CONSULTANT

Un client[1] en visite de pré-qualification chez un candidat fournisseur, ou un consultant visitant la première fois les installations d'un prospect, va chausser ses « lunettes 5S » en accompagnant son hôte. Dans les deux cas, un retour à chaud est attendu à l'issue de la visite, éventuellement complété par un rapport écrit plus complet envoyé plus tard.

Contrairement aux audits ou aux patrouilles 5S, les observations durant ces visites ne peuvent généralement pas se baser sur des formulaires. Les praticiens doivent donc avoir une certaine expérience, savoir observer et capter les bons et mauvais points lors de la visite. De même, la prise de notes n'est pas toujours possible ou aisée ; il faut alors noter mentalement les éléments les plus significatifs pour la restitution ultérieure.

1. Ce rôle échoit le plus fréquemment aux acheteurs, aux spécialistes de la production, de la logistique et de la qualité ou à une équipe composite. Voir Ch. HOHMANN, *Audit combiné Qualité/Supply Chain*, ouvrage cité.

© Groupe Eyrolles

Les fournisseurs souhaitant faire affaire avec le client redoutent cet exercice, car la première impression influence fortement le processus d'évaluation. Le prospect qui reçoit un consultant est, quant à lui, généralement intéressé par le retour à chaud du spécialiste. C'est d'une part une évaluation gratuite et sans obligations, d'autre part le moyen de vérifier la pertinence des observations du praticien avec lequel l'entreprise pourra éventuellement travailler.

La visite débute à partir du hall d'accueil ou d'un bureau, lieux qui fournissent éventuellement quelques éléments sur la tenue des locaux, la propreté, le rangement. Dès le passage de la première porte, on peut évaluer si des mesures de sécurité préventives ont été prises :

- Puis-je voir s'il y a quelqu'un derrière la porte ?
- Y a-t-il un risque de se prendre la porte sur le nez si quelqu'un l'ouvre de l'autre côté ?
- Lorsque je franchis cette porte, y a-t-il un risque de se faire heurter par quelqu'un qui circule ou pire par un chariot élévateur en mouvement ?

Les portes en verre sont rares, celles incorporant un hublot un peu plus courantes. De nombreuses entreprises ont mis en place des garde-corps qui empêchent les personnes sortantes de passer tout droit, à l'instar de ce qui se fait aux sorties des écoles pour éviter aux enfants de se précipiter sur la route. Ces garde-corps sont également des obstacles à la circulation des engins de manutention, donc des protections pour les piétons.

En suivant le guide, généralement un cadre responsable de l'entreprise, il est intéressant de vérifier son comportement :

- Respecte-t-il les règles, comme par exemple le port de chaussures de sécurité et les voies de cheminement ?
- Les fait-il respecter à son visiteur ou lui accorde-t-il un passe-droit ?
- Fait-il une remarque à un employé qui enfreint visiblement une règle ?

© Groupe Eyrolles

On attend évidemment un comportement exemplaire et qui ne soit pas que de circonstance !

Tout en suivant le guide et ses explications, on peut repérer les extincteurs et les RIA (Robinets Incendie Armés) :

- Sont-ils visibles ?
- Sont-ils accessibles sans obstacles ?
- Sont-ils en bon état apparent ?
- Les seaux et bacs à sable sont-ils exempts de déchets ?

Il faut noter l'habitude malheureusement assez répandue de se servir de ces derniers comme poubelles. On y trouve souvent de vieux chiffons, des gobelets usagés, des papiers, etc.

Plus généralement, on jaugera la tenue des locaux et le maintien en état des équipements :

- Les machines sont-elles visiblement nettoyées et réparées ?
- Les coffrets électriques sont-ils intègres et verrouillés ou ont-ils été détériorés ?
- Qu'en est-il des prises électriques, des goulottes et passages de câbles, sont-ils en bon état ?
- Les différents tuyaux et câbles traînent-ils à terre ou sont-ils disposés et fixés de manière à ne pouvoir s'y prendre les pieds ou s'y accrocher en passant ?
- Voit-on des bouteilles ou des gobelets sur des coffrets ou appareils électriques ?
- Plus généralement, peut-on voir des effets personnels dans la zone de travail (vêtements, sacs, sachets…) ? Voit-on de la nourriture ?
- Les sols sont-ils en bon état ?
- Les murs sont-ils abîmés par des coups de fourches de chariots élévateurs ?
- Voit-on des poubelles ou conteneurs à déchets ? Sont-ils visibles et sont-ils identifiés quant à leur usage (déchets spéciaux, banals…) ?

© Groupe Eyrolles

Durant le trajet, on évalue les éléments de management visuel : marquages, identifications, localisations, etc. en jouant le rôle du martien (voir ce chapitre) et en se posant les questions de base du martien :

- Puis-je « survivre » dans cet environnement ?
- Est-ce que je comprends ce qui se passe par la simple observation ?
- Est-ce que je pourrais contribuer aisément au travail, même si personne ne peut m'expliquer dans ma langue ?

Par la même occasion, on vérifiera le respect des zones de stockage et le dégagement des voies de circulation.

Les hauteurs limites pour l'empilement des conditionnements sont-elles indiquées ? Si non, on demandera à l'accompagnateur s'il existe une règle en la matière et on vérifiera si elle est respectée.

La visibilité est un facteur de sécurité important. Il ne faut pas risquer de se faire heurter ou renverser au détour d'une pile de cartons ou d'une colonne de palettes. Tout personnel travaillant isolément dans un local ou dans un îlot doit être visible, afin qu'en cas d'incident ou de malaise, on puisse s'en rendre compte et lui porter secours.

Les empilements sont-ils sûrs ou voit-on des palettes en porte-à-faux gerbées en hauteur par exemple ? Qu'en est-il des conditionnements vides ? Y a-t-il des amoncellements de caisses, de cartons ou de palettes vides ? Quelle est la durée moyenne de leur stationnement ?

Les personnels sont-ils astreints à porter des tenues particulières, à des règles d'hygiène spécifiques ? On posera la question à l'accompagnateur, même si selon le secteur d'activité la réponse tombe sous le sens. En effet, il est possible que l'entreprise ait mis des règles complémentaires et/ou plus sévères que les règles usuelles ou, à l'inverse, qu'elle consente des tolérances. Il est important de les connaître et aussi de comprendre pourquoi et comment ces aménagements se sont faits. Une fois ces éléments clarifiés, on peut vérifier au cours de la visite si les tenues et règles sont respectées.

L'observation des gestes et postures des personnels est également intéressante, surtout si des affiches sur ces thèmes sont visibles. Pratique-

© Groupe Eyrolles

ment toutes les entreprises organisent des stages « gestes et postures » pour former leurs personnels aux bonnes pratiques en matière de maintien corporel et d'« ergonomie personnelle ». Ces formations sont avant tout destinées à protéger les personnels et leur éviter des problèmes de santé à long terme. Or dans la grande majorité des cas, on peut voir que les personnels ne mettent pas les bons gestes en application.

Durant une visite de ce type, où l'on ne connaît pas encore l'entreprise, il ne faut pas hésiter à poser des questions. Je recommande l'emploi de questions ouvertes ou, selon mon habitude, l'exposé de *points d'étonnements* (une forme de questions ouvertes) auxquels mon interlocuteur est invité à répondre.

Plutôt que d'utiliser la formulation « N'y a-t-il pas une tenue spécifique imposée ? » qui sous-entend un jugement de valeur et va probablement déclencher une réponse de justification, je préfère : « Je m'étonne de la diversité des tenues. » Cette formulation est moins agressive, indique que l'observateur a bien noté la diversité, mais cherche à savoir si celle-ci se justifie plutôt que de porter un jugement. L'interlocuteur sera généralement plus ouvert (et plus disert) avec cette seconde approche.

Attention à l'emploi des affirmations. Je me souviens d'une visite durant laquelle je faisais remarquer à mon hôte une opératrice qui ne portait pas de chaussures de sécurité. En fait, elle en portait bien, mais plus habitué aux massifs modèles masculins, j'ignorais tout de l'éventail des gammes féminines !

Au cours de la visite, de nombreux indices peuvent apporter des indications sur le respect des règles : numéros de lot ou dates de fabrication dans le respect des files d'attentes, quantités par conditionnements, hauteur limite d'empilement, etc.

La couche de poussière est un indicateur visuel de stagnation de pièces ou d'emballages auquel les chasseurs de stocks sont attentifs. En termes de 5S, cela amène également des questions :

- Combien de temps ce stockage est-il prévu ?
- Est-ce le bon endroit pour stocker ?

© Groupe Eyrolles

- Peut-on éliminer ou éloigner ce stock s'il ne sert pas, etc. ?

L'observation des personnels à leurs postes est également intéressante :

- Y a-t-il des déplacements fréquents et distants ?
- Les objets à saisir sont-ils à portée de main, maximum à portée d'un bras tendu ?
- Voit-on des pertes de temps par recherches ?
- Les postes sont-ils dégagés et propres, y compris durant l'exécution du travail ?

On ne peut citer exhaustivement tous les cas et exemples. On a intérêt à s'inspirer des *check-lists* ou fiches d'audit 5S, ainsi que des techniques d'observations dans le cadre de recherche de productivité[1]. Chaque praticien développe ses propres *réflexes* au fur et à mesure de l'accroissement de son expérience.

1. Christian HOHMANN, *Techniques de productivité*, ouvrage cité.

© Groupe Eyrolles

Chapitre 8

Ancrer les 5S dans la durée

Everybody, Everywhere, Everyday[1]

Lors du déploiement des 5S, il est important de ne pas s'arrêter en chemin. Les divers bénéfices de la méthode ont été démontrés durant les chantiers pilotes. Il s'agit maintenant de répliquer et de transposer ce qui a été expérimenté durant les chantiers pilotes au quotidien, à la fois dans l'espace et dans le temps.

La réplication dans d'autres zones est simple, il suffit de reprendre la même démarche avec de nouveaux groupes et les faire travailler sur leurs zones. La réplication dans le temps, dans une même zone des pratiques instituées lors des chantiers pilotes est plus délicate. Le premier handicap est que les 5S ne présentent plus l'attrait de la nouveauté. Le second est que bien souvent, dans la phase de déploiement initial, la direction consent assez largement à ce que les opérateurs passent du temps à ces activités. Passé la phase d'initiation, ce temps est le plus souvent réduit en durée, mais aussi en fréquence de réunions ou de chantiers.

Pour que la mise en action persiste au-delà du chantier pilote, il est important de faire preuve de pragmatisme et d'encourager les actions immédiates, aux délais de réalisation courts. Les *blitz* répondent bien à ces exigences.

1. Tout le monde, partout, tout le temps. Les 5S ne sont pas destinés à être des activités ponctuelles ou bouche-trou. Cette expression est tirée d'un article en anglais, elle est intéressante par la relative homophonie des mots qui en fait un bon moyen mnémotechnique.

© Groupe Eyrolles

Par ailleurs, le « contrat » initial entre direction et chef de projet lors du lancement du projet devrait être de faire deux tours de roue PDCA complets au minimum :

- un pour expérimenter le concept et faire la preuve de son efficacité ;
- le deuxième pour prouver que l'on peut encore améliorer la situation !

Ce contrat engage la direction et le chef de projet sur une durée minimale.

PASSER LE SEUIL DU 3e S

Les trois premières phases (ou trois premiers S) sont liées à des actions très concrètes, sur le terrain. Elles conviennent bien aux populations habituées à la mise en œuvre pratique. Les résultats se voient rapidement et sont souvent spectaculaires.

Les quatrième et cinquième S sont d'avantage des activités de réflexion et de formalisation, dans lesquelles ces mêmes populations auront peut-être plus de mal à se lancer. Les résultats peuvent mettre un certain temps à apparaître et sont moins directement visibles. L'animateur doit veiller à ce que les participants ne se démobilisent pas pendant ces deux phases fondamentales pour la pérennité des actions déjà entreprises et des résultats atteints.

L'expérience recommande de valoriser d'abord les progrès accomplis : « après avoir rangé et maintenu la propreté, les postes de travail et la zone du chantier conservent un aspect correct de façon continu ». Puis l'animateur pointe les potentiels d'amélioration :

- les activités 5S de base nécessitent encore des ordres de la hiérarchie, une autorité est encore nécessaire pour que les choses soient faites correctement ;
- on ne sait pas toujours qui fait quoi et comment, faute de règles et procédures ;

© Groupe Eyrolles

- la saleté réapparaît, il faudrait songer à éliminer les causes plutôt que les conséquences.

Il faut donc formaliser la manière de procéder en se dotant de règles et en s'engageant à les respecter et les faire respecter. Les acteurs sont alors sollicités pour élaborer leurs règles, lors d'une session de travail 5S. Le meilleur moyen de rendre ces travaux pratiques et ludiques est :

- d'utiliser le dessin ou le collage pour rédiger les règles sous forme imagée (bande dessinée par exemple) ;
- d'animer des sessions de brainstorming ;
- d'inviter un Martien ;
- de réaliser des maquettes pour les futurs panneaux de communication ;
- etc.

Après avoir formalisé les pratiques et doté la zone de règles, l'évolution doit se mesurer à ces éléments :

- l'aspect de la zone est correct de façon continue ;
- les règles sont clairement définies, visibles et respectées ;
- les activités 5S sont réalisées couramment, sans intervention de la hiérarchie.

À ce stade, l'équipe est mûre pour progresser selon les principes de l'amélioration continue.

Les étapes immédiatement suivantes consistent à :

- stabiliser les résultats, afin qu'il n'y ait pas de dégradations, de retour même temporaire à un état proche de la situation antérieure ;
- se donner des objectifs de progrès, afin d'entretenir une dynamique de progrès permanent.

Bien que dans les milieux professionnels les potentiels d'amélioration soient quasi infinis, les groupes peuvent peiner à trouver de nouveaux thèmes de travail ou de nouveaux objectifs à atteindre. L'animateur va alors les stimuler au travers de nouveaux défis.

© Groupe Eyrolles

MULTIPLIER LES DÉFIS

La plupart des individus prennent les situations ou les environnements qu'ils côtoient comme des données constantes et ne pensent pas spontanément à les remettre en question pour les améliorer. Pour cette raison, ainsi que pour stimuler les groupes 5S en panne d'inspiration, l'animateur peut proposer, idéalement au travers d'animations de type *blitz*, des thèmes et des défis comme par exemple :

Tableau 29

Thème	Défi
Trier	• De quoi peut-on se débarrasser pour gagner 10 % de surface ? • Comment supprimer 10 % de formulaires papier ?
Ranger	• Comment ranger pour être sûr de trouver tel document ou tel outil en moins de 30 secondes ? • Où ranger pour atteindre un document ou objet d'usage fréquent en moins de 10 pas ?
Nettoyer	• Comment s'assurer qu'en trois minutes de nettoyage quotidien, telle machine reste dans un état de propreté impeccable ?
Standardiser	• Comment rédiger des notes pertinentes et synthétiques qui tiennent en une seule page ? • Comment éviter d'avoir à utiliser plusieurs outils, par exemple deux types de tournevis, ou tailles de clés plates ?
Progresser	• Comment s'assurer que tout dossier soit traité en un jour ? • Comment supprimer les besoins de copies multiples d'un document ?

Notons que la standardisation suivra tout naturellement toute modification des pratiques et que ces défis constituent en eux-mêmes du *suivi et progrès.*

© Groupe Eyrolles

UN ITINÉRAIRE FAIT DE PETITES ÉTAPES

Afin que le projet 5S s'inscrive dans la durée, il faut veiller à suivre un itinéraire fait de petites étapes. Ceci pour conserver la motivation et l'intérêt des participants par des étapes suffisamment courtes pour que chacun puisse en voir l'aboutissement rapidement. Chaque défi relevé avec succès est une petite victoire qu'il faut souligner.

> N'oublions pas que les premières actions apportent des résultats importants tout en étant les plus faciles à mener. Les étapes suivantes, dont les résultats sont plus difficiles à obtenir, pourraient décourager les participants.

La démarche PDCA, rappelée dans le tableau (30) ci-dessous se prête à merveille à cet exercice. Je recommande de l'appliquer systématiquement.

Tableau 30

Phases	Objectifs
Planifier, Prévoir	• Diagnostiquer • Fixer un objectif • Établir le plan d'action
Déployer, faire comme on l'a prévu, exécuter	• Appliquer le « plan »
Contrôler, vérifier le résultat, mesurer, constater	• Évaluer, mesurer les écarts • Analyser les écarts, résoudre les problèmes
Avancer, réagir	• Corriger • Pérenniser et formaliser • Se fixer de nouveaux objectifs plus ambitieux • Recommencer un nouveau cycle

© Groupe Eyrolles

La notion d'étapes suppose que l'on sache valider l'atteinte de l'objectif d'étape, ou à défaut d'objectif, valider le franchissement de l'étape. Il faut également savoir acquitter une action terminée, d'où l'importance de définir un moyen de mesure de la satisfaction apportée par l'action (voir l'établissement d'un plan d'action, p. 339).

Il est important de marquer le franchissement des étapes. Ainsi, dans certains projets, lorsqu'un chantier passe avec succès la dernière étape du déploiement, la zone ou l'équipe obtient un label ou un trophée. Cette étape est alors célébrée par une petite cérémonie à laquelle un ou plusieurs membres du comité de direction participent. À l'inverse, dans certains cas il faut savoir abandonner si les résultats ne peuvent être atteints ou si la piste suivie mène à une impasse.

La notion d'étapes suppose également une gradation dans la difficulté et par conséquent une gradation dans la sévérité des évaluations.

Les petits défis sont motivants, car ils jouent sur la dynamique : effort = récompense. Songez aux jeux vidéo dont le déblocage du niveau supérieur et l'accès à de nouvelles situations et de nouveaux défis supposent d'atteindre les objectifs du niveau en cours. Les joueurs persévèrent car ils sont très curieux de découvrir *ce qui vient après*.

L'INDISPENSABLE COMMUNICATION

Le progrès ne vaut que s'il est partagé par tous.

SLOGAN PUBLICITAIRE SNCF

Dans le projet 5S, les efforts de communication sont un élément d'animation et de pérennisation très important. En se gardant de faire de la démagogie, il est nécessaire de valoriser les résultats obtenus et de reconnaître les efforts et les contributions des participants. C'est pour les personnels, notamment ceux occupant les postes les plus modestes dans l'organisation, un facteur de fierté et de motivation. La diffusion des

© Groupe Eyrolles

informations et des résultats est également un moyen de promotion des 5S et du projet de l'entreprise.

Cette communication est à destination des participants eux-mêmes, ainsi que pour informer les autres (collègues, hiérarchie, visiteurs...) des activités dans la zone. La communication permet à tous, participants ou non, de partager la connaissance autour des progrès réalisés. Elle doit être déléguée aux acteurs du projet, afin qu'ils s'approprient l'ensemble des outils et qu'ils fassent vivre les 5S par eux-mêmes. Pour cela, il faut qu'elle soit simple et efficace.

La communication visuelle

Dans le contexte professionnel, la vue est certainement le plus sollicité de nos cinq sens. Il est donc logique de privilégier la communication visuelle : photos, schémas, graphiques, textes brefs, tableaux d'affichages numériques, etc.

L'avantage de la communication visuelle est de s'affranchir des contraintes liées à l'écrit. La concision du message contenue dans une seule image, la vitesse du décodage et de la compréhension du message, les symboles compréhensibles quelles que soient les langues et cultures, etc., permettent une assimilation quasi immédiate.

Les pictogrammes utilisés dans le code de la route en sont une bonne illustration :

- symboliques, leur apprentissage est très court voire inutile ;
- peu importe que le conducteur ne maîtrise pas la langue locale, tant que la part de l'écrit reste insignifiante ;
- concis, ils permettent une vitesse de décodage et d'interprétation compatible avec la vitesse du véhicule.

Ces symboles sont tellement connus qu'ils servent souvent hors du contexte routier : panneau sens interdit ou stop, utilisation des feux tricolores, etc.

D'autres applications utilisent des pictogrammes : la signalétique de sécurité, les affichages des gares et aéroports et lieux publics (points de

© Groupe Eyrolles

rassemblement, téléphones, ascenseurs, toilettes, sorties...) ou encore le recours aux icônes dans les interfaces informatiques.

Les éléments de communication visuelle sont disposés sur le lieu de travail et informent ou rappellent des points importants, telles les règles et bonnes pratiques, les dispositions relatives à la sécurité ou à la qualité du travail. Pour être efficaces, ces informations doivent être concises, explicites et peu nombreuses.

Exemples

Le mode opératoire de mon petit meuble en kit ne comporte aucune indication écrite, tout est expliqué par des schémas et des illustrations explicites. Ce modèle de concision est utilisable par une personne étrangère ou analphabète. Le fabricant économise les frais de traduction, de gestion et d'impressions dans les différentes langues et peut jouer sur l'effet de volume pour mieux en négocier les coûts d'impression.

Forme et éléments de communication

La communication sert à rappeler le sens et les buts des actions quotidiennes, à informer en permanence de l'avancement du projet et des tâches, sur le lieu de travail.

Michel Greif[1] propose trois règles fondamentales du pilotage visuel, dont les usages et exemples sont résumés dans le tableau suivant :

1. GREIF Michel, *L'usine s'affiche, la communication visuelle au service du progrès*, Éditions d'Organisation, Paris, 1992.

© Groupe Eyrolles

Tableau 31

Règle	Usage	Exemples
Voir ensemble	Connaître et comprendre la situation telle qu'elle est, ce qui va et ce qui ne va pas	Absentéisme, avancement du travail, niveaux des stocks, arrêts programmés…
Savoir ensemble	Partager la connaissance des règles, des objectifs	Règles de vie et de sécurité, les plannings et programmes de livraisons…
Agir ensemble	Obtenir le consensus sur les actions à entreprendre collectivement, sur les objectifs et la participation aux activités de progrès permanent	Comportements, interventions à mener, corrections à apporter, mesures préventives, etc.

Les usages de cette communication visuelle vont donc dicter quels éléments y intégrer, à destination d'un public très large. La communication autour des activités 5S se fait traditionnellement sur des panneaux d'affichage, eux-mêmes disposés dans un espace communication réservé à cet effet ou combiné avec l'espace détente. Il est important de placer les tableaux dans les lieux fréquentés ou sur un passage, car devoir se déplacer vers l'information sera rapidement la cause du désintérêt des « lecteurs » potentiels.

L'affichage devrait comporter au minimum :

- le rappel des objectifs ;
- les indicateurs à jour, ainsi que le dernier rapport d'évaluation ;
- le plan d'actions avec la mention du responsable pour chaque action, la date limite à laquelle l'action doit être achevée, l'état d'avancement ;
- le planning des activités de routine, comme le nettoyage, avec mention des personnels en charge.

La liste des suggestions peut s'intégrer dans le plan d'action ou être gérée à part. Toutefois, les suggestions, les questions et les réponses en

© Groupe Eyrolles

retour doivent figurer sur les panneaux, car le système de communication doit servir à échanger de manière interactive et non seulement à pousser de l'information vers les lecteurs.

Les 5S étant un moyen pour les équipes de constituer un esprit communautaire, il est fréquent de trouver sur les tableaux une photo de l'équipe, qui identifie visuellement les membres du groupe. L'appropriation de leur espace par les acteurs peut aussi se concrétiser par l'affichage d'un plan indiquant les limites de leur territoire.

Le partage des informations factuelles par la communication visuelle est une pratique participative qui évite les interprétations et malentendus. Face à un refus de la hiérarchie, la réaction classique du demandeur frustré est de soupçonner son supérieur d'abuser arbitrairement de son pouvoir. Avec la communication participative et ouverte, l'évidence apparaît clairement : « *Ce n'est pas le chef qui refuse mais la situation qui l'impose* [1]. »

Par ailleurs, les règles et les standards affichés sont un point d'appui pour leur application, mais aussi une invitation à les améliorer. La matière affichée est vivante, elle sert à la fois à l'appropriation et à la critique.

Anecdote

Au-delà du cadre des 5S, l'affichage des grilles de compétences, passé quelques contestations, conduit à une saine émulation. En effet, les personnels avec le niveau de compétences le plus élevé se sentent reconnus et valorisés, les autres aspirent à les rattraper pour ne pas rester en retrait !

1. GREIF Michel, ouvr. cité.

© Groupe Eyrolles

Faire simple et attractif

Les personnels impliqués doivent se charger eux-mêmes de la communication autour de leurs travaux et résultats. Parce qu'ils disposeront de moyens et de temps limités, il faut que la communication soit simple mais également suffisamment attractive pour intéresser les autres personnels. Le chef de projet pourra être directif sur le fond et laisser s'exprimer la créativité sur la forme. À lui de vérifier si l'uniformisation des affichages 5S dans l'entreprise est souhaitable ou si au contraire, la variété des formes constitue un élément attractif, stimulant la curiosité d'aller voir le tableau des voisins. Il est à noter que parmi les éléments attractifs, les photos avant/après obtiennent toujours un succès certain.

Pour structurer un *espace communication*, on peut utiliser le mot mnémonique ESPACE, signifiant :

- **E**space : un lieu réservé, dédié à cet usage, identifié et connu de tous.
- **S**imple : compréhensible et « décodable » par tous, sans nécessiter trop d'efforts qui décourageraient.
- **P**arlant : les éléments qui y figurent doivent être significatifs et porter un message tout en restant concis. Les visiteurs auront souvent peu de temps à passer dans cet espace, il faut qu'ils puissent capter l'essentiel rapidement.
- **A**ccueillant/**A**ttractif : l'espace doit être facilement accessible, idéalement situé dans un lieu de passage. Il faut pouvoir s'y rendre librement (pas de lieu clos). L'endroit doit donner envie de s'y rendre : être propre, éclairé, sans risque ni nuisances (odeurs, bruits, température, dangers…).
- **C**onvivial : l'espace doit être propice aux rencontres et aux échanges. C'est là que l'on tiendra les réunions des groupes de travail. La communication est bidirectionnelle, il doit être possible d'y apporter du savoir et des suggestions à partager.
- **É**volutif : l'espace doit s'adapter aux usages et aux visiteurs. Il ne faut pas hésiter à le faire évoluer pour qu'il garde son attractivité et son caractère opérationnel. Par ailleurs, les contenus doivent

© Groupe Eyrolles

évoluer en fonction de la situation (résultats obtenus, avancement du projet, etc.).

« Pour encourager les échanges, des "îlots verts" ont fleuri dans les ateliers : de coquets espaces avec des tables et des chaises de bar, des plantes vertes, des distributeurs. En dehors des réunions et pauses, les employés peuvent y consulter les trente-six indicateurs de performances de l'usine, mais également regarder la télévision. Évidemment, les programmes sont à but instructif. »

Source : « Trophées des meilleures usines », *L'Usine Nouvelle* n° 2729 du 13 avril 2000

Faire vivre la communication

Pour faire vivre la communication, il faut la renouveler, la rafraîchir périodiquement. On distinguera les éléments stables, peu ou pas variables, comme par exemple les objectifs qui resteront affichés jusqu'à ce qu'ils soient atteints, des éléments « vivants », qu'il faut remettre à jour fréquemment, l'ordre du jour de la prochaine réunion ou l'indicateur hebdomadaire, par exemple.

Les animateurs 5S et le chef de projet tiendront toutes leurs réunions devant les panneaux et souligneront chaque fois que cela se révélera pertinent leur discours avec des éléments affichés :

Tableau 32

Discours	Exemples de gestes et actions
« Pour atteindre nos objectifs, qui sont affichés, nous… »	Montrer les objectifs affichés
« Les progrès que vous pouvez voir résumés sur le tableau… »	Pointer du doigt les chiffres sur le tableau
« Souvenez-vous de la situation avant… »	Pointer la photo de la situation « avant »

© Groupe Eyrolles

L'affichage sera une aide aux orateurs amateurs et deviendra une référence pour les auditeurs. Il est également conseillé de faire expliquer les affichages par ceux qui les ont produits.

Les animateurs veilleront à ce que les fautes d'orthographe, les maladresses d'expression ou d'exécution ne soient pas des sujets de moqueries qui découragent les bonnes volontés. L'important est de partager et d'échanger et non pas de tenir un salon littéraire.

En matière de réunion de groupe et d'équipe, on peut distinguer trois fréquences :

- quotidienne, où l'on donne les résultats de l'équipe sur son travail de la veille (production réalisée, nombre de commandes expédiées, chiffre d'affaires encaissé, etc.), ainsi que les points importants pour l'organisation de la journée qui démarre, les objectifs, etc. Cette réunion peut opportunément se tenir dans l'espace communication et utiliser les affichages ainsi que les résultats et projets 5S ;
- hebdomadaire, qui est l'occasion de faire le point sur les performances de la semaine écoulée, le suivi de l'avancement des actions en cours et celles planifiées pour la semaine qui débute. L'espace communication est un cadre adapté ;
- mensuelle, éventuellement plus longue, dédiée à la revue des indicateurs, le degré d'avancement selon le PDCA, la correction de trajectoire, etc. La hiérarchie est invitée à participer, à voir les performances et indicateurs affichés, visiter les chantiers, etc.

© Groupe Eyrolles

Rappel

Dans le contexte du projet 5S, la communication visuelle est à la fois :

- un système décentralisé, permettant au groupe de travail d'identifier, de décider et d'agir à partir d'une information visuelle simplifiée et de façon autonome ;
- un système de promotion des 5S à destination des zones et services qui ne les ont pas encore démarrés ;
- un système d'émulation entre équipes pratiquantes.

L'ENDURANCE DU CHEF DE PROJET

Le plus souvent le projet 5S s'incarne en la personne du chef de projet, qui porte à lui seul l'essentiel de la démarche de déploiement. Les raisons sont multiples ; forte motivation et implication du chef du projet qui se laisse entraîner par son élan, tiédeur des chefs de services à libérer leurs subordonnés pour les activités 5S, éventuel manque d'entrain des participants, etc.

La conduite d'un projet 5S peut être usante, car il faut lutter contre :

- les carences d'une organisation, qui souvent n'a pas écouté les suggestions et demandes des personnels du terrain ;
- les mauvais penchants et les mauvaises habitudes des individus, généralement peu enclins à se remettre en cause.

Pour cela il est indispensable que le chef de projet bénéficie d'un sponsor auprès de la direction et éventuellement d'un coach, qui a avantage à être un accompagnant externe. Il trouvera auprès d'eux des regards et des perceptions différents, des réponses ou des pistes de réponse pour sortir des impasses, de l'encouragement, de la stimulation, de la motivation.

© Groupe Eyrolles

La diffusion au plus grand nombre et au plus vite de la connaissance et de la pratique des 5S est un facteur clé de succès, car il n'est pas suffisant de disposer d'un petit nombre de personnes maîtrisant le sujet pour en garantir le succès.

Il ne faut donc pas tomber dans le travers des groupes participants attendant de suivre un leader, comme les chevaliers se ralliant au panache blanc d'Henri IV. Au contraire, il faut promouvoir la gestion consensuelle et autonome de l'équipe. Pour cela, le chef de projet passera rapidement l'animation à un animateur désigné ou à un participant du groupe de travail, afin de conserver le recul nécessaire et donner au groupe la responsabilité de se prendre en charge.

© Groupe Eyrolles

Chapitre 9

Facteurs de risques et pièges

Les passionnés soulèvent le monde,
et les sceptiques le laissent retomber.

ALBERT GUINON

Les témoignages sur des 5S initiés avec enthousiasme et retombés « comme un soufflé » sont nombreux et concordants.

Le projet est en général lancé avec une grande opération de tri, débarras et nettoyage, plutôt amusante et dont les photos avant/après prouvent la nécessité et les résultats atteints. Le rangement et ses règles prennent forme au travers de quelques panneaux d'outils aux silhouettes ombrées, de l'étiquetage des tiroirs et étagères, et de la création de quelques *check-lists*. Dans la période suivante, les règles sont respectées, tout le monde s'y habitue, le pari semble gagné.

L'amélioration continue reste cependant une abstraction qui n'inspire ni les participants au chantier, ni l'animateur qui souvent manque d'expérience en la matière. Les dérives finissent par apparaître sans que les acteurs ne réagissent, ou du moins pas suffisamment. Quant au management, l'absence de gains tangibles et significatifs ne fait pas des 5S une priorité, l'essoufflement de la dynamique initiale leur donnant en quelque sorte raison. Petit à petit, les actions s'espacent, les règles connaissent des entorses, et le projet meurt.

© Groupe Eyrolles

Après de telles déceptions, il est difficile d'initier d'autres projets 5S ou d'amélioration continue.

Ce triste constat ne doit cependant pas conduire à se décourager d'office ni à partir perdant. En matière de 5S, l'échec n'est pas une fatalité mais la résultante d'un certain nombre de comportements et de facteurs de risque, qu'il s'agit d'identifier et prévenir.

L'élaboration d'un projet 5S passe par une phase d'inventaire des conditions indispensables pour un déploiement réussi, les prérequis décrits à la page 62. Si l'un ou plusieurs de ces prérequis ne sont pas réunis, cela constitue autant de facteurs de risques. Par ailleurs, pour prévenir l'échec d'un projet 5S il faut également identifier au préalable les éventuels facteurs de risques spécifiques à l'entreprise ou au périmètre visé, ainsi que les forces en présence :

- contexte, situation sociale, situation économique ;
- culture d'entreprise, usages, corporatisme ;
- poids des syndicats, des représentants du personnel ;
- etc.

Par ailleurs, l'expérience accumulée par les praticiens, consultants ou collègues, est utile pour éviter quelques erreurs et déjouer les pièges possibles.

Dans un projet 5S il y a schématiquement trois périodes :

1. La préparation avant le lancement.
2. Le lancement.
3. Le maintien et la réplication.

En termes de risques, il faut particulièrement considérer la phase avant lancement et la phase de maintien et réplication.

Avant lancement, la préparation du projet doit identifier les facteurs clés de succès et parallèlement les facteurs de risques. Une fois ces risques identifiés et le projet prémuni contre leurs effets, le lancement est généralement une phase enthousiaste dans laquelle tout se passe bien. L'euphorie du lancement passé, les risques d'érosion et de désintérêt apparaissent, menaçant la pérennité du projet.

Voici quelques exemples de risques et de pièges durant un projet 5S.

© Groupe Eyrolles

L'APPROCHE PUREMENT MÉTHODOLOGIQUE

La pérennité des 5S ne tient pas à la mise en place de panneaux d'outils, de lignes en biais tracées sur le dos des classeurs ou à l'identification au sol des différentes zones. Pour que les 5S perdurent, il faut accepter de les vivre, de penser 5S et de se comporter dans une logique 5S.

Un projet 5S se mène simultanément selon deux dimensions. L'une est méthodologique, c'est la plus simple à expliquer et à mettre en œuvre. L'autre est comportementale et suppose la compréhension de ce qu'il y a au-delà des outils et techniques, quel est le sens de tout cela et comment revoir sa position personnelle par rapport au modèle des 5S.

Une bonne part des projets 5S échouent à terme parce que leurs promoteurs n'avaient pas perçu cette deuxième dimension, qu'il leur manquait la capacité à évaluer la culture d'entreprise, les comportements et les aptitudes managériales, ou encore qu'ils n'ont pas réussi à conduire le changement nécessaire.

LA RÉSISTANCE AU CHANGEMENT

Dans la confrontation entre la culture et des objectifs stratégiques, la culture gagne le plus souvent. La résistance au changement est un « réflexe » qui pousse les organisations ou les individus à s'opposer à un changement qui leur est imposé. Il n'est pas inutile de rappeler que paradoxalement, le changement est nécessaire pour assurer une certaine continuité[1] :

- accepter de changer de poste pour conserver son emploi ;
- changer de cible commerciale pour continuer à vendre ;
- changer d'organisation pour rester compétitif ;
- etc.

1. À signaler à ce sujet, le livre atypique de Spencer JOHNSON, *Qui a piqué mon fromage ?* Michel Lafon, Paris 2002.

© Groupe Eyrolles

Au niveau de l'entreprise, les obstacles au changement peuvent se répartir en quatre grandes catégories :

1. Le mode de pensée et la perception de la réalité des dirigeants : ceux qui prennent les grandes décisions ont une culture personnelle et une perception de la situation décalée par rapport à la réalité, ils ne voient pas la nécessité de changer.
2. La culture de l'entreprise : le changement remet en cause la manière dont les individus vivent ensemble et collaborent.
3. Les jeux d'acteurs : le changement perturbe la répartition des rôles, des pouvoirs et des avantages au sein de la communauté.
4. Les obstacles spécifiques à chaque entreprise.

Le soutien des dirigeants est indispensable pour que toute l'entreprise accorde au projet 5S l'importance qu'il mérite. Il faut donc, si le projet émane d'un employé subalterne, « vendre » le projet à la direction, en mettant en avant les arguments auxquels son mode de pensée est sensible :

- le lien entre les 5S et les enjeux de l'entreprise ;
- les risques encourus ou les opportunités perdues à continuer de la sorte, sans déployer les 5S ;
- Les gains potentiels et faciles à engranger en éliminant les gaspillages ;
- etc.

Les défis auxquels sont confrontées les entreprises du XXIe siècle mettent à mal les cultures d'entreprises, surtout les plus inflexibles, bien au-delà des impacts éventuels du déploiement des 5S. Les 5S sont tout au contraire un moyen doux de faire évoluer les mentalités et les pratiques. Le chef de projet insistera sur l'aspect participatif et consensuel de la démarche. Les syndicats et autres instances représentatives endossent volontiers le rôle de gardien de la culture d'entreprise. Outre les obligations réglementaires en matière d'information, il peut s'avérer nécessaire de les informer spécifiquement sur la portée et les implications d'un projet 5S.

© Groupe Eyrolles

En matière de jeu d'acteurs, les 5S perturbent essentiellement la répartition des rôles et responsabilités entre les exécutants et leur hiérarchie de proximité. Les exécutants ont l'opportunité de passer d'une situation passive, de dépendance, à une participation active et autonome aux décisions locales. La hiérarchie de proximité est donc à « soigner » par le chef de projet[1]. Celui-ci, avec la direction et éventuellement l'aide de conseil externe, évaluera les autres obstacles possibles, spécifiques à l'entreprise et bâtira une stratégie en conséquence.

La résistance au changement individuelle est liée à la part d'inconnu apportée par le changement, qui fait préférer le maintien de la situation actuelle, plus rassurante. Elle peut se décliner en trois grands types :

- résistance d'intérêt : chacun sait ce qu'il va perdre, mais ne sait pas ce qu'il va gagner en contrepartie ;
- résistance de confort : on ne perçoit pas ou on nie l'urgence du changement, car la situation actuelle est « confortable » ;
- résistance d'incapacité : des individus redoutent de ne plus être à la hauteur de la nouvelle situation.

En matière de conduite de projet 5S, ces craintes justifient les efforts de communication et de formation préalables envers les personnels concernés, l'approche participative, ainsi que la nécessité d'en démontrer rapidement et en pratique les bénéfices que les acteurs eux-mêmes en retirent. D'autant que face au changement, c'est surtout la phase de transition qui effraie.

L'opposition ou le désintérêt des acteurs

Au niveau des acteurs, opposition et désintérêt peuvent relever de la résistance au changement ou apparaître dans une situation sociale et/ou économique difficile. Dans ce cas, les esprits sont accaparés par la crainte du futur et les acteurs sont résignés et abattus, se demandant « *à quoi bon ?* ».

1. Des indications sont fournies dans le chapitre 11, 5S levier du management, p. 261.

© Groupe Eyrolles

Ces diverses situations sont autant de difficultés auxquelles un chef de projet peut se trouver confronté, il est donc important pour lui de bien évaluer le contexte dans lequel il doit mener le projet, de comprendre la répartition des forces en présence et d'évaluer les attentes, craintes, intérêts, ainsi que les positions et attitudes relatives qu'adoptent les différents acteurs.

Pouvoirs et attitudes des acteurs

Pour évaluer les pouvoirs et attitudes des acteurs du projet, procédons à un petit rappel. Les différents types de pouvoir sont :

- pouvoir légitime ; attaché à la position ou au statut ;
- pouvoir de l'expertise ; détention du savoir ou du savoir-faire ;
- pouvoir de coercition ; capacité de punir ;
- pouvoir référent ; charisme, identification.

Ainsi, les détenteurs de pouvoirs ne sont pas automatiquement les personnes appartenant à la hiérarchie officielle. Un leader d'opinion est un individu qui peut influencer les attitudes ou le comportement des autres membres du groupe. Il dispose d'un pouvoir d'influence.

Les détenteurs de pouvoir et leaders d'opinion peuvent adopter une attitude favorable et apporter leur soutien, ou au contraire adopter une attitude défavorable et user de leur pouvoir d'entrave. Entre ces extrêmes, toutes les nuances restent envisageables.

La matrice suivante (illustration 21) propose d'analyser les attitudes et les pouvoirs détenus par les différentes parties prenantes au projet.

Pour en savoir plus

Le leadership, le pouvoir et l'influence, les relations intergroupes relèvent de la *psychologie des organisations.*

© Groupe Eyrolles

Illustration 21
(Source : inspiré de Martinet[1])

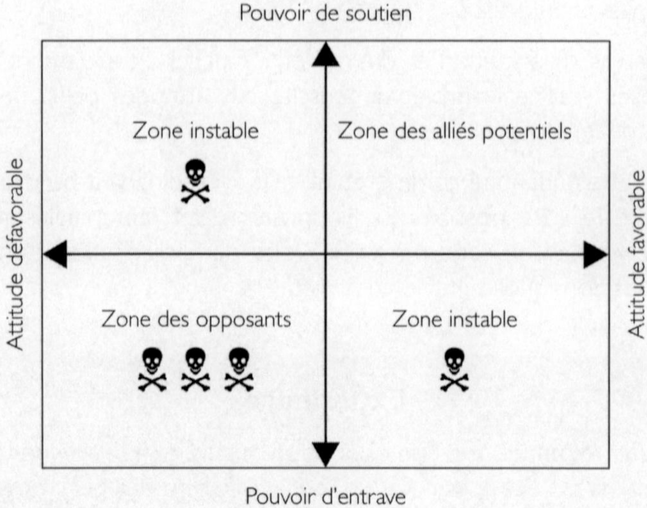

En complément de la matrice précédente, la répartition des pouvoirs de soutien ou d'entrave de chaque acteur peut être évaluée en renseignant une matrice de ce type :

Tableau 33

Intensité	Pouvoir d'entrave	Pouvoir de soutien
Inexistant		
Peu important		
Important		
Quasi total		

1. MARTINET A.-C., *Management stratégique, organisation et politique*, Mc Graw-Hill, 1984, p. 85 et suivantes.

© Groupe Eyrolles

Si les acteurs en présence n'ont ni pouvoir d'entrave ni pouvoir de soutien, on peut remplacer ce paramètre par leur degré d'implication ; sont-ils passifs ou actifs ?

Dans les cas d'opposition et désintérêt, il faut faire rapidement la part des choses : est-ce le projet qui suscite ces attitudes ou la personne chargée de le piloter ?

Si le projet est identifié comme étant celui d'un dirigeant ou d'un cadre peu apprécié, il est possible que l'opposition soit une manifestation de défiance vis-à-vis de cette personne, voire de l'organisation, et non pas une opposition fondamentale au projet.

Expérience

J'ai fait l'expérience d'une opposition manifeste aux activités 5S, symbolisant l'opposition et la défiance d'un groupe d'opérateurs envers leur hiérarchie. Les arguments corporatistes, fondés ou non, faisaient des 5S l'enjeu d'une confrontation sans rapport avec leurs principes. Paradoxalement, le respect très marqué pour les statuts et les rangs hiérarchiques rendait les activités de groupe possibles, mais elles étaient menées sans conviction et de manière minimaliste. Dans ce contexte, tout échec sert à illustrer les mauvaises décisions prises par la hiérarchie et la vanité du projet. Inutile de préciser que les progrès étaient infimes et l'énergie dépensée par les animateurs considérable. Ce projet d'entreprise fonctionnant bien dans d'autres secteurs, il était inconcevable, malgré les difficultés, de baisser les bras avec ce groupe.

Composer avec les forces en présence

Les opposants les plus virulents se dévoilent en principe assez rapidement. Il s'agit d'évaluer rapidement la réalité de leur pouvoir d'entrave

© Groupe Eyrolles

ou de nuisance, pour adopter une stratégie adéquate. Face à un groupe comportant une faction « hostile », il vaut mieux éviter de réunir les opposants avec les autres, mais favoriser les contacts directs au travers d'interviews ou d'entretiens en face à face. Ce faisant, les moins courageux n'oseront pas prendre de position trop marquée. Isolés, les uns ne sauront pas ce que les autres auront pu confier au chef de projet ou au consultant et auront plus de mal à coordonner leurs efforts. C'est clairement *diviser pour régner* ! Il est illusoire de vouloir convertir directement les opposants en partisans. Au mieux, ils passeront par une phase de passivité.

Les alliés potentiels montrent une attitude favorable envers le projet et disposent d'un pouvoir de soutien ; il suffit qu'ils se mettent activement au travail pour que leur attitude démontre leur soutien.

L'autre diagonale de la matrice des pouvoirs est caractérisée par deux zones instables, dont les membres adoptent des positions ambiguës ou qui n'ont pas encore fait de choix entre l'adhésion et l'opposition, ou souhaitent demeurer dans un attentisme prudent.

Face aux différents profils, voici résumées quelques pistes d'action :

Tableau 34

	Actifs		
Défavorables	Les **hostiles** : se garder d'en faire des martyrs ou des héros, les séparer et les diviser	Les **pionniers** : les valoriser et s'en servir comme relais et appuis auprès des autres	**Favorables**
	Les **sceptiques** : les rassurer, leur expliquer, leur prouver par des résultats	Les **attentistes** : les mettre en mouvement en leur confiant des tâches et responsabilités	
	Passifs		

© Groupe Eyrolles

Notons que les sceptiques et les attentistes constituent traditionnellement environ 80 % de la population concernée. Ainsi il n'est pas nécessaire de convertir tout le monde en pionniers ! Inutile par exemple de perdre du temps et de l'énergie à convertir les indécis sans réel pouvoir d'entrave ni de prêcher auprès de ceux qui ont déjà une attitude favorable. Gagner les opposants à sa cause est certes le plus intéressant des défis, mais il peut être difficile à relever. Il faut surtout éviter que les opposants en position de nuire le fassent.

Rappel

1. Tout n'est pas négociable et l'entreprise n'est pas une démocratie populaire ! Les décisions relatives aux orientations stratégiques et les projets d'entreprise sont une prérogative de la direction.
2. Les positions des uns et des autres peuvent évoluer dans le temps...

Pour le porteur de projet, il est conseillé de rallier un maximum d'alliés vers la zone stable **avant** d'engager son projet. Cela passe par une communication soignée et une implication des personnes clés le plus tôt possible. Il doit s'appuyer chaque fois qu'il le peut sur des alliés, des supports et des sponsors.

L'opposition ou le désintérêt du management

Les 5S sont un thème « banal », pour lequel il est plus difficile de mobiliser le management que les opérationnels, les seconds ayant un *intérêt personnel* plus important à améliorer leur cadre et leurs conditions de travail que les premiers.

Le regard sur les 5S n'est pas tout à fait le même selon la position dans la pyramide hiérarchique. Dans les hautes sphères, les 5S seront le plus

© Groupe Eyrolles

souvent considérés comme des problèmes d'intendance, indignes de la fonction directoriale et pour lesquels une hiérarchie de proximité est déjà en place[1]. Par ailleurs, reconnaître que les tâches fondamentales comme la bonne tenue des postes et des équipements ou le maintien de la propreté sont peu ou mal exécutées est particulièrement déplaisant pour les dirigeants et cadres qui élaborent des projets stratégiques ambitieux !

La tentation est alors forte de *décréter les 5S* et d'en charger les subordonnés, sans forcément leur donner beaucoup d'indications sur le Pourquoi, le Comment ou le Qui. Le suivi par la direction est tout aussi peu assuré, alors que l'exigence de résultats et leur contrôle sont indispensables à la légitimité et à la durabilité du projet.

Pour les managers de proximité, responsables de service ou agents de maîtrise, la mise en œuvre des 5S est considérée comme un volume de travail additionnel et une responsabilité supplémentaire. Le projet sera d'autant moins bien accueilli que les responsables auront le sentiment d'être mis devant un fait accompli et n'auront pas été intégrés – ou tout au moins informés – très tôt, dès la phase d'élaboration du projet.

Le temps que les personnels doivent consacrer aux 5S est perçu comme un gaspillage de temps productif au profit d'une activité non productive et non prioritaire[2]. Si cette conviction n'est pas rapidement combattue, la tentation des responsables sera forte d'ordonner aux personnels de donner la priorité aux tâches urgentes et productives. De proche en proche, les activités 5S s'espacent avant de s'arrêter pour de bon.

Un autre frein, plus insidieux, est la crainte de la perte d'autorité par *l'autonomisation* des personnels. En effet, sous couvert des 5S, les opérationnels peuvent obtenir rapidement et directement, ce que leur hiérarchie immédiate n'a pas pu ou n'a pas voulu leur procurer. Dans l'approche participative, le rôle hiérarchique de prise de décision et de donneur d'ordres s'efface au profit d'un rôle d'animation d'équipe et de

1. Sous-entendu : « Si elle faisait ce qu'il faut, on en parlerait même pas ! »
2. Ce sentiment sera renforcé si l'évaluation (des performances) du manager ne tient pas compte des résultats en matière de 5S et/ou de leur impact sur les opérations courantes.

© Groupe Eyrolles

facilitation, une mutation guère facile pour une hiérarchie de proximité qui perd ainsi ses repères traditionnels.

L'illusion du changement

Les meilleurs systèmes ne servent à rien si les exécutants ne les utilisent pas, les procédures les plus abouties ne servent à rien si elles ne sont pas appliquées. Mettre en place un « décor de 5S » ne génère pas les résultats attendus de la démarche, ce n'est qu'une illusion.

À l'opposé de la résistance au changement, les individus qui mettaient leurs espoirs dans le changement seront irrémédiablement déçus par une simple illusion de changement.

En matière de 5S, l'illusion du changement pourrait être :

- un stock aussi excessif qu'inutile d'objets (ou de matière) qui a été bien rangé mais pas réduit ;
- l'affichage de procédures sur la tenue des postes que personne ne respecte ;
- des activités en petits groupes annoncées mais sans cesse reportées sous prétexte de travaux en retard et de commandes urgentes ;
- des machines repeintes, mais toujours aussi peu soignées au quotidien ;
- une exigence de bonne tenue des postes mais sans allocation des fournitures demandées ;
- etc.

Ces symptômes sont des signes d'échec du projet. Les chefs de projet 5S novices veilleront tout particulièrement à ne pas se laisser bercer d'illusions, ni par le management qui leur confie une mission sans les moyens correspondants ni par des participants manipulateurs.

Les réponses du chef de projet

Un chef de projet 5S peut se trouver confronté à différentes situations de résistance ou d'opposition. Il n'existe aucune recette infaillible pour

© Groupe Eyrolles

résoudre ce type de problèmes, cela relève typiquement de l'art – souvent subtil – du management !

L'expérience livre cependant quelques pistes qui, partiellement au moins, aideront le chef de projet en difficulté.

S'assurer le soutien des sponsors et alliés

Pour contrebalancer, ou mieux encore annihiler le pouvoir d'entrave des opposants, le soutien d'un sponsor[1] de la direction générale est nécessaire. Outre ce parrainage, il faut utiliser opportunément le soutien des alliés. Les alliés, surtout s'ils ont un rôle hiérarchique, un statut particulier ou s'ils sont leaders d'opinion, peuvent conforter les autres sympathisants, infléchir les indécis et calmer les opposants.

Par ailleurs, un chef de projet est nécessairement très impliqué. Il finit en général par perdre le recul nécessaire à l'évaluation sereine d'une situation passionnelle ou à la conduite cohérente et globale du projet. Le sponsor de la direction ou un consultant externe conserve une certaine distance par rapport au projet ainsi que la vision d'ensemble. Il complète donc efficacement le chef de projet et pourra au besoin lui fournir les repères perdus. Chef de projet et sponsor forment un vrai binôme.

En appeler à la raison

L'adulte a besoin de comprendre, de donner du sens à ses actions. Par ailleurs, afin d'éviter une opposition aux idées ou à la décision d'une personne, « *il est crucial que le changement ne soit pas vécu comme imposé par une personne en situation d'autorité mais, au contraire, perçu comme découlant des nécessités d'une situation impersonnelle* [2] ».

Pour ces raisons il est impératif de faire preuve de pédagogie lors de la communication, très en amont du projet. Cependant, l'appel à la raison

© Groupe Eyrolles

1. Au sens latin de parrain et protecteur
2. REITTER *et al.*, *Cultures d'entreprises*, Vuibert, Paris, 1991.

ne suffit pas toujours, notamment du fait de la *rationalité limitée*[1] des individus. Les limites à la rationalité humaine sont :

- la connaissance personnelle de la situation et l'information disponible ;
- les réflexes et les dons de chacun (ses capacités) ;
- les valeurs et les buts personnels (ses motivations).

La première limitation est prévenue par les efforts pédagogiques et d'information du chef de projet. Les seconde et troisième limitations rappellent que, malgré une logique éclatante, certains individus persisteront à s'opposer au changement, soit parce qu'ils ne peuvent en comprendre le raisonnement logique, soit parce que ce changement s'oppose à leurs intérêts personnels.

Vendre le projet

Une des clés du succès réside dans la préparation et la *vente* du projet, très en amont. Dans les entreprises, ce sont les managers qui impulsent le changement. Un manager se trouve à la jonction de la stratégie et de l'opérationnel, ce qui fait de lui le lien entre la vision à long terme, les concepts prometteurs et la déclinaison de la stratégie par le déploiement des outils et concepts. Impulser le changement est donc l'un des attendus de la fonction. Lorsque l'idée émerge du terrain, comme la suggestion de déployer telle démarche ou méthode, il faut en général l'aval et le soutien des managers pour que le projet soit appuyé et que les moyens soient consentis. Le bon choix et la qualité de la présentation des arguments aident à *vendre* le projet au management.

De manière générale et peut-être plus particulièrement envers les opérationnels, l'approche gagnante passe par une présentation du type Avantages – Preuves – Bénéfices, bien connue des commerciaux, comme par exemple :

1. CROZIER Michel et FRIEDBERG Erhard, *L'acteur et le système*, Points Politique, Paris, 1981.

© Groupe Eyrolles

- les 5S évitent de perdre inutilement du temps à chercher dans le désordre (avantage) ;
- ainsi, l'atelier n° 3 a-t-il réduit de 30 % le temps perdu à chercher les outils lors des prises de postes (preuve vérifiable) ;
- chaque opérateur a vu sa productivité personnelle augmenter sans effort supplémentaire. Et l'énervement dû à la recherche des outils a complètement disparu. L'ambiance en a été nettement améliorée. (Bénéfices individuels.)

Les arguments et la forme de communication doivent naturellement être adaptés aux interlocuteurs. Les bénéfices doivent comporter une part de bénéfice individuel, rendant le progrès intéressant à titre *personnel.*

Conduire le projet

La construction et la conduite du projet sont un autre moyen de contourner certaines difficultés. Ainsi peut-on moduler le rythme ou la forme des animations :

- recourir au *blitz*, c'est jouer sur le sentiment d'urgence pour éviter que les indécis puissent trouver le temps de réfléchir et de trouver des raisons de renoncer. Il prive les opposants du temps de construire leur argumentaire et finalement emporte tout le groupe dans la dynamique de l'action ;
- donner le sentiment d'une continuité, en procédant pas à pas, en améliorant par petits incréments. Il s'agit de changer la culture sans la détruire.

Dans la conduite du projet et dans les animations, il est nécessaire de maîtriser les aspects émotionnels, qui sont irrationnels par essence et souvent délicats à gérer.

Malgré toutes les précautions, un chef de projet peut toujours être confronté à une situation difficile. Certaines fois, il est intéressant de laisser s'exprimer les craintes, les frustrations ou les prises de position,

© Groupe Eyrolles

afin de libérer la pression. L'opportunité de le faire et dans quelles conditions ne peut bien évidemment se déterminer qu'en situation.

Rappelons enfin qu'il n'est pas nécessaire de convaincre tout le monde et qu'à un certain moment il est nécessaire de passer à l'action.

À noter : les huit phases d'un processus de changement majeur, selon Kotter[1] :

1. Établir un sens de l'urgence.
2. Créer une coalition pour impulser le changement.
3. Développer une vision et une stratégie.
4. Communiquer la vision du changement.
5. Donner du pouvoir d'action aux acteurs de terrain.
6. Initier des victoires à court terme.
7. Consolider les acquis et poursuivre les avancées du changement.
8. Ancrer les nouvelles approches dans la culture.

Prouver par les résultats

Faire la preuve de la validité du projet 5S en montrant des résultats probants et rapides est la meilleure réponse aux critiques et hésitations. On constate que face aux difficultés les personnels impliqués se découragent rapidement et que les plus timorés s'interrogent alors sur le bien-fondé de la démarche et regrettent le relatif confort qu'offrait la situation antérieure.

Disposer des preuves des progrès déjà accomplis est alors un moyen de les rassurer et de les remotiver : « Voyez ce que vous avez déjà réussi à faire, à changer avec peu de moyens et essentiellement par des actions que vous avez décidées et conduites vous-mêmes ! »

Pour cette raison aussi, tenir la chronique des progrès sous forme de photographies avant/après, de graphiques de résultats et autres mesures est indispensable. Que ce soit en matière de conduite de projet ou de

1. SIMONET Jean et BOUCHEZ, Jean-Pierre *Le conseil, le livre du consultant et du client,* Éditions d'Organisation, Paris, 2003, p. 304.

© Groupe Eyrolles

conduite de changement, on sait que les discours seuls sont inopérants, il faut passer à l'acte et produire des résultats rapidement !

Utiliser des feuilles de présence

Le temps imparti aux activités 5S est pris sur le temps de travail rémunéré par l'entreprise. Celle-ci est donc cliente de ses personnels et attend une contrepartie à l'argent qu'elle investit de la sorte. Il est fréquent qu'un compte de temps soit ouvert pour pointer le temps passé en réunions et activités 5S. Le chef de projet fera systématiquement émarger des feuilles de présence par chaque participant présent et les transmettra régulièrement aux gestionnaires et/ou à la hiérarchie. La feuille de présence a un triple usage :

- permettre le suivi et la bonne gestion du crédit temps ;
- mettre en lumière les participants présents, qui ont émargé ;
- contrôler et limiter l'absentéisme des personnels indifférents à ces activités.

L'assiduité et l'absentéisme sont des indicateurs intéressants à suivre pour mesurer l'impact et la popularité des activités de groupe. Les absents fréquents et chroniques seront invités à se justifier sur leur attitude, les pointages par émargement donnant à leur interlocuteur des éléments très factuels à leur exposer.

Répondre aux objections

Les chefs de projet et animateurs 5S, ainsi que certains managers peu expérimentés peuvent avoir quelques difficultés à convaincre les acteurs d'appliquer les principes des 5S, ou de répondre aux objections que les uns et les autres soulèvent. Voici quelques exemples d'objections assez courantes et les réponses que l'on peut y opposer.

© Groupe Eyrolles

Tableau 35

Objections	Réponses possibles
On peut encore en avoir besoin un jour	La place prise par les objets « qui pourraient encore servir » est/a déjà été nécessaire pour des activités productives/importantes
Ces objets ont encore de la valeur	Les frais et coûts liés à la conservation des objets inutiles ont empêché l'achat d'outils/de matériel dont nous avions réellement besoin
Je ne peux pas me résoudre à jeter	C'est pour cette raison que l'exercice se fait en groupe et que les décisions se prennent en commun
Je suis trop créatif pour être organisé	Quelqu'un de moins créatif doit être capable de reprendre le poste
Je ne peux pas travailler de cette manière	Cette manière de travailler a été définie par les exécutants eux-mêmes
S'organiser prend du temps	Ne pas s'organiser en fait perdre beaucoup plus
Nous savons ce que nous avons à faire	Raison de plus pour l'expliquer et l'écrire pour ceux qui ne le savent pas
On a toujours fait comme ça	Je vous rappelle les raisons qui nous poussent à nous adapter aux changements…
Si on ne l'a plus devant les yeux, on oublie	Ce que l'on a en permanence devant les yeux, on ne le voit plus
Nous avons besoin de stockage et de rangements supplémentaires	• Êtes-vous sûr que tout ce que vous souhaitez ranger est réellement indispensable ? • Comment pourrions-nous faire sans moyens supplémentaires ?
Nous n'avons pas assez de temps pour le nettoyage	Pouvez-vous trouver un moyen différent d'assumer le nettoyage demandé dans le temps imparti ?

© Groupe Eyrolles

Notons que des résultats probants sont la meilleure réponse aux objections et aux oppositions, ce qui est une bonne raison pour les obtenir rapidement !

Enfin, il faut envisager certaines causes conduisant certains individus à ne pas s'intéresser ou même à s'opposer aux principes des 5S :

- leur éducation n'a pas comporté, ou du moins pas suffisamment, d'apprentissage de l'ordre et de l'organisation. Leur modèle familial n'était pas très ordonné et de ce fait ils n'ont pas eu de référence en la matière. Ils n'ont pas été confrontés à des contraintes fortes les obligeant à adopter durablement des principes d'ordre et d'organisation ;
- ils se complaisent dans le désordre, aiment être entourés d'une multitude de choses. Ils se comportent éventuellement comme des écureuils, amassant des provisions de toute sorte et comme les écureuils finissent par oublier où ils ont caché leurs stocks ;
- ils préfèrent le confort de l'exécution, de la routine sans l'initiative et ne souhaitent pas s'investir dans quelque chose de nouveau, éventuellement effrayant et porteur de risques ;
- la procrastination, qui est le propre de ceux qui remettent toujours à plus tard et trouvent de bonnes raisons de remettre.

IMPULSION, INERTIE ET FORCE DE RAPPEL

Le changement bouscule les habitudes et les procédures en place. La période de transition amène de l'instabilité, voire des crises ; pertes de repères, procédures inadaptées, résistances, luttes d'influence, etc. La stabilité du système tel qu'il est rassure, aussi imparfait ou inadapté aux nouveaux défis qu'il soit. La conduite du changement et l'ancrage du changement dans la durée supposent que l'impulsion donnée par le projet soit suffisante pour vaincre l'inertie des personnels et du système, ainsi que la force de rappel qui tend à les faire revenir à l'état antérieur.

Ce risque de retour à l'état initial est résumé dans le schéma ci-dessous :

© Groupe Eyrolles

Illustration 22

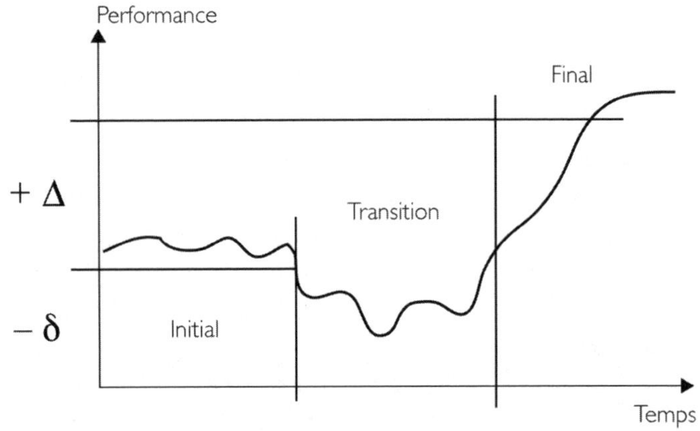

L'état initial paraît satisfaisant à tous ceux qui ne perçoivent pas les risques, les enjeux et la nécessité de changer. Il faut donc vaincre l'inertie qui pousse les acteurs à conserver le *statu quo* et cela en leur montrant l'intérêt ou la contrepartie à l'abandon de cette stabilité.

La mise en œuvre du changement peut dégrader temporairement les performances, mais la durée de cette dégradation et son amplitude font le jeu des sceptiques et des résistants au changement, qui plaideront « *c'était mieux avant !* ». Les responsables en charge de la conduite du changement devront donc faire preuve de conviction et d'endurance pour passer le cap difficile de la transition.

L'antidote à cette force de rappel, qui tend à replacer le système dans son état stable initial, est la limitation de l'amplitude de la perte de performance (- δ) et de la durée de la transition. Idéalement, on cherchera à faire rapidement les preuves du bénéfice du changement, c'est-à-dire améliorer la performance.

Pour les mêmes raisons, l'état « final » que l'on vise doit lui aussi être stable, afin que, d'une part, les performances soient durablement améliorées et d'autre part pour que soit contrecarrée la force de rappel.

© Groupe Eyrolles

En effet, si après la phase de transition les performances sont instables, l'inconfort ou les risques de cette situation pourraient conduire à retourner à l'état initial, toujours au prétexte que « c'était mieux avant ».

On peut exploiter le schéma 23 en formation ou en préambule du projet pour appeler les participants à conserver la foi, même s'ils traversent une période turbulente car, ne pas aller au bout, c'est perdre l'opportunité d'améliorer significativement la performance (+Δ) en se laissant impressionner par de petites contre-performances (-δ).

LE DÉTOURNEMENT DE 5S

Le détournement de 5S désigne l'inclinaison de certaines personnes à prendre les actions 5S comme prétexte pour justifier des changements et aménagements en leur faveur. Ces manipulateurs pouvant être particulièrement subtils, le chef de projet devra donc rester vigilant sur les finalités et la pertinence des actions proposées.

Les suggestions de confort sont à suivre particulièrement et avec mesure. Il s'agit de distinguer ce qui est bénéfique à la fois aux acteurs et à l'entreprise de ce qui n'est bénéfique qu'aux acteurs, mais dont le refus les démotiverait.

L'évaluation quantifiée, chiffrée des gains de chaque solution est un bon filtre par lequel faire passer les suggestions et demandes, encore qu'il ne fonctionne pas pour tout :

- les gains qualitatifs sont difficiles, voire impossibles à quantifier ;
- le projet 5S a également pour ambition d'améliorer le cadre de vie, l'ambiance, etc.

Les actions 5S locales, d'un service ou d'un atelier, ne doivent pas détériorer la performance globale de l'entreprise. Ainsi, la réduction d'un stock à un endroit peut être contradictoire avec les intérêts d'un autre atelier, ou détériorer le taux de service rendu au client ! Le chef de projet doit conserver une vision transversale et systémique de son

© Groupe Eyrolles

projet. Les points d'avancement réguliers avec la direction peuvent l'aider à conserver le bon cap.

Pour s'aider face à des attentes fortes mais irrecevables des participants et sans se décharger systématiquement sur la hiérarchie, le chef de projet peut opportunément en appeler à l'arbitrage d'un chef de service ou d'un manager, qu'il aura... éclairé au préalable.

EN FAIRE TROP

Paradoxalement, les personnels et groupes trop actifs en matière de 5S peuvent poser un problème, car ils perdent de vue la mission principale que l'entreprise leur confie ! Il faut « équilibrer » le temps passé aux activités 5S et le temps productif durant lequel les personnels s'acquittent de leur mission, créent de la valeur pour leurs clients. Au chef de projet et aux animateurs de veiller à ce que les participants ne débordent pas du temps imparti au détriment de leur travail. Cette limitation doit être clairement énoncée, de préférence dès le début de l'implication des personnels, car un coup de frein durant leur action pourrait être très démotivant.

Si certaines tâches en cours ne peuvent être interrompues sans inconvénients pour la suite, le chef de projet devra négocier une solution avec la hiérarchie, comme dans le cas de la peinture, décrit p. 142 dans la section « Exemples d'actions de nettoyages en atelier ».

LE TRIANGLE INFERNAL

Le triangle infernal[1] désigne la relation à trois qu'entretiennent le chef de projet, le(s) chef(s) du ou des services impliqués et les acteurs du projet.

1. Ce titre et ce paragraphe sont inspirés de l'ouvrage de Jean-Louis MULLER et Michel JOLY, *De la gestion de projet au management par projet*, Afnor, Paris, 2002.

© Groupe Eyrolles

Le chef de projet est une pièce rapportée dans les relations hiérarchiques traditionnelles entre le chef de service et ses subordonnés (illustration 23).

Illustration 23[1]

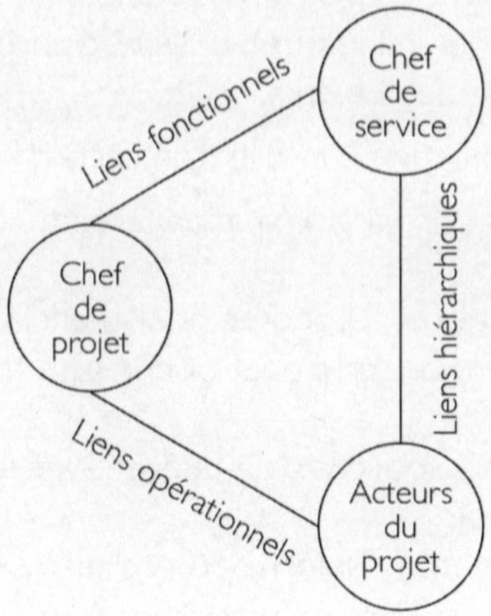

Les exécutants se lancent souvent avec passion et excès dans des projets qui les sortent de leur routine. Ils divertissent ainsi plus de temps et d'énergie qu'initialement alloué, délaissant plus ou moins leur travail. Si le chef de projet peut se réjouir de la bonne avancée des travaux, le chef de service verra avec inquiétude, sinon colère, le travail ordinaire rester en souffrance.

Sous couvert d'œuvrer au projet, les acteurs peuvent également régler des comptes, obtenir des décisions ou détourner une part de pouvoir en leur faveur. Ils peuvent également chercher à manipuler le chef de projet à leur profit.

1. Source : Muller et Joly, 2002.

© Groupe Eyrolles

Le chef de service, à tort ou à raison, ne verra pas forcément d'un bon œil l'apparition d'un rival. Celui-ci pourrait mettre en lumière des carences de management, « séduire » ses subordonnés ou encore réduire l'intensité des liens hiérarchiques. Les objectifs du projet ne sont pas forcément compatibles avec les objectifs officiels ou personnels du chef de service. Celui-ci n'aura donc aucun intérêt à faciliter le projet.

Le chef de projet doit ménager le chef de service, qui, par son statut, dispose du pouvoir hiérarchique et *a priori* d'un pouvoir de nuisance, tout en menant son projet à bien.

Le chef de projet est lui-même investi d'un certain nombre de pouvoirs :

- il est légitimé par sa nomination à cette responsabilité par la direction ;
- il est responsable et autonome pour mener à bien le projet ;
- dans le cadre du projet, il peut orienter les travaux et déterminer des priorités ;
- il dispose le plus souvent d'un budget, avec lequel il peut concrétiser son pouvoir ;
- il détient un pouvoir d'information, relatif à son lien privilégié avec la direction aussi bien qu'avec tous les intervenants et parties prenantes ;
- il est un médiateur de fait, devant négocier, arbitrer, voire même décider aux interfaces.

Un chef de projet avisé en fera bon usage pour la réussite de son projet. Cependant la tentation de se laisser corrompre et de profiter de ce statut particulier peut exister.

La direction doit s'investir dans le projet, pour apporter aide et soutien au chef de projet, mais aussi pour contrôler le bon usage que celui-ci fait des moyens mis à sa disposition.

© Groupe Eyrolles

LE PROBLÈME DES PYRAMIDES

Pyramide hiérarchique et pyramide des attributs

La structure hiérarchique des entreprises est traditionnellement représentée par une pyramide ayant schématiquement trois niveaux (illustration 24) :

A. La direction au sommet.
B. L'encadrement au milieu.
C. Les exécutants à la base.

La largeur de la pyramide à chacun des niveaux étant représentative du nombre d'individus qui occupent ce niveau.

Illustration 24

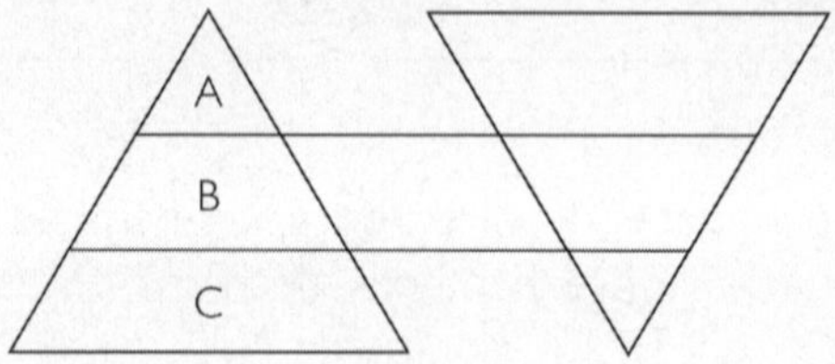

À la pyramide hiérarchique correspond une pyramide inversée, représentative des responsabilités et des attributs que chaque niveau se voit alloués, ainsi que du rapport au temps et du niveau de détails que chaque niveau doit prendre en charge.

Ce que résume le tableau suivant :

© Groupe Eyrolles

Tableau 36

Niveau	Responsabilités	Rapport au temps	Niveau de détails
Direction	Importantes et variées	Voit loin dans le temps, se préoccupe du futur (semestre, année prochaine)	Peu de détails, beaucoup de synthèses, de raisonnement à grandes mailles et grosses masses
Encadrement	Fait le lien entre la direction et les exécutants. À ce titre, doit traduire dans les deux sens, les grandeurs et les mots des uns dans les unités et le langage des autres.		
Exécutants	Traditionnellement faibles à nulles et peu variées (exécution des tâches)	L'horizon se limite à la journée en cours, parfois jusqu'à la semaine suivante	Beaucoup de détails pratiques

Les membres de l'équipe de direction s'occupent de stratégie, de la conduite des affaires. Ils prennent des décisions qui engagent l'entreprise, doivent avoir une vision globale de leurs marchés, des opportunités et des menaces pour l'entreprise. Leur regard porte loin dans le temps, à six mois, un an, trois ans… afin d'anticiper les décisions à prendre et les positions à adopter. Ils raisonnent en grandes masses : dizaines de milliers d'euros, milliers de tonnes, centaines de personnes, familles de produits et non pas en détail. Les détails relevant du déploiement tactique et de l'exécution sont délégués à l'encadrement intermédiaire.

À l'opposé, l'horizon temporel des exécutants est très court, calé sur le temps de cycle des opérations du poste, c'est-à-dire quelques minutes, le temps nécessaire pour achever le travail, parfois quelques heures ou encore en fonction du rythme de changement de poste. Pour eux, l'horizon porte rarement au-delà de la semaine en cours et le début de

© Groupe Eyrolles

la semaine suivante. Ils ne disposent en général d'aucun pouvoir de décision et leurs tâches sont codifiées. Pour les exécutants, les détails pratiques ont beaucoup d'importance : ne pas disposer d'une clé de 12 ou voir son photocopieur bourrer sans cesse impacte la performance autant que la motivation.

Pour un directeur général, le manque d'un outil coûtant au plus une dizaine d'euros ou un souci relevant de l'entretien de l'équipement bureautique est une chose qu'il a du mal à prendre en compte, tant cela est éloigné de ses préoccupations. Pour un ouvrier, le plan stratégique à trois ans et la communication institutionnelle de son entreprise sont le plus souvent des notions abstraites, dont il perçoit mal le lien avec son travail quotidien.

Les oppositions sur ces trois seuls paramètres, responsabilité, rapport au temps et niveau de détails, montrent à quel point il peut être difficile pour le sommet et la base de se comprendre et de communiquer. L'encadrement, avec sa position médiane, doit donc servir de *relais culturel* du sommet vers la base et de la base vers le sommet. Le terme relais culturel est choisi à dessein, il ne s'agit pas de traduire simplement des mots et des expressions, mais de les rendre compréhensibles par chaque niveau, en fonction de leurs références.

Le besoin de « traduction »

Le chef de projet 5S se voit lui aussi placé entre la base et le sommet, et par conséquent astreint à servir de relais culturel entre ces deux niveaux. La direction doit être interpellée sur des décisions à prendre et des arbitrages à rendre et non pas sollicitée pour résoudre un problème. Le manque de petit outillage, la fameuse clé de 12 par exemple, relève très certainement d'une procédure de décision et d'achat longue et tatillonne. La résolution de ce genre de problème passe par la révision des procédures ou l'attribution d'un budget aux agents de maîtrise. Le problème que l'on doit faire remonter à la direction n'est pas « il nous manque 3 clés de 12 », mais plutôt l'exposé sur les conséquences d'une procédure inadaptée et de la solution préconisée.

© Groupe Eyrolles

La communication sur les enjeux du projet pour l'entreprise ne peut utiliser le langage de la direction pour les expliquer aux exécutants dans l'atelier. Pas parce qu'ils ne seraient pas en mesure de comprendre des mots et des expressions tels que *changement de paradigme*, *lutte concurrentielle*, *nouveaux entrants* ou amélioration du *besoin en fonds de roulement*, mais parce qu'au-delà des mots, ces termes abstraits ne désignent aucune des réalités qu'ils côtoient au quotidien. On peut expliquer de manière plus pratique que les pertes de temps et les problèmes de qualité qui indisposent le client risquent de le pousser à se fournir auprès de la concurrence, comme chacun ferait, lorsque, mis en position de consommateur, il recherche le meilleur rapport qualité/prix/délais.

Les différentes notions du temps

Le rapport au temps de la direction est calé sur les rythmes financiers et budgétaires, horizon dont les mailles sont le semestre et l'année. Pour un exécutant, la maille de temps se restreint à la journée ou à la semaine. Un événement devant survenir dans deux mois appartient à son long terme, pour lequel il n'aura pas de perception d'urgence. Un effort dont le résultat ne sera visible que dans plusieurs mois ne pourra pas mobiliser durablement les acteurs, qui auront rapidement le sentiment que *cela ne sert à rien.*

Ainsi, dans la conduite de projets longs, les étapes doivent être suffisamment rapprochées pour rester dans un horizon familier aux participants et produire régulièrement des résultats visibles pour entretenir leur motivation.

Le temps est un ennemi sournois

En matière de projets participatifs et de projet 5S en particulier, l'intensité faiblissante des activités ou l'érosion des énergies dans le temps sont identifiées comme étant les principales causes d'échec à moyen et long terme. Comme tout projet long que l'on compte mener en *tâche de fond*, le projet 5S risque fort de se voir rejeter dans les priorités les plus basses et parmi les tâches dont on s'occupera dès qu'on aura le temps.

© Groupe Eyrolles

Or le temps, on ne l'aura jamais, car les urgences et les situations de crise se succèdent.

L'excuse du manque de temps à consacrer aux 5S est souvent invoquée par le management de proximité, qui gère ses urgences et la vie du service selon ses propres intérêts. L'excuse n'est pas recevable, car le projet a été préparé et planifié, puis validé par la direction qui lui consent les moyens nécessaires, y compris le temps qu'il faut y consacrer. Face à ces problèmes, le chef de projet se retournera vers la direction pour obtenir les arbitrages nécessaires :

- pour maintenir les activités 5S comme planifiées, et ce malgré les urgences ;
- pour aménager les objectifs assignés aux chefs de services si ceux-ci interfèrent avec les activités 5S (productivité, quantités à réaliser, délais à tenir, etc.).

Le temps est un ennemi sournois, car il ronge insidieusement les énergies et les motivations. Même en bénéficiant des meilleures conditions, les personnels impliqués finiront par se lasser, par se laisser gagner par une routine et leur sens critique s'émousser. Ce qui, quelques semaines auparavant leur était insupportable leur paraît maintenant tolérable, puis acceptable et finalement, si on n'y prend garde, devient normal.

Quelques expressions fréquemment entendues confirment que le mal est connu : « le projet meurt de sa belle mort », « le projet s'endort tranquillement », « encore un projet pour rien ».

Ces expressions fatalistes et dédramatisées de l'échec semblent le rendre aussi acceptable qu'inévitable. Rappelons qu'un échec après un démarrage réussi est plus dévastateur qu'un projet que l'on n'aurait pas initié, car remobiliser les énergies et restaurer la crédibilité dans ce genre de situation est très difficile.

Pour contrer cette fatalité, la qualité de l'animation est primordiale. Il faut s'ingénier à maintenir l'intérêt en :

- lançant de petits défis ;
- soignant la communication ;

© Groupe Eyrolles

- jouant l'émulation entre les groupes ;
- favorisant des visites croisées, des présentations à la direction.

Le chef de projet n'est pas non plus à l'abri d'une baisse de régime, du découragement ou de l'usure du temps. Lui aussi doit être régulièrement motivé par ses sponsors et responsables de la direction, se voir défier, pouvoir se ressourcer. Pour tous, visiter une autre entreprise qui pratique les 5S et en rapporter des idées neuves, ainsi que les visites régulières d'un consultant et coach sont de bons antidotes.

SEULS LES ACTEURS SAVENT !

Le taylorisme se caractérise par la séparation des activités, la répartition des rôles entre ceux qui réfléchissent et organisent le travail et ceux qui l'exécutent. Si cette façon de procéder était justifiée et adéquate au début de l'ère industrielle, elle est désormais généralement considérée comme obsolète et contraire aux principes du management participatif.

Dans le contexte 5S, seuls les acteurs concernés – ceux qui travaillent au poste – sont capables de donner des indications pour l'organiser en un environnement de travail convenable et efficient. Les agents des méthodes, traditionnellement en charge de ces questions, sont donc invités à faire participer les exécutants à la définition et à la mise en place de nouveaux postes, ainsi qu'à l'amélioration des postes existants. Idéalement, ce sont les exécutants qui devraient avoir l'initiative des améliorations, les agents des méthodes n'étant alors que des supports techniques.

© Groupe Eyrolles

Anecdote

Un chef d'entreprise autoritaire décide de mettre en œuvre les 5S.

Il fait procéder à un appel aux volontaires pour une grande action Débarrasser, Ranger, Nettoyer durant un samedi. N'ayant pas eu beaucoup de succès auprès des ouvriers, ce sont les cadres et employés qui se sont dévoués. Le lundi matin, l'usine n'a pu démarrer, les ouvriers ne retrouvant pas leurs outils habituels ni les gabarits et autres fournitures et ustensiles indispensables aux opérations, jetés ou déplacés par ignorance de la réalité du terrain.

Mettre en place des postes, des aménagements ou des modifications sans la participation des personnes concernées, c'est prendre le risque de faire fausse route, de mécontenter les exécutants par une solution inadaptée ou incomplète, ou encore de voir les changements boudés, inutilisés ou, pire, volontairement dégradés.

LES ENTORSES AUX RÈGLES

Toute entorse aux règles qui reste sans conséquence pour le contrevenant est un poison qu'on instille dans le projet. Les exemples sont nombreux :

- ne pas jeter les déchets dans les réceptacles adaptés ;
- ne pas suivre les procédures ;
- passer à côté d'un objet tombé à terre sans le ramasser ;
- ne rien dire au personnel qui ne porte pas les équipements de protection ;
- etc.

© Groupe Eyrolles

Pour éviter que ce poison ne se diffuse et finisse par tuer le projet, il est indispensable que la hiérarchie joue son double rôle :

1. Se montrer exemplaire vis-à-vis des subordonnés, afin que ceux-ci ne puissent être tentés de relâcher leurs efforts sous prétexte que *le chef ne fait pas non plus*. Ceci inclut son bureau.
2. Se montrer exigeant et inflexible quant au respect des règles et au comportement de leurs subordonnés, pour marquer l'importance que la hiérarchie, et à travers elle, l'entreprise, attache aux nouvelles règles.

Le responsable hiérarchique devra marquer le coup à chaque fois qu'il est témoin d'un manquement à la discipline ou aux règles, en reprenant le contrevenant. Il va de soi que l'exemplarité hiérarchique doit s'inscrire dans la durée.

Notons encore que, bien souvent, lorsque les personnels exécutants sont acquis à une cause, ils la défendent avec beaucoup de ferveur. Un responsable hiérarchique au comportement peu conforme à l'esprit 5S nouvellement installé et assimilé par les opérateurs, risque fort de se voir interpellé, critiqué, voire déconsidéré.

LES STAGIAIRES ET LE PROJET 5S

Parmi les facteurs de risques figure l'emploi maladroit d'un stagiaire. Par opportunité, par économie ou encore par manque de ressources, il est parfois tentant de confier la mise en place et/ou le déploiement d'un projet 5S à un stagiaire. Pour l'entreprise, cette solution devrait présenter les avantages suivants :

- une ressource à moindre coût ;
- pas de ressource interne « distraite » de ses tâches ordinaires et/ou prioritaires ;
- un sujet de stage intéressant et ambitieux pour le stagiaire ;
- le bénéfice pour l'entreprise d'un regard neuf.

© Groupe Eyrolles

Cependant, il est rare qu'un stagiaire ait déjà accumulé au préalable une expérience pertinente. Il devra donc s'informer et s'autoformer avant de pouvoir mettre en œuvre le projet dont il est chargé. Laisser la responsabilité du projet à un stagiaire suppose que l'entreprise accepte les maladresses, les tâtonnements et même l'échec !

Cependant, ce risque est inacceptable pour un projet d'envergure et le déploiement des 5S selon notre conception est un projet d'envergure. Or l'apparente simplicité des 5S pousse les responsables à le confier à des stagiaires ou à de jeunes animateurs ayant peu d'expérience.

Dans les faits, confier à un stagiaire un projet présenté comme étant un projet d'entreprise risque de le décrédibiliser auprès du personnel ou de le marquer comme étant « le projet du stagiaire », sous-entendu une activité de peu d'importance destinée à occuper un néophyte. Enfin, même si le projet est déployé de manière satisfaisante, survivra-t-il au départ du stagiaire ?

Le projet doit absolument être porté par un chef de projet qui incarne la volonté de la direction de le mener à bien. Ce rôle représentatif ne peut se déléguer ni à un stagiaire ni même à un consultant.

Les stagiaires sont néanmoins des auxiliaires précieux lorsque utilisées en tant que ressources additionnelles, apportant de surcroît un regard neuf. C'est donc l'emploi que l'on fait de ces ressources, plus que leur qualité intrinsèque, qui constitue un facteur de risque.

5S POUR OCCUPER

Les périodes de baisse d'activité dans les usines et les ateliers semblent redonner un intérêt périodique aux 5S et aux chantiers d'amélioration continue.

Lorsque ces activités sont vues comme des occupations utiles pour les responsables hiérarchiques qui ne savent plus quoi faire du temps disponible en excès, l'entreprise passe à côté de l'essentiel.

© Groupe Eyrolles

Les 5S et les autres activités d'amélioration continue céderont le pas à la production dès que celle-ci redémarrera, et aux autres projets plus « techniques », comprenez plus passionnants, dès que les dépenses seront à nouveau autorisées.

Ce faisant, on oubliera vite les vertus de ces activités simples et pertinentes mais qui demandent de la constance. Par ailleurs, la hiérarchie distille sans s'en rendre compte un message subliminal aux subordonnés, que ceux-ci ne manqueront pas d'interpréter comme « le nettoyage et la mise en ordre sont des activités pour nous occuper quand il n'y a rien de mieux à faire », ou « on les fait quand on a le temps ».

Comment, dans ces conditions, développer et maintenir une mobilisation permanente des acteurs du terrain ? Comment développer et maintenir un état d'esprit apte à maintenir les standards, dont l'ordre et la propreté, et à constamment chercher de manière autonome à se remettre en cause et améliorer tout ce qui peut être amélioré ?

Ces vagues successives, opportunistes et courtes de lancement de chantiers et de « tornades blanches » favorisent plutôt une attitude passive, les acteurs étant habitués à ne participer qu'à des travaux systématiquement dirigés, lorsque la hiérarchie le décide.

© Groupe Eyrolles

Troisième partie

ALLER PLUS LOIN GRÂCE AUX 5S

Les 5S restent trop souvent cantonnés dans le rôle de méthode de bonne tenue du poste de travail. Cette compréhension des 5S est très restrictive et constitue un gaspillage, une perte d'opportunité, car les 5S peuvent apporter plus. À partir du noyau 5S déjà déployé, on peut :

- étendre progressivement à d'autres zones et à d'autres thèmes l'usage des principes et outils découverts et mis en place ;
- utiliser ces principes et outils comme levier du management ;
- partir de la base saine et embrayer sur l'implémentation d'autres outils et démarches ambitieuses.

L'objet de cette troisième partie est de compléter le panorama d'actions qu'offrent les 5S et d'ouvrir l'esprit aux managers à d'autres usages, complémentaires de cette démarche.

© Groupe Eyrolles

Chapitre 10

Pour aller plus loin grâce aux 5S

Pour aller plus loin, il faut prendre un peu de recul et considérer ce qui a déjà été atteint à l'aide des 5S. On voit ainsi que le recueil et la mise en œuvre de suggestions sur des thèmes très 5S peuvent être étendus plus largement. Les méthodes d'analyse et de résolution de problèmes, essentiellement apportées et démontrées par le chef de projet ou les animateurs peuvent être transmises aux opérationnels, pour leur usage en toute autonomie. Plus largement encore, les 5S initient à l'amélioration continue, dynamique, qui devrait être conservée et élargie à d'autres thèmes et d'autres champs d'application.

Recueillir idées et suggestions

Les personnels au plus près de l'action sont les plus aptes à décrire les problèmes rencontrés au quotidien et bien souvent les plus aptes à suggérer des solutions.

Dans la logique taylorienne, la meilleure manière d'accomplir une tâche est définie par des spécialistes de l'organisation du travail, les agents des méthodes. Cette manière standardisée d'exécuter les tâches n'admet pas de dérogation. Bien souvent les améliorations possibles restent inconnues, car aucun système ne prévoit l'expression et le recueil des idées par ceux et celles qui sont le plus concerné : les exécutants. Les cercles de qualité, essayés avec entrain puis abandonnés dans les années

© Groupe Eyrolles

quatre-vingt avaient cette ambition, tout comme les systèmes de suggestion inspirés des *Teian Kaizen* japonais.

La faiblesse de ces méthodes réside dans la déconnexion entre ceux qui font émerger idées ou problèmes à résoudre et ceux qui doivent statuer et intervenir pour l'action.

Les 5S ont appris aux participants à mettre en évidence les problèmes, notamment au travers de l'emploi d'étiquettes, à structurer un plan d'action et suivre l'avancement des réalisations avec des indicateurs. Le tableau de communication 5S se révèle être un excellent moyen de mettre en commun les difficultés et les suggestions d'amélioration, de rechercher ensemble des solutions possibles. Les 5S ont également mis les personnels en action. Le passage à la résolution de problème de manière autonome est donc quasi naturel.

RÉSOLUTION DE PROBLÈMES ET ACTIVITÉS EN PETITS GROUPES

Les chantiers 5S sont par nature une activité en petit groupe. On y apprend à prendre en compte les besoins et problèmes des autres, à exposer les siens propres et à chercher des solutions en commun et qui conviennent à tous. Très rapidement, un chef de projet 5S pourra tirer profit des outils de résolution de problèmes pour animer ses chantiers.

> La résolution de problème tient en une méthode structurée pour aborder les problèmes : description, hiérarchisation, tri, priorisation et quelques outils d'analyse et de prise de décision, tels que le diagramme de Pareto, la représentation sous forme de graphique, le diagramme causes/effet, la méthode des 5 pourquoi ? le vote pondéré.

1. Certaines de ces méthodes sont décrites en annexe.

© Groupe Eyrolles

Ces outils gagnent à être transmis aux personnels afin qu'ils se prennent en charge eux-mêmes au maximum. Les individus y gagneront en compétence et en motivation. On évitera les dégradations du matériel et le manque d'initiatives « parce qu'on n'a pas les moyens » ou « parce que la maintenance, les achats, le chef, etc., n'ont pas le temps ». Les personnels doivent comprendre que les choses avanceront plus vite et à leur convenance s'ils arrivent à régler les problèmes par eux-mêmes, ou tout du moins à bien les poser et les analyser pour que leur résolution soit facile et rapide.

Les services annexes, comme la maintenance, le support technique, les services généraux et même la hiérarchie, interviendront d'autant plus volontiers et rapidement que le travail a été bien préparé et structuré.

Le message à faire passer est donc : essayez de faire les choses simples par vous-mêmes.

En retour, il est judicieux que les problèmes résolus de manière autonome par les personnels soient reconnus et valorisés au travers des moyens de communication et de promotion internes.

5S ET PROGRÈS PERMANENT

Les 5S portent en eux le germe de l'amélioration continue, inscrite dans la cinquième étape *Suivre et Progresser*. L'amélioration continue à la japonaise, le *Kaizen*, est faite de petites actions pragmatiques, simples et rapides à mettre en œuvre, à pratiquer au quotidien. Dans les contextes industriels ou de la prestation de services, les possibilités d'amélioration sont sans fin et doivent être continuelles, car outre la volonté de s'améliorer, l'autre moteur qui y pousse est la pression concurrentielle : comment améliorer les performances du service, de l'entreprise, pour rester compétitif ?

Les inconvénients de l'amélioration continue sont la vitesse relativement lente des progrès, puis leur ralentissement dès que les actions à plus

© Groupe Eyrolles

gros gains ont été menées, pour finalement se heurter à la limite du ratio investissements/gains raisonnable.

Le progrès permanent est en fait constitué de trois composantes, répondant ainsi à trois besoins différents :

1. La maîtrise, la mise sous contrôle.
2. L'amélioration de l'existant, le changement graduel, incrémental.
3. La rupture, l'innovation, le changement radical.

Illustration 25
Les trois phases du progrès permanent

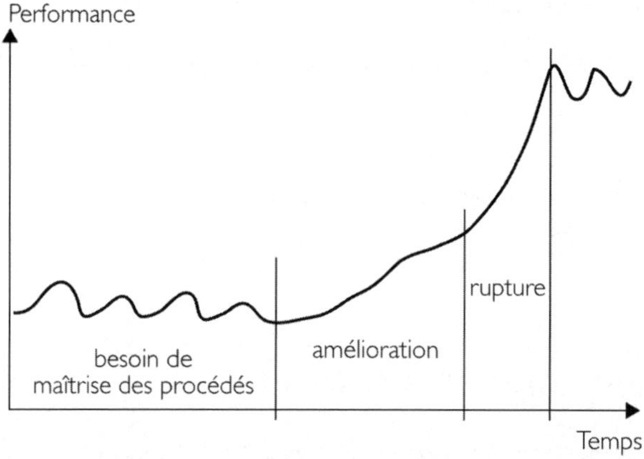

Illustration : Tout processus peut se trouver dans l'un des trois états suivants :

1. La performance est instable, les bons résultats succèdent aux mauvais sans que l'on comprenne pourquoi.
2. La performance s'améliore graduellement jusqu'à ce que les actions d'amélioration montrent leurs limites.
3. La performance est dopée par une rupture entre l'ancienne méthode et une nouvelle méthode innovante.

© Groupe Eyrolles

Dans le premier cas, l'instabilité de la performance dénote un besoin de maîtrise des procédés : il faut comprendre pourquoi la performance varie, quels sont les paramètres influents, les conditions donnant les meilleurs résultats et celles qui les dégradent. Dans cette phase les 5S peuvent aider opportunément à y voir clair, en mettant de l'ordre et en favorisant la visibilité/la visualisation. Par ailleurs, le déploiement des 5S peut supprimer certaines causes de dysfonctionnement possibles (accumulations, saletés, graissage, etc.).

En phase d'amélioration, si les 5S ne sont pas déployés, ils constituent un gisement de gains importants. S'ils sont déjà déployés, mais qu'eux-mêmes sont améliorables, ils constituent un gisement de gains résiduels. De plus les 5S jouent le rôle de cliquet anti-retour, la standardisation évitant de revenir aux pratiques et performances antérieures. Les 5S peuvent être vecteurs d'une rupture, lorsque l'on cherche à répondre aux questions du type « comment éviter de… ? » ou « comment réduire… ? » ou encore « Si nous partions d'une feuille blanche, comment nous organiserions-nous ? », ainsi qu'à chaque fois que la créativité en groupe amène une manière innovante d'opérer ou de s'organiser.

En phase de rupture, à la mise en place d'un nouveau procédé ou d'une nouvelle organisation, la connaissance préalable des 5S permet de les intégrer dès le départ, accélérant ainsi les progrès et permettant de partir immédiatement sur des bases saines. Cette logique s'applique aux 5S eux-mêmes ! Lorsque les premières mesures de performances 5S sont mises en place, il est probable que les résultats fluctuent. On cherchera donc à les stabiliser. Ensuite on mènera les premières améliorations en recherchant une meilleure utilisation de l'existant. Typiquement, nettoyer quotidiennement. À un certain stade, pour progresser encore, il faudra faire différemment et introduire une rupture dans l'existant, comme par exemple mettre en œuvre une solution pour ne plus avoir à nettoyer. Il est à noter :

- qu'après une rupture, les performances vont probablement se montrer instables à nouveau, car le processus ou l'organisation se

© Groupe Eyrolles

trouve dans un état inédit. Il faudra donc recommencer par stabiliser, puis améliorer, etc. ;
- quel que soit le niveau atteint, il est toujours possible de faire mieux ou différemment ;
- que toute amélioration doit être au bénéfice du client, interne ou externe, afin d'éviter les améliorations « inutiles ».

EXEMPLE D'AMÉLIORATION ET POKA-YOKÉ

Voici un exemple intéressant d'amélioration des opérations chez un fabricant de jeux de construction[1]. Ces jeux sont basés sur des petits éléments en plastique assemblables par enfichage. Les boîtes de jeux sont destinées aux enfants de tous âges et même à des adultes, en fonction de la sophistication des pièces et des fonctions. Les kits les plus complexes permettent de construire des robots programmables ou divers automates.

Le défi majeur à la constitution et l'emballage des boîtes est de n'oublier aucune pièce. Chacun peut imaginer la frustration des utilisateurs s'ils ne peuvent réaliser le montage faute d'une pièce, à l'instar d'un puzzle à plusieurs milliers de pièces dans lequel il en manquerait n'en serait-ce qu'une seule !

> Remarquons que la précaution consistant à mettre quelques pièces de plus trouve ses limites : économique d'abord, philosophique ensuite. Dans le cas du puzzle, elle serait tout simplement inapplicable !

1. Il s'agit d'une filiale d'un groupe industriel connu pour ses systèmes de fixation.

© Groupe Eyrolles

Du côté des opératrices constituant les boîtes, le travail est difficile : il y a une grande variété de boîtes, donc de contenus, avec des commandes de tailles variables et une forte saisonnalité. Une fois une série engagée, le travail est très répétitif, les pièces sont petites, légères, souvent semblables, et le comptage des pièces à la constitution d'une boîte se révèle vite inefficace et même contreproductif. Le travail n'est pas réellement compliqué, mais il faut beaucoup d'attention et de rigueur, ce qui est difficile à maintenir sur de longues périodes.

Les 5S déployés et améliorés avec les opératrices apportent pleinement leurs bénéfices :

- La cellule dans laquelle s'effectuent les préparations est vidée de toute pièce qui n'appartient pas aux boîtes en cours de constitution. Il ne doit pas y avoir de pièce à terre, ce qui indiquerait qu'il en manque potentiellement une quelque part, ni d'autres objets ou déchets qui masqueraient une pièce tombant à terre. Une pièce qui tomberait éventuellement doit être immédiatement visible. Évidemment, rien d'étranger au strict besoin du travail ne doit se trouver dans la cellule.
- L'éclairage est soigné ; il doit être suffisant pour éclairer uniformément la cellule, sans être trop agressif pour ne pas se refléter de manière gênante sur les surfaces brillantes.
- Une boîte avec l'illustration du kit est placée en évidence à l'entrée de la cellule, ainsi chacun peut voir quelle série est en cours. Des *check-lists* de préparation aident les opératrices à disposer les présentoirs, et des dessins reproduisant le contenu de la boîte servent de fiches de vérification. Les pièces ainsi figurées sont régulièrement comparées avec celles préparées (première et dernière boîte, ainsi que durant la série en fonction de la taille de celle-ci) ; les fiches cochées servent également de preuves de contrôle.
- Les pièces nécessaires aux boîtes en cours de remplissage sont disposées de manière ergonomique. On peut les voir et les saisir dans leurs présentoirs sans problème. Les pièces très semblables en forme ou toutes celles qui pourraient de manière générale

© Groupe Eyrolles

être confondues sont éloignées les unes des autres. Certaines pièces chères, de grande taille ou simplement représentatives, sont servies en compte juste, tout comme les emballages. C'est un des moyens d'assurer la justesse des quantités servies et emballées. En cas de détérioration, on procède à un échange un pour un.

- Les boîtes et présentoirs contenant les pièces et destinés à la cellule de préparation sont couverts pour éviter que des pièces puissent tomber durant le transport, et pour éviter la présence de poussière ou de corps étrangers dans les boîtes destinées aux clients.

Cette organisation, avec les moyens et règles correspondants, est issue des travaux de groupe des opératrices et de l'animateur progrès permanent. Cela s'est mis en place graduellement, au fil des différents chantiers menés, mais aussi au fur et à mesure que les opératrices trouvaient des améliorations.

Pour alléger la tension due à la grande attention requise en permanence, le groupe de travail a imaginé un plateau en plastique épais, dans lequel les formes de toutes les pièces à préparer sont fraisées. Ainsi, les opératrices tournent dans la cellule avec un plateau et le complètent avec toutes les pièces requises :

- chaque empreinte doit contenir une et une seule pièce ;
- la couleur de la pièce mise dans l'empreinte doit correspondre au repère couleur sur le plateau ;
- toutes les empreintes doivent être occupées avant vidage du plateau dans le sachet ;
- il est impossible (à de très rares exceptions connues près) de mettre la mauvaise pièce dans une empreinte.

Le plateau est ensuite vidé dans un sachet qui est soudé puis posé sur une balance suffisamment sensible pour détecter l'absence de la plus petite pièce (les poids limites de chaque kit à contrôler sont programmés). Si la balance détecte une erreur, le contenu du sachet est

© Groupe Eyrolles

à nouveau vidé sur le plateau pour trouver la pièce manquante. Une pièce en trop n'arrive « jamais ».

Si une boîte est particulièrement complexe, les pièces sont réparties dans différents sachets, qui correspondent à différents plateaux et aux réglages de balance adéquats.

Le plateau à formes est une première amélioration particulièrement efficace. L'expérience a montré que, malgré cela, des pièces pouvaient être oubliées, d'où l'adjonction de la balance peseuse.

Les opératrices ont ainsi à chaque fois analysé les points faibles, les problèmes et les potentiels d'amélioration, puis ont proposé des solutions simples et relativement peu coûteuses, très efficaces. Sans le savoir, elles ont intuitivement cherché à maîtriser le processus au travers de l'organisation et des règles 5S, puis l'ont amélioré, conformément aux deux premières phases du progrès permanent décrites précédemment. Sans en connaître le terme, elles ont mis en place des Poka-Yoké (ou détrompeurs en cascade), d'abord le plateau puis la balance.

Un **Poka-Yoké** (mots japonais) est un détrompeur, un système anti-erreur. Idéalement, il doit rendre l'erreur impossible. Nous sommes entourés de Poka-Yoké : par exemple, les connexions informatiques ont des fiches faites de telle manière que l'on ne puisse pas les brancher à l'envers ni au mauvais endroit.

La productivité a été significativement augmentée tout en réduisant les erreurs et oublis. Le système a prouvé sa robustesse au point de supprimer un certain nombre de contrôles pendant et après les opérations. Les tâches s'étant allégées d'une très grande partie du stress, les postes ont regagné en popularité et ont été rendus accessibles à une population d'opératrices plus vaste.

© Groupe Eyrolles

Le retour sur investissement des actions 5S est parfaitement chiffrable au travers des diverses économies réalisées : main-d'œuvre, matière, traitement des réclamations clients, etc.

© Groupe Eyrolles

Chapitre 11

5S levier du management

Les débuts de l'industrie (XIXe siècle) se caractérisent par une transition du savoir-faire artisanal, détenu par un maître artisan, à un savoir-refaire standardisé, spécialisé et banalisé, accessible à des ouvriers sans connaissances particulières. Ce mode de travail répétitif, caractéristique de la production de masse, s'accommode mal des évolutions sociologiques et des nouvelles aspirations et attentes des salariés. Les travaux de recherche sur l'individu au travail mettent en lumière le besoin de considération et d'intérêt au travail, dans le travail. Il faudra néanmoins attendre les années quatre-vingt et le glissement de la production de masse vers des séries plus courtes et davantage de variété, ainsi que l'intensification de la lutte concurrentielle pour que les aspirations des salariés et les intérêts économiques des entreprises convergent. C'est alors qu'apparaissent de nouvelles manières de concevoir l'exécution des tâches :

- la motivation et l'intérêt au travail requièrent l'enrichissement des tâches ;
- la recherche de la maîtrise de la qualité passe par la responsabilisation de chacun ;
- la prise en compte des enjeux et l'adhésion aux défis de l'entreprise supposent la participation active des salariés ;
- la réponse rapide aux exigences particulières des clients nécessite l'autonomie des personnels les plus proches de la clientèle.

© Groupe Eyrolles

PILOTER LE CHANGEMENT

Le déploiement des 5S dans un atelier, un service, dans une entreprise peut s'avérer un excellent moyen pour répondre à ces nouveaux besoins, pour :

- dynamiser les personnels ;
- les faire *participer* en tant qu'acteurs à un projet global et d'importance ;
- les responsabiliser et promouvoir leur autonomie.

Le déploiement des 5S amène le changement, propose une méthode structurée et un système de mesure et de pilotage. Le déploiement des 5S est un vecteur de changement ainsi qu'une opportunité pour le management de proximité de s'essayer à l'exercice de la délégation, de l'animation d'équipe et du pilotage de projets.

UNE PRATIQUE PARTICIPATIVE

Le management participatif est une idée déjà relativement ancienne (années soixante), issue des travaux de chercheurs[1] sur la motivation, le rôle et la place de l'individu au travail.

La définition encyclopédique de la participation est « un ensemble de principes d'après lesquels les salariés reçoivent une part des bénéfices de leur entreprise et qui, plus généralement, tendent à ce que les groupes sociaux acquièrent certains pouvoirs d'initiative dans les décisions qui les concernent ».

Notons que les 5S répondent à cette définition : les acteurs du terrain sont investis du pouvoir de repenser leur environnement et partiellement de la manière d'exécuter leurs tâches, actions dont ils seront les principaux bénéficiaires.

1. Citons à titre d'exemples les travaux d'Abraham MASLOW, Douglas MC GREGOR, Elton MAYO ou Frederick HERZERG.

© Groupe Eyrolles

La participation des acteurs en matière de 5S peut revêtir trois formes :

Tableau 37

Forme	Caractéristiques principales	Commentaires
Minimaliste	On le fait pour être conforme aux directives	Cette attitude ne peut durer sans demander un investissement considérable du responsable hiérarchique ou du chef de projet 5S. Dès que cesse la pression hiérarchique, les activités 5S risquent de s'arrêter
Éclairée	On a compris et accepté les principes, on les met en œuvre	Le changement a eu lieu et est accepté. Il faut veiller à ce que cette attitude ne retombe pas vers le minimalisme, mais progresse vers la prise en charge complète du système et de son animation
Volontaire	On anime et on fait vivre le nouveau système	Quasi autonomes, les acteurs prennent eux-mêmes en charge l'essentiel des activités 5S, le chef de projet n'étant plus ponctuellement qu'un aiguillon ou un facilitateur. La nouvelle culture est installée

L'avantage des 5S par rapport à d'autres projets plus spécifiques et moins transversaux est qu'ils ne requièrent pas de compétences particulières et qu'ils peuvent être déployés partout et par tous.

Promouvoir l'autonomie des exécutants

L'autonomie des équipes est un facteur de performance. La tendance à réduire les personnels indirects et le poids de la hiérarchie dans les entreprises conduit nécessairement à accorder davantage d'autonomie aux exécutants. Ceux-ci sont placés de manière croissante en prise

© Groupe Eyrolles

directe avec le client et/ou se retrouvent seuls face aux problèmes à résoudre en travail posté, la nuit ou le week-end.

Dans les organisations fortement hiérarchisées et construites autour d'une spécialisation par fonction, les processus sont fragmentés, déconnectés les uns des autres distribués dans les sous-organisations. La propagation du flux d'informations (montant et descendant) est ralentie par le nombre d'intermédiaires et les diverses règles de fonctionnement.

À l'arrivée d'une information, demande d'un client, devis, alerte, etc., ou lorsque survient un problème, l'information doit cheminer jusqu'aux décideurs avant de revenir aux « acteurs », comme le montre l'illustration 26.

La demande au point E, exécutable par L parcourt l'ensemble des lignes hiérarchiques.

Les principales conséquences sont :

Illustration 26

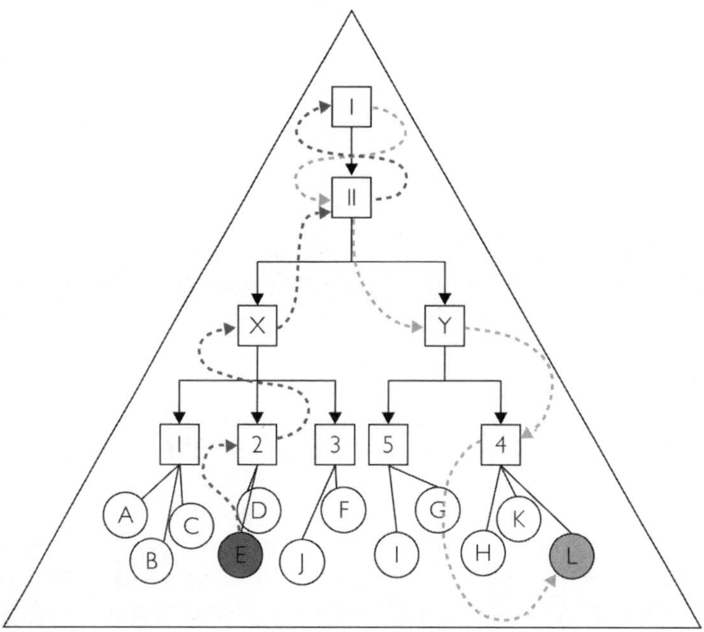

© Groupe Eyrolles

- la responsabilité et la décision sont concentrées au sommet ;
- les temps de réponse sont trop longs, souvent incompatibles avec les exigences des clients ou les impératifs de la production ;
- il existe des ressources dupliquées, des opérations inutiles, redondantes et coûteuses disséminées dans toute l'organisation ;
- la limitation des tâches, fonctions et responsabilités limite également la motivation individuelle.

Les acteurs opérationnels ont conscience des faiblesses de leur organisation, qu'ils tentent de compenser en agissant « hors système » et à l'aide d'une organisation parallèle, informelle. Bien que partant d'une bonne intention, ce pis-aller n'est pas acceptable, car le circuit parallèle *occulte* n'étant pas sous contrôle, le processus ne peut pas être maîtrisé.

Pour réduire le temps de réponse à la demande client, il faut réduire le nombre de niveaux hiérarchiques en créant un circuit de décision court et déléguer la responsabilité de la décision et de l'exécution à ceux qui sont au plus près du client.

L'autonomie et la responsabilité s'envisagent de la prise d'initiative à la résolution de problèmes pour satisfaire les clients et dans la gestion des tâches quotidiennes. Elles se délèguent tout en s'assurant que :

- les nouvelles règles du jeu sont connues, comprises et acceptées par tous ;
- les compétences nécessaires sont identifiées, disponibles et suffisantes (penser aux formations) ;
- une coordination s'assure de l'optimisation globale du système.

Autonomie et implication

L'autonomie est certes une belle idée, mais il existe des gradations du degré d'autonomie consenti en fonction des contextes et des secteurs d'activité. La matrice suivante dresse un panorama des comportements selon deux paramètres : le degré d'autonomie et le degré d'implication personnel au service de l'organisation.

© Groupe Eyrolles

Tableau 38

		Autonomie	
		Faible	**Forte**
Implication personnelle au service de l'organisation	**Forte**	***Bureaucratie*** Prépondérance des procédures Organisation efficace ***Autocratie***	***Management participatif*** ***Groupes autonomes*** ***Organisation efficiente***
	Faible	Prépondérance des décisions prises par le chef ***Taylorisme*** Exécution sans aucune initiative	***Zone interdite*** Prépondérance des intérêts personnels ***Anarchie***

Le **taylorisme** se définissant par la séparation de ceux qui pensent le travail et ceux qui l'exécutent, la hiérarchie est nécessaire pour transmettre les instructions et les ordres aux opérationnels. Sans ces directives, les exécutants restent sans initiative, se réfugiant volontiers derrière des phrases types : « *On n'est pas payé pour ça* », « *Ce n'est pas à nous de penser…* »

Le système ne fonctionne qu'avec l'indispensable courroie de transmission qu'est l'encadrement de proximité.

L'**autocratie** peut être le fruit d'un comportement individuel – un chef qui veut tout régenter – ou être institutionnalisée par le système. Les exécutants peuvent suggérer, mais l'approbation par la hiérarchie reste un passage obligé avant toute mise en œuvre.

© Groupe Eyrolles

La **bureaucratie** dépersonnalise le pouvoir en le transférant aux procédures. L'organisation est efficace tant qu'une procédure apporte la réponse au problème posé. Son point faible réside dans sa lourdeur et son manque de réactivité.

L'autonomie des individus sans leur implication au service de l'organisation est le signe de la prépondérance des intérêts personnels sur ceux de l'organisation, situation intolérable en entreprise, car elle peut conduire à l'anarchie. Notons aussi que certains secteurs d'activité, de par leur nature, ne peuvent accorder beaucoup d'autonomie, si ce n'est aucune autonomie, sans que cela implique des mauvaises performances ou un quelconque malaise parmi les employés : industrie nucléaire, aéronautique, par exemple.

La matrice ci-dessus rappelle que la délégation de la responsabilité et de l'autonomie :

- se mérite. Elle doit être justifiée par un compromis gagnant/gagnant entre l'organisation et les individus ;
- s'organise. Pas question de déléguer à la légère, sans préparation et quelques précautions ;
- se décrète. C'est l'organisation qui délègue et non les individus qui s'arrogent des pouvoirs.

Dans les entreprises marquées par un management hiérarchique et/ou taylorien, nos observations empiriques montrent que la population se scinde en trois tiers :

- les *menants*, qui ne montrent pas ou peu d'état d'âme, comprenant que les temps changent, et qui s'emparent de l'opportunité pour (enfin) régler des problèmes qui n'ont jamais été traités auparavant ;
- les *déboussolés*, qui mettent un temps à réaliser qu'ils peuvent agir par eux-mêmes et avoir voix au chapitre. Ils ont souvent besoin d'être rassurés et stimulés pour aller vers l'action de manière autonome ;
- les *réfractaires*, qui ne savent que faire de cette liberté. Ils regrettent le confort que confèrent les ordres à exécuter et… le plaisir de les critiquer.

© Groupe Eyrolles

Tableau 39

Typologie	Accompagnement
Menants	• Déléguer, mettre en situation • Canaliser les actions pour éviter les « hors sujet » • Valoriser et communiquer sur leurs résultats
Déboussolés	• Stimuler • Rassurer • Valoriser
Réfractaires	• Distinguer les individus en fonction de leur posture et de leur pouvoir • Identifier les éventuels faiseurs d'opinion, vérifier l'importance de leur « audience » • Récupérer les déboussolés déguisés en réfractaires, ainsi que ceux qui ne hurlent qu'avec les loups • Laisser suffisamment de temps pour évacuer les premières craintes • Ne pas chercher à convertir de force, trouver à employer judicieusement ceux qui refusent l'autonomie dans des tâches d'exécution

En conclusion, on peut noter que les 5S participent à la mise en place d'un nouveau mode de management, fondé sur la confiance et l'autonomie des équipes de travail, mis en place de manière progressive et structurée.

UN MODÈLE POUR LE MANAGEMENT DE PROXIMITÉ

Traditionnellement dans l'industrie, le management de proximité – chefs d'équipes, agents de maîtrise et chefs d'atelier – sont de bons professionnels ayant accumulé de l'expérience et qui sont sortis du rang. En matière de management, ces personnels ont au mieux bénéficié de stages spécifiques sur la conduite d'équipe, le comportement ou la

© Groupe Eyrolles

communication. Pour beaucoup, ils se sont forgé leur propre approche du management par un long processus d'apprentissage par essais et erreurs. Certains n'ont eu comme modèle que le commandement de leur propre hiérarchie ou encore le modèle militaire. Or le commandement est un modèle de management en perte de vitesse, la majorité des entreprises se voulant participatives. Les 5S fournissent à ces encadrants les moyens de piloter leur propre changement, ainsi que celui des équipes dont ils ont la charge :

- délégation des responsabilités, de l'organisation et de la planification, ainsi que des décisions ;
- animation, facilitation et coaching des équipes ;
- évaluation des résultats et communication.

Les 5S fournissent un vrai modèle de management, comprenant :

- des buts et objectifs liés à des enjeux ;
- une feuille de route en cinq étapes ;
- des outils d'analyse et de décision ;
- un cadre participatif ;
- etc.

Parmi les outils, le PDCA est une perle, concentrant en quatre phases essentielles une démarche structurée pour de multiples usages. Pour le manager, qu'il soit chef d'équipe, responsable d'une ligne ou d'un atelier, animateur de groupes ou chef de service, le PDCA rappelle que :

- la **P**lanification est le préalable à toute action ;
- le Déploiement – ou plutôt la **D**élégation – met en œuvre le plan ;
- la confiance n'exclut pas le **C**ontrôle, la mesure ;
- au vu des résultats, l'étape suivante peut nécessiter d'**A**gir pour corriger la trajectoire.

Plus généralement, les 5S fournissent l'opportunité de définir une boîte à outils et de méthodologie commune de résolution de problèmes. Citons parmi ces outils et méthodes quelques-uns les plus couramment utilisés :

© Groupe Eyrolles

Tableau 40

Brainstorming ou remue-méninges	Outil de créativité destiné à générer un maximum d'idées
Diagramme causes/effet ou diagramme d'Ichikawa ou diagramme en arêtes de poisson	Outil polyvalent d'organisation des connaissances, de communication ou formation et surtout d'investigation
Diagramme de Pareto et analyse ABC	Outil de prise d'analyse et de prise de décision
Le vote pondéré	Priorisation et/ou prise de décision consensuelle
Le questionnement QQOQCPC	Mnémotechnique et *check-list* Qui, Quoi, Où, Quand, Comment, Pourquoi, Combien
La recherche de la cause racine à l'aide des 5 *pourquoi ?*	Se poser 5 fois la question « pourquoi », pour trouver de proche en proche la cause des causes

Certains de ces outils sont détaillés dans l'annexe.

Ces outils se diffuseront au rythme de la diffusion des 5S sur les différentes zones concernées.

© Groupe Eyrolles

Chapitre 12

Les 5S, fondement du *Lean Manufacturing*

Le concept de *Lean Manufacturing* est né dans les ateliers de Toyota, après la Seconde Guerre mondiale, sous l'impulsion de Kiichiro Toyoda, président de Toyoda Motor Company, qui déclara : « *Il faut rattraper l'Amérique en trois ans, sinon l'industrie automobile japonaise ne survivra pas*[1]. » Les différences entre les marchés et les constructeurs automobiles américains et japonais étaient telles que Toyota devait obligatoirement innover pour survivre.

Les ingénieurs de Toyota vont alors revisiter de manière critique les ateliers et se rendre compte que les opérations sont à envisager par processus et non plus par type d'activité (tournage, perçage, fraisage, etc.) et que ceux-ci comportent énormément de gaspillage. Au fil de leurs observations, ils en définissent sept types génériques :

1. Gaspillages provenant de la surproduction.
2. Gaspillages provenant des temps d'attente.
3. Gaspillages occasionnés par les transports.
4. Gaspillages dus aux stocks inutiles.
5. Gaspillages dans les processus de fabrication.
6. Gaspillages dus aux mouvements inutiles.
7. Gaspillages dus aux pièces défectueuses.

1. OHNO Taiichi, *Toyota Production System : Beyond Large-Scale Production*, Productivity Press Inc., 1978.

© Groupe Eyrolles

En stipulant que les pertes dues aux gaspillages sont des bénéfices potentiels, il faut s'attacher à les éliminer. De cette volonté et de ces constats sont nées, ou *re-nées*, la plupart des méthodes dites japonaises.

LEAN MANUFACTURING

Lean signifie littéralement *maigre*. Un processus *lean* est un processus débarrassé de toutes les opérations inutiles, les stocks en excès qui le rende *obèse* et moins performant, un processus dans lequel les gaspillages sont éliminés ou du moins très fortement réduits[1]. La recherche systématique des sources de gaspillage et leur élimination sont au cœur de cette façon de penser. En repassant en revue les sept types de gaspillages, on voit que les 5S sont une approche privilégiée pour les éradiquer :

- simple, tout le monde peut participer ;
- tout le mode est concerné, au moins à son poste de travail ;
- leur structuration et leur formalisation permettent de les appliquer et de les répliquer ;
- l'animation des actions et chantiers 5S permet de changer les mauvaises habitudes et acquérir un nouvel état d'esprit.

La mise en œuvre des outils du *Lean Manufacturing* nécessite la participation et l'implication des personnels opérationnels, car c'est sur le terrain que se détermine en grande partie la performance. Les acteurs savent le mieux quels sont les problèmes du quotidien et quelles mesures peuvent les résoudre et éviter qu'ils surviennent à nouveau.

1. Pour en savoir plus : http://chohmann.free.fr/lean/

© Groupe Eyrolles

TRANSPOSITION DANS LES BUREAUX : *LEAN OFFICE*

Le succès du *Lean Manufacturing* dans le contexte de la production industrielle a poussé la recherche de transpositions dans d'autres domaines, les services connexes à la production d'abord, puis tout ce que l'on regroupe habituellement sous le terme générique de « bureaux ». Le concept est connu sous le nom de *Lean Office*.

La transposition production/bureaux se fait aisément, en remplaçant la matière par des données et des informations, la production par le traitement et l'exécution des tâches administratives. Le déploiement du *lean* dans les tâches administratives vise à éliminer les mêmes types de gaspillages qu'en production industrielle :

- la surproduction de documents et données, quel que soit leur support ;
- les stocks en encours inutiles de dossiers, de documents ou de données ;
- les opérations inutiles : copies multiples, vérifications ;
- les transports et déplacement de dossiers et documents ;
- les mouvements et déplacements inutiles ;
- les délais d'attentes ;
- les rebuts et retouches.

Tout comme en production industrielle, la recherche de performance, de productivité dans les tâches administratives va consister à :

- réduire les temps de traitement ;
- améliorer la tenue des délais administratifs et la qualité des prestations ;
- réduire les travaux en attente ;
- réduire, et idéalement, éliminer les erreurs (frappe, traitement, commande, adresse…) ;
- gagner de l'espace, réduire le besoin en surface de bureaux et locaux d'archives ;
- réaliser des économies sur des dépenses inutiles.

© Groupe Eyrolles

LA COMPLÉMENTARITÉ ATELIERS/BUREAUX

Le monde des ateliers et le monde des bureaux semblaient jusqu'à récemment encore hermétiques l'un à l'autre. Les exemples donnés au fil des pages montrent que les astuces et bonnes pratiques des uns se transposent aisément dans le monde des autres, et que tout bien considéré, il y a plus de similitudes entre eux qu'il n'y paraît.

En matière de *lean*, la notion de processus est fondamentale. Ainsi, dans les entreprises où se côtoient les « deux mondes » – l'exécution de tâches physiques et l'exécution de tâches administratives – il ne faut pas chercher à optimiser les uns et les autres séparément, mais à optimiser le processus global ! En effet, le plus souvent les tâches administratives encadrent les tâches physiques, comme dans le processus suivant, qui se lit de gauche à droite :

Tableau 41

Service	**Administration des ventes**	**Achats / approvisionnements**	**Production**	**Qualité**	**Logistique expédition**	**Comptabilité**
Tâche	Gérer les commandes	Commander les matières	Fabriquer les produits	Vérifier la conformité	Expédier les commandes	Facturer
Type	Administratif	Administratif	Physique	Administratif	Physique	Administratif

La performance[1] globale de ce processus n'est pas liée uniquement à la performance de la production. Tous les services affectent les coûts, la qualité et les délais. La notion de produit est de plus en plus étendue aux services, avant, pendant et après-vente, qui l'accompagnent. Ainsi, un client dont l'information sur la date de livraison est cruciale sera irré-

1. Il s'agit du prix, de la qualité et des délais, conformes aux attentes du client, au meilleur coût pour l'entreprise.

© Groupe Eyrolles

médiablement déçu si cette information n'est pas disponible ou non fiable.

Bien des fois la production doit recourir à des heures supplémentaires pour achever rapidement une commande, alors que ces mêmes produits resteront stockés quelques jours en attendant le feu vert du service qualité !

En raisonnant par l'absurde, un service achats objectivé sur l'économie à l'achat pourrait négocier un prix imbattable pour une quantité de matière telle que l'on ne saurait où la stocker ni comment la financer, et que, au bout du temps nécessaire à écouler ce stock, il serait en partie obsolète ou périmé ! Pourtant ce service se serait acquitté *efficacement* de sa tâche !

La performance globale ne peut s'atteindre qu'au travers d'une organisation par processus, tous les services et toutes les tâches étant alignés pour servir le client de manière efficiente. Pour ces raisons, les 5S dans les bureaux, et au-delà le principe du *Lean Office*, prennent tout leur sens.

FAIRE LE 5S D'UN PROCESSUS AVEC LE *VALUE STREAM MAPPING*

Le *Value Stream Mapping* ou « cartographie du flux de la valeur », est un outil d'analyse privilégié d'une démarche *lean*. Cette cartographie sert à visualiser les flux physiques et les flux d'informations qui contribuent à la création de valeur dans le processus, ainsi qu'à discriminer les tâches à valeur ajoutée des tâches à non-valeur ajoutée. Dans le concept *lean*, seules les tâches à valeur ajoutée sont utiles, les autres ne sont que gaspillage.

Une fois identifiées les sources de gaspillage et de sous-performance du processus, on peut vérifier si les tâches en question peuvent être supprimées ou non :

- si une tâche n'ajoute aucune valeur et qu'elle n'est pas indispensable, il faut la supprimer ;

© Groupe Eyrolles

- si une tâche n'ajoute aucune valeur et mais que l'on ne peut pas la supprimer, il faut la réduire le plus possible.

Exemples

1. Une cartographie montre que dans un processus de vente, différentes tâches ne sont effectivement exécutées qu'après un délai de sept jours ouvrés. Du point de vue *lean*, ce délai d'attente est inutile, mais il ne peut être supprimé ni réduit sans risque, car il correspond au délai légal de rétractation du client[1].
2. Une cartographie montre que dans un processus de fabrication, les pièces doivent être transportées d'un atelier d'usinage à un autre. Transporter des pièces ne leur confère aucune valeur supplémentaire. La redisposition des machines dans un même atelier permet dans un premier temps de considérablement réduire les transports. Dans un deuxième temps, certaines machines sont mises en prise directe, l'une alimentant automatiquement la suivante, supprimant totalement le besoin de transport des pièces.

La seule cartographie de l'état actuel ne sert pas à grand-chose si elle n'est pas suivie d'une amélioration. Réaliser un *Value Stream Mapping* (VSM) c'est en réalité faire trois choses :

1. Établir une cartographie de l'état actuel, puis son analyse critique.
2. Refaire une autre cartographie du même processus, mais idéalisé. Autrement dit, imaginer l'état futur.
3. Établir puis mettre en œuvre un plan d'action pour passer de l'état actuel à l'état futur.

1. En France, « Loi Scrivener », n° 79-596 du 13 juillet 1979.

© Groupe Eyrolles

Le déploiement des 5S et la réalisation d'un VSM ont de grandes similarités, comme le montre le tableau comparatif suivant :

Tableau 42

5S	VSM
Établir un état des lieux	Établir l'état actuel du processus
Trier et se débarrasser de l'inutile	Discriminer les tâches à valeur ajoutée de celles sans valeur ajoutée, supprimer ou minimiser les tâches inutiles
Ranger/arranger	Redéfinir le processus idéal en réarrangeant les tâches et les postes
Nettoyer, remettre en état	Mettre en œuvre le plan d'action
Standardiser, officialiser la nouvelle manière de tenir le poste	Officialiser la nouvelle organisation, le nouveau processus
Progresser, améliorer, simplifier	Améliorer, simplifier
Utiliser la communication visuelle	Utiliser des symboles (pictogrammes) simples dont la connaissance permet une lecture aisée, une compréhension du processus et l'identification immédiate des points à améliorer

Faire un VSM c'est en quelque sorte faire les 5S d'un processus. Le déploiement préalable des 5S peut judicieusement préparer un travail sur un processus. En effet, les actions liées aux 5S sont concrètes et pratiques, elles servent à « formater » la façon de voir et de penser des participants. Le travail ultérieur sur un processus, plus abstrait, sera facilité par l'initiation préalable par les 5S.

© Groupe Eyrolles

Exemple

Une mission de conseil dans une entreprise révèle que pour parvenir aux objectifs visés, les tâches des cellules autonomes de l'atelier d'assemblage, ainsi que la logistique périphérique doivent être revues. L'entreprise souhaite l'adhésion et l'implication des personnels concernés, essentiellement des opératrices de production. L'approche recommandée est de commencer par la mise en place des 5S dans et aux alentours des cellules autonomes, afin de réduire les premiers gaspillages. Ensuite, profitant de la nouvelle dynamique et dans le cadre du 5e S, les actions de progrès viseront à intégrer les opérations des cellules autonomes aux nouveaux flux logistiques. La méthodologie retenue pour cette deuxième phase est le VSM, qui sera présenté aux participants comme un **5S étendu**.

LES 5S COMME PRÉREQUIS D'AUTRES MÉTHODES DE LA PERFORMANCE

Les 5S sont un outil de la performance en soi. Ils sont aussi un prérequis indispensable à la mise en œuvre d'autres méthodes. Le concept de *Lean Manufacturing* est essentiellement une manière de penser. Pour la mise en œuvre des actions, il s'appuie sur une véritable boîte à outils, parmi lesquels se trouvent deux méthodes particulièrement efficaces : TPM et SMED.

TPM, *Totale Productive Maintenance*

La maintenance productive totale ou TPM est née officiellement au Japon, en 1971. Elle est une évolution de méthodes de maintenance, notamment américaines, qui tentent d'améliorer le rendement des machines par une démarche proactive, formalisée et systématique. Il s'agit essentiellement d'éviter :

© Groupe Eyrolles

- les arrêts machine pour cause de pannes et de dysfonctionnement ;
- les dégradations de performance par l'usure, les mauvaises utilisations et le mauvais entretien ;
- les arrêts prolongés en attendant les agents de maintenance, parce que les opérateurs n'ont pas l'autorisation ou la compétence pour intervenir.

L'émergence de la TPM reste dans le courant de pensée *lean*, car on cherche à produire plus et mieux sans investissement productif supplémentaire, afin d'exploiter au maximum les capacités productives déjà en place. Ceci est possible si l'on s'attaque aux gaspillages. La signification du terme *Maintenance Productive Totale* s'explique ainsi :

- maintenance : il s'agit de maintenir en bon état, réparer, nettoyer, graisser ;
- productive : assurer cette maintenance tout en continuant à produire ou en pénalisant le moins possible la production ;
- totale : considérer tous les aspects et y associer tout le monde.

La TPM est donc une méthode participative, exhaustive, avec un objectif (maintenir les installations) et un but (produire au maximum)[1].

Les opérateurs au plus près des machines deviennent les acteurs majeurs des programmes TPM. On attend d'eux qu'ils s'investissent dans la démarche en ouvrant leurs horizons et leurs responsabilités. Le nettoyage régulier, au moins quotidien, est indispensable pour détecter de manière précoce toute usure, fuite ou dégradation. Rappelons que le nettoyage régulier (*seiso* ou troisième S) est une forme d'inspection.

Par ailleurs, pour remettre rapidement une machine en marche, il faut éviter de perdre du temps en recherches de documents, d'outils, de pièces, etc. Par conséquent, tri et rangement sont indispensables.

L'approche 5S étant participative, les opérateurs sont sollicités pour repenser le travail de manière efficiente, en fonction de leur expérience,

1. Pour en savoir plus : http://chohmann.free.fr/maintenance/

© Groupe Eyrolles

des contraintes qu'ils vivent au quotidien et des idées d'amélioration qu'ils vont proposer et mettre en œuvre. La collaboration avec les experts de la maintenance est une excellente opportunité pour les uns et les autres de connaître les contraintes et problèmes de l'autre partie.

Ce mode de déploiement est particulièrement motivant et les participants s'impliquent fortement, d'autant que la mise en place des 5S donne également aux opérateurs l'occasion d'enrichir leurs tâches, notamment en leur déléguant l'entretien courant des machines et équipements. Une petite formation dispensée par les experts de la maintenance peut s'avérer nécessaire, puis les experts et les opérateurs travaillent ensemble à l'écriture des modes opératoires et procédures d'entretien courant. Ces règles et les meilleures pratiques en matière de maintenance deviennent le standard que les opérateurs définissent et mettent en œuvre. Une dernière étape sans fin est d'améliorer ces méthodes pour les rendre toujours plus performantes.

Les bénéfices de cette collaboration[1] sont multiples. L'implication entraîne le respect des modes opératoires et des procédures que les opérateurs auront contribué à écrire, ou tout au moins dont ils auront compris la nécessité et l'importance. L'implication les pousse également à respecter les équipements et les installations, réduisant ainsi sensiblement les problèmes et gaspillages dus à la négligence.

Pour la plupart des opérateurs concernés, cet enrichissement de tâche est vécu très positivement, il valorise leur poste au-delà de la simple conduite de machine et les implique au quotidien.

Les praticiens de la TPM commencent *toujours* son déploiement par la mise en œuvre des 5S. Notons que les succès de la *Total Productive Maintenance* cherchent également à être étendus à d'autres domaines que la production industrielle, sous le terme *Total Productive Management*.

1. HOHMANN Christian, « La contribution des 5S à la maintenance », in *Production Maintenance* n° 8, mars 2005, p. 41-42.

© Groupe Eyrolles

La méthode SMED

Une autre cause d'arrêt de la production est due aux changements nécessaires entre les fabrications successives, les changements d'outils, de production, ou de séries :

- changement de formulation dans un réacteur chimique ;
- changement de format en imprimerie ;
- changement de recette dans l'agroalimentaire ;
- changement de fabrication en mécanique, en plasturgie ;
- etc.

Durant tous ces changements, il faut vider, débarrasser ce qui reste de la production achevée ou interrompue, nettoyer, préparer machines et installations pour la nouvelle production, régler, essayer, régler encore avant de pouvoir relancer à pleine cadence.

Le SMED[1], ou changement rapide d'outil, vise à réduire le temps d'arrêt des machines lors de ces changements de production ou de séries. Le SMED est une course contre la montre, car l'arrêt des machines prive l'entreprise de production vendable.

Le terme *Single Minute* de cet acronyme signifie que la durée du changement doit se mesurer avec un seul chiffre, donc au maximum 9 minutes. Aussi étonnant que cela puisse paraître, avec la démarche SMED, des processus complexes nécessitant typiquement plusieurs heures de changement peuvent être modifiés pour qu'un changement se réduise à quelques minutes.

Mais là encore, c'est une performance qui reste illusoire sans bonnes conditions préalables que vont apporter les 5S : disponibilité des outils et pièces, rangements et identifications favorisant les actions rapides et sans erreurs, pas d'objets inutiles qui encombrent et gênent, un mode opératoire adapté et partagé et enfin une démarche de progrès pour améliorer.

© Groupe Eyrolles

1. Acronyme de *Single Minute Exchange of Die*. Pour en savoir plus : http://chohmann.free.fr/

Exemple

Les outils à main sont souvent des facteurs de perte de temps : il faut les rechercher, ils se perdent, se détériorent, ne sont pas adaptés, etc. Il est courant, dans le cadre du SMED de supprimer le recours aux outils à main. L'analyse montre en effet que ce sont là des objets inutiles dès lors que l'on trouve d'autres solutions, suppression des clés par la mise en place d'écrous à oreilles ou d'écrous à poignée incorporée. C'est une forme de *seiri*, de tri-débarras.

Comme pour la TPM, le SMED commence le plus souvent par la mise en place des 5S.

VRAI OU FAUX, POUR OU CONTRE ?

L'affirmation que les 5S sont des prérequis d'autres méthodes de la performance trouve un large un écho approbateur. Bon nombre d'entreprises représentent les 5S comme le socle sur lequel est bâti leur système de production ou « leur maison du *lean* ».

Cette affirmation trouve cependant quelques contradicteurs argumentant que, devant un défi important, comme par exemple l'amélioration de la disponibilité des équipements ou de la productivité, commencer par du 5S est non seulement dérisoire mais également porteur d'un risque important pour la crédibilité du projet.

En fait, il n'y a aucune contradiction dans ces deux postures. La première est celle de la vision constructive à long terme, dans laquelle il est important de se doter de bases solides. La seconde tend à répondre à un défi à court terme devant laquelle la finalité à long terme s'efface momentanément face à l'urgence et/ou l'ampleur du problème à résoudre. Une fois ce problème résolu et une certaine sérénité revenue, on peut se replacer dans une logique constructive.

© Groupe Eyrolles

Plus généralement, le pour ou le contre débuter un programme d'amélioration ou le déploiement d'autres méthodes par les 5S est plus affaire de contexte et de préférence du praticien animateur, que d'une « loi » indiscutable. Dans ce type de débat, chaque praticien dispose d'au moins une expérience probante étayant sa thèse et d'une expérience pour infirmer la thèse adverse.

© Groupe Eyrolles

Chapitre 13

Management visuel

La vue est le sens le plus sollicité et le plus stimulé par notre environnement. Ce sens nous permet d'acquérir puis d'analyser très rapidement une grande quantité d'informations. C'est aussi le sens qui nous permet d'appréhender ce qui est lointain, contrairement au toucher qui nécessite le contact donc la proximité. À information équivalente, les supports de communication visuels peuvent être simples, alors que passer une information audible par exemple suppose des moyens bien plus sophistiqués.

Nous sommes habitués à utiliser prioritairement la vue et nous favorisons le recours au visuel, par exemple pour nous constituer des pense-bête, des listes de courses, marquer la page d'un livre ou repérer un arbre à traiter. Nous baignons quotidiennement dans des environnements, professionnels, publics ou privés, qui privilégient tous largement le sens de la vue. Aussi nous est-il naturel de recourir à la communication et au management visuel.

Les 5S sont eux aussi fortement liés à la communication et au management visuels. Le marquage des allées de circulations, des limites des zones de travail et de stockage, les panneaux avec la silhouette des outils, le marquage des dos de classeurs et les panneaux d'information sont les matérialisations visuelles courantes des actions lors de la mise en place des 5S.

Cependant, au-delà de ces exemples classiques rapportés par un animateur ou un formateur, les participants et les encadrants peinent à comprendre la différence entre communication et management visuel.

© Groupe Eyrolles

MANAGEMENT OU COMMUNICATION ?

La communication visuelle est essentiellement une action consistant à diffuser ou mettre des informations à disposition d'un public. L'ensemble des supports utilisés, la manière, la fréquence définie, le contenu forment un système qui est actif et dynamique mais qui n'implique pas nécessairement le public qui reçoit ou consulte les informations. Celui-ci peut être totalement étranger à la chose communiquée et demeurer passif.

Le management visuel est un système qui engage le public ciblé à (ré)agir tout en restant informatif pour les autres. Essayons d'approfondir.

Les racines latines puis italiennes du mot management évoquent le maniement à la main, respectivement *manus* et *maneggiare*. Le verbe français *ménager* au sens de gérer, puis son anglicisation en *management* signifient administrer, diriger, gérer…

Les tâches principales et traditionnelles d'un manager[1] sont : planifier, organiser, faire réaliser et contrôler. Le management plus participatif et le besoin de réactivité font déléguer ces tâches aux échelons inférieurs, souvent jusqu'aux exécutants, en repositionnant le rôle du manager sur les tâches suivantes : déléguer, gérer, motiver et développer.

Le management visuel est par conséquent un système répondant aux besoins de chacun des niveaux, exécutants et managers.

Mais concrètement, qu'est-ce que le management visuel ? Pour comprendre, prenons un exemple familier : le code de la route.

Le management visuel expliqué sur la route

Le code de la route est un ensemble de règles, de droits et d'obligations rendus nécessaires par l'accroissement du trafic routier au fil du temps.

1. MORIN Pierre, *L'art du manager*, Éditions d'Organisation, Paris, 1997.

© Groupe Eyrolles

La conduite des véhicules requiert l'acquisition et l'analyse de paramètres qui non seulement se sont multipliés à mesure que le code de la route s'étoffait, mais qui arrivent de plus en plus vite et nécessitent une synthèse et une analyse de plus en plus rapide à mesure que la vitesse des véhicules et que la densité de la circulation se sont accrues.

Par ailleurs, tout conducteur doit pouvoir identifier et interpréter correctement les indications du code de la route, quels que soient son niveau d'éducation, sa langue ou sa culture d'origine. Pour répondre à toutes ces contraintes, un système de signalisation essentiellement visuel s'impose. L'écrit, bien que faisant partie des systèmes visuels, doit être limité s'il ne peut être évité. En effet, il impose un « décodage » du message, ce qui suppose de connaître la langue employée, et d'avoir le temps de lire et interpréter le message.

Notons que, hormis assurer le partage d'un espace de plus en plus restreint et de conserver la fluidité du trafic, c'est surtout le souci de sécurité qui a développé et enrichi le code de la route.

Avec le code de la route et ses symboles codifiés, il est possible à tout conducteur dûment formé et autorisé à conduire de se comporter conformément aux règles, dans des endroits qui ne lui sont pas familiers, sans nécessiter en permanence de manuel ouvert sur les genoux ni un moniteur d'auto-école sur le siège passager !

Un panneau routier indiquant une succession de virages dangereux permet au conducteur d'anticiper, donc de planifier ses actions ; il sait en voyant le panneau de quel côté s'incurvera la route au premier virage et ne devrait donc pas être surpris. Il adapte la vitesse du véhicule pour aborder le virage et en corrige la trajectoire en s'aidant des marquages horizontaux sur la chaussée. Ce faisant, il réalise l'action (prend le virage), contrôle la trajectoire (le résultat de l'action prendre le virage) et corrige le cas échéant.

Les forces de police et de gendarmerie, dans leur rôle de contrôle, peuvent apprécier le comportement des usagers de la route en fonction de la signalisation et des règles du code de la route, même dans des quartiers ou des environnements qui ne leur sont pas familiers. La

© Groupe Eyrolles

plupart des infractions sont visibles par l'écart entre le comportement du conducteur et celui dicté par la signalisation, qui sert de référentiel.

Une information relevant de la *communication visuelle* sur le bord des autoroutes sont les panneaux d'informations touristiques. Ils ne font qu'informer les usagers de la proximité d'un lieu ou monument remarquable, sans que cela ne comporte aucune restriction ou obligation.

Le management visuel en entreprise

Une transposition du code de la route dans l'entreprise est le règlement intérieur, dont quelques affichages rappellent les devoirs et obligations des personnels, ou encore les règles relatives à la sécurité.

Cependant, les marquages des différentes allées et surfaces réservées sont plus proches de l'exemple routier. Les piétons, même visiteurs ou nouveaux dans la société, comprennent rapidement quelles voies de cheminements leur sont réservées. La hiérarchie ou d'autres collègues peuvent rappeler les contrevenants à l'ordre, leur comportement non conforme ou leur stationnement dans des zones où cela n'est pas permis étant mis en évidence par la signalisation. De même, le dépôt de matériel dans des voies de circulation devient lui aussi apparent, et les contrevenants sont priés de respecter les limites de stockage et le dégagement des voies de circulation.

Grâce aux marquages, chacun sait comment se comporter, même dans une zone qui ne lui est pas familière, et tout comportement non conforme devient visible à tout le monde.

Le management visuel dans l'entreprise est cependant plus ambitieux, il vise à déléguer aux acteurs du terrain la planification des actions, l'organisation de leur périmètre et de leurs tâches, la réalisation des travaux, le contrôle des comportements et des résultats des actions.

La hiérarchie planifie elle aussi des actions, mais à un niveau supérieur (voir le *principe des pyramides*) puis délègue l'organisation et la réalisation, contrôle le résultat et donne son appréciation ainsi que les directives suivantes.

© Groupe Eyrolles

On se retrouve ainsi avec une utilisation en cascade du PDCA. Au niveau supérieur le manager Planifie puis Délègue aux équipes la réalisation. Une délégation digne de ce nom indique aux acteurs le « quoi », mais leur laisse le soin du « comment ». Ainsi, recevant leurs objectifs, les équipes commencent par Planifier leurs actions, les Déploient puis en Contrôlent les résultats de manière autonome. Le manager Contrôle lui aussi, et pendant que les équipes ont éventuellement déjà Ajustés leurs actions, le manager Apprécie et éventuellement impose un Ajustement. Ce dernier devient le A' des équipes, pour le distinguer du A qui leur est propre.

Tableau 43 – Enchaînement des phases du PDCA en cascade

Manager	**P**	**Déléguer**			**C**	**A**
Équipe 1		P	D	C	A	A'
Équipe 2		P	D	C	A	A'
Équipe 3		P	D	C	A	A'

Au travers du management visuel, tout le monde doit être en mesure de comprendre l'organisation, les opérations et les règles de base qui régissent l'environnement. Voici quelques exemples qui permettent de vérifier la pertinence du système de management visuel mis en place.

Grâce au management visuel un nouvel arrivant (y compris un martien) doit :

- savoir comment se comporter et ne pas mettre en danger ;
- comprendre intuitivement l'organisation et le fonctionnement du processus ;
- comprendre facilement « l'état du système », notamment où il se situe par rapport aux objectifs ;

© Groupe Eyrolles

- contribuer activement et rapidement au fonctionnement, sans erreur et sans transgresser de règle essentielle (sécurité, confidentialité, qualité...).

Le hiérarchique doit pouvoir instantanément et visuellement :

- comprendre si tout va bien ou s'il y a alerte (où, sur quoi, importance du risque) ;
- apprécier l'état d'avancement du travail par rapport à l'objectif journalier ;
- trouver l'information qu'il recherche même en l'absence du personnel.

Le personnel doit pouvoir instantanément et visuellement :

- apprécier l'état d'avancement du travail par rapport à l'objectif journalier ;
- trouver l'information recherchée même en l'absence des collègues ;
- reprendre un dossier ou une tâche de collègues absents.

Les limites de la « littérature »

L'écrit permet de fixer avec une relative bonne précision les règles, obligations, conseils et interdictions. La mise en place des systèmes de management de la qualité, renforcée par l'apparition de la norme ISO9001 et des suivantes, a créé une inflation de littérature. Si « avant » la part de supports écrits était probablement insuffisante pour garantir la standardisation et la répétabilité, il y en a eu trop immédiatement « après », parfois jusqu'à saturation. D'autant que l'excès de littérature ne corrige pas forcément son déficit et introduit éventuellement d'autres inconvénients.

Une des limitations concerne la difficulté de décrire en mots un objet ou une situation, alors qu'un message visuel nécessitera moins d'informations élémentaires, comme l'illustre l'adage : **un petit dessin vaut mieux qu'un long discours**.

© Groupe Eyrolles

Ensuite, l'écrit suppose la connaissance de la langue et des éventuelles règles conventionnelles qui lui sont rattachées. Or, dans une entreprise, tous les employés ne sont pas forcément à l'aise avec l'écrit ou avec la langue employée.

Enfin, les indications écrites trop longues ou trop abondantes deviennent rapidement fastidieuses à lire. Pour preuve, le faible recours par les utilisateurs aux manuels d'utilisation qui accompagnent les appareils de la vie courante.

La difficulté de distinguer management et communication visuels

Pourquoi est-il si difficile de distinguer management et communication visuels ? Probablement parce que tout système de management visuel est également un système de communication, alors que l'inverse n'est pas toujours vrai.

Parmi les autres causes possibles à cette difficulté courante de distinguer le management visuel de la communication visuelle, je pressens cette croyance tenace qu'il suffit d'émettre et afficher des directives, des notes de service, des ordres ou des consignes pour qu'automatiquement les choses se fassent.

Dans le même esprit mais un peu moins directif, la même croyance porte à penser qu'il suffit d'informer le public ou le personnel, de le sensibiliser oralement ou par une mention dans une procédure, pour qu'il corrige spontanément son comportement et ne répète pas les mêmes erreurs.

Une contre-mesure couramment proposée suite à un problème de qualité est d'**informer** ou de **sensibiliser** les personnels. Les responsables se donnent ainsi bonne conscience mais très peu de garanties de résultats !

En réalité, ce n'est rien de plus que de l'incantation, qui fait d'ailleurs souvent dire avec beaucoup de candeur à leurs émetteurs « nous espérons que… » ou « normalement… ». Ce sont autant de signes évidents

© Groupe Eyrolles

qu'ils doutent par avance de l'efficacité de leurs incantations et n'obtiennent en règle générale pas beaucoup plus de résultats que par de simples incantations !

Ainsi, des directives ou consignes émises sans boucle de contrôle ont toutes les chances d'être **comprises**[1] comme de simples « informations » sans obligation d'agir ni d'atteindre des résultats.

Une autre cause de difficulté à la distinction entre management et communication est le caractère polyvalent, voire ambigu de certains moyens.

Reprenons un exemple routier. Si je me rends de Strasbourg à Marseille par la route, le panneau indicateur de direction et de distance vers Marseille lorsque j'atteins Lyon peut être considéré à la fois comme une information et comme un moyen de manager le trajet qui me reste à faire : estimer mon heure d'arrivée, évaluer l'opportunité de faire une pause, etc. Si ma destination n'est plus Marseille mais Grenoble, le même panneau lyonnais ne sera plus qu'une simple indication.

En reprenant un exemple dans l'entreprise, les panneaux de management et communication que créent et animent les groupes de travail sont des moyens de management visuel pour les participants aux chantiers, alors que les mêmes panneaux ne sont qu'un moyen de communication visuelle pour les personnels non impliqués.

Un exemple qui peut faire débat sur sa qualité d'outil de management ou de communication : les panneaux du nombre de jours sans accidents du travail. Certains estiment que ces panneaux relèvent du management visuel car la dérive des résultats incite les personnels à plus de vigilance et à corriger leurs comportements. D'autres n'y voient qu'une communication avec peu d'effet impliquant pour ceux qui la reçoivent.

Finalement, cette confusion est éventuellement entretenue par l'usage des termes *communication visuelle* et *management visuel* comme des synonymes, notamment dans certains programmes de formation.

1. Majoritairement il s'agit de se réfugier avec plus ou moins de mauvaise foi dans le confort de l'inaction. Notons qu'inversement, dans certaines cultures, une simple remarque émise par la hiérarchie est comprise comme équivalente à un ordre formel.

© Groupe Eyrolles

EXEMPLES DE MANAGEMENT VISUEL

Voici quelques exemples de management visuel que l'on peut trouver dans différents environnements, sans que le grand public ou les non-initiés y prêtent beaucoup d'attention. Commençons par le management visuel dans les bureaux. Les bureaux et les tâches administratives semblent au premier abord ne pas être compatibles avec des méthodes d'ateliers industriels. Cette croyance est probablement plus une réaction de défense des personnels concernés, qui ignorent ces méthodes, leurs transpositions et leurs bénéfices, et qui craignent de se voir priver de leur relative autonomie dans l'organisation et l'exécution de leur travail.

Les bannettes

L'avancement du travail dans les bureaux est souvent plus difficile à apprécier que dans un atelier de production, car les personnels disposent d'une autonomie importante dans l'organisation et l'exécution du travail. Pourtant, le chef de service a les mêmes besoins d'informations qu'un agent de maîtrise en production ou sur une plateforme logistique. Pour estimer simplement l'avancement du travail sans avoir à systématiquement demander aux exécutants, un moyen simple est de le visualiser à l'aide de bannettes. Couramment, le courrier entrant est placé dans une bannette et le courrier à expédier dans une autre.

Les dossiers à traiter et ceux déjà traités peuvent de la même manière être mis dans des bannettes spécifiques, ce qui permet à l'exécutant de gérer sa charge de travail et d'en rendre visible l'avancement, par le transfert d'une bannette à l'autre.

Classeurs, chemises et dossiers

Ce qui est trop volumineux pour être mis dans des bannettes peut se gérer de manière équivalente en classeurs, dans des chemises cartonnées ou avec des dossiers suspendus.

Un exemple vu dans une entreprise aéronautique est un système d'ordonnancement des tâches de maintenance préventive. Chaque

© Groupe Eyrolles

machine ou organe de machine soumis à maintenance préventive planifiée dispose d'un dossier dans une chemise cartonnée dont les tranches avant et arrière sont de couleurs différentes. Les étagères sur lesquelles les dossiers sont rangés sont divisées en douze sections représentant les mois de l'année. Chaque mois, la charge de travail en matière de maintenance préventive est figurée par les dossiers placés dans cette section. La couleur apparente de la tranche indique si la tâche reste à exécuter ou si elle est faite, en dessinant un genre de diagramme de Gantt sur les étagères. Ainsi, les agents de maintenance ou leur hiérarchie peuvent à tout instant maîtriser l'état d'avancement de la maintenance préventive, organiser le travail en fonction de la charge restante.

Un agent prend sur l'étagère un dossier dont la tranche indique que la tâche est à exécuter. Le dossier contient toutes les indications (procédures, plans, etc.) nécessaires. Lorsque la tâche est exécutée, le dossier regagne l'étagère, mais cette fois-ci la tranche à placer de manière apparente est celle qui indique que c'est fait. En début d'année ou à un moment défini, les dossiers sont à nouveau retournés, la tranche correspondant « à faire » visible, pour un nouveau cycle.

Le planning mural

Le planning mural permet de comprendre l'enchaînement et le positionnement de tâches dans le temps, ainsi qu'en général les ressources qui sont et seront utilisées pour les réaliser. Les personnels en charge de la réalisation des tâches peuvent donc anticiper et contrôler leurs actions, comprendre aisément quoi faire en priorité, dans quel ordre, décider, déléguer, demander du soutien, etc.

Leur hiérarchie peut d'un coup d'œil juger de la planification et de l'avancement des tâches et travaux, de ce qu'il reste à faire, des priorités, si l'on peut profiter des avances pour réaffecter des ressources, etc.

Les plannings muraux ont disparu avec l'arrivée des ordinateurs individuels et des logiciels permettant le partage d'agenda ou le travail en groupe. Cependant, ces substituts électroniques n'ont pas toujours la

© Groupe Eyrolles

souplesse ou la simplicité des bons vieux plannings muraux, dont on redécouvre opportunément l'intérêt.

Une variante des plannings muraux est le tableau de présence, sur lequel les membres d'une équipe indiquent leur occupation et leur localisation en les écrivant ou en reportant des pastilles aimantées dans des cases prédéfinies.

Par ce système visible de tous, chacun des collègues ou de la hiérarchie peut d'un regard juger de la disponibilité des autres, comprendre où ils se trouvent et à quoi ils sont occupés, si on peut les joindre par téléphone, etc.

Management visuel en restauration rapide

Les restaurants servant des hamburgers utilisent un système de rampe inclinée sur laquelle les personnels s'occupant de la cuisson font glisser les sandwichs dans une glissière selon leur « type ». Ce système présente le double avantage d'assurer le principe « premier entré/premier sorti » (ou FIFO décrit précédemment) qui limite le risque de péremption, ainsi que la gestion visuelle de ce stock en fonction du remplissage des différentes glissières.

Une serveuse n'a pas à hurler sa commande puisque le système s'autorégule, sauf en cas de pic d'affluence pendant lequel les hypothèses qui ont conduit au dimensionnement du système ne sont plus valides.

Les feux tricolores

La signification des feux tricolores est connue au-delà des usagers de la route et des seuls titulaires du permis de conduire. Cette symbolique a trouvé une dimension telle qu'on la trouve dans une multitude d'applications. Plus que l'image des feux tricolores, c'est l'association des trois couleurs rouge, orange, vert qui est spontanément et quasi-universellement comprise comme :

© Groupe Eyrolles

Tableau 44

Rouge	Interdit/danger
Orange	Attention !
Vert	Tout va bien/autorisé

Ainsi utilise-t-on couramment cette association des trois couleurs dans les systèmes de management visuels. Un exemple simple est celui de la gestion d'un niveau de stock. Chaque empilement de boîtes d'une référence est associé à une règle graduée en trois zones colorées rouge, orange et verte.

Illustration 27

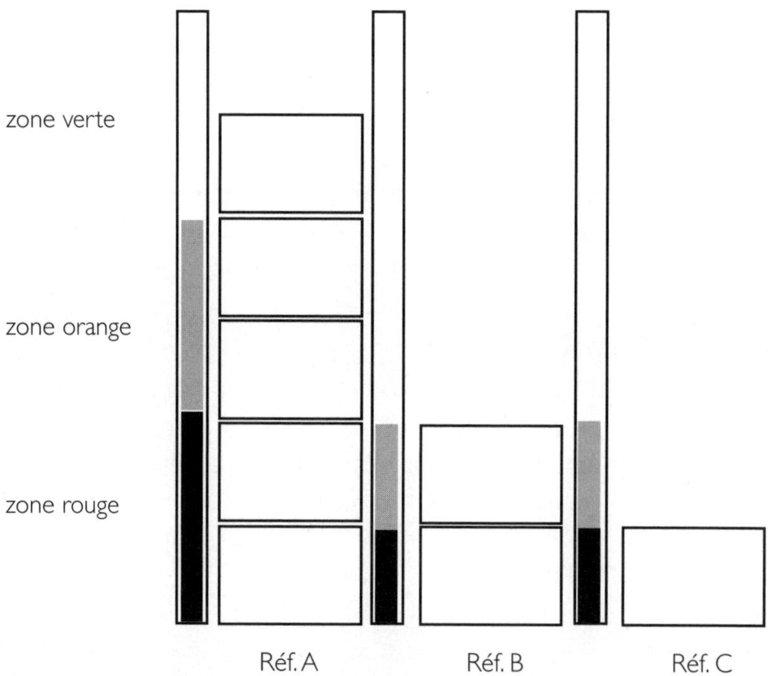

© Groupe Eyrolles

Dans l'exemple ci-dessus, la référence A comporte suffisamment d'unités en stock puisque l'empilement reste dans la zone verte (Tout va bien). Lorsque la prochaine boîte sera prélevée, l'atteinte du niveau orange (Attention !) indiquera au gestionnaire qu'il faut vérifier que le réapprovisionnement est bien programmé pour intervenir avant la rupture de stock. La référence B a déjà atteint un niveau requérant l'attention du gestionnaire (zone orange), tandis que la référence C est à son niveau rouge, c'est-à-dire « réapprovisionnement urgent nécessaire » sous peine d'une rupture de stock. Les zones rouges, orange et vertes sont dimensionnées pour chaque référence en fonction de la contenance des boîtes, du rythme de consommation des références et des délais de réapprovisionnement. Ce système permet de donner une indication visuelle du niveau des stocks, que l'on peut apprécier à distance. Le gestionnaire peut ainsi réagir à vue et anticiper des problèmes sans procéder à un inventaire formel.

Une variante de ce système consiste à placer des fiches orange et rouges sur le dessus des boîtes. Lorsque les fiches deviennent apparentes lors du prélèvement d'une boîte, elles doivent être transmises à la personne responsable des approvisionnements. Ces fiches comportent toutes les indications nécessaires à la commande (référence, fournisseur, quantité de commande…) et leur couleur donne l'indication de l'urgence de la commande avant rupture de stock. Ce principe est fréquemment utilisé pour gérer et commander des fournitures de bureau, des ramettes de papier, etc.

Notons que ce système requiert de la rigueur de la part de tous les personnels impliqués.

Les panneaux *andon*

Les panneaux d'affichage électronique *andon* sont un moyen de management visuel couramment employés au Japon, repris dans les entreprises occidentales. Pour les plus simples, ils consistent en un affichage de la quantité prévue depuis le début de la production jusqu'au moment présent, et de l'affichage de la quantité effectivement réalisée. Ce tableau

© Groupe Eyrolles

est placé au-dessus des lignes ou des cellules de production, visibles de tous et de loin. L'indication de production prévue est incrémentée d'une unité après un temps de cycle standard. Elle sert de métronome, donnant la cadence de production attendue. L'indication de production réalisée est incrémentée automatiquement lorsqu'un produit franchit une étape qui permet de le comptabiliser comme fini et conforme.

Les ouvriers et l'encadrement peuvent ainsi suivre l'écart entre le prévu et le réalisé et agir en conséquence. Dans l'exemple ci-dessous, l'affichage montre un retard cumulé de deux unités.

Illustration 28

Pr vu : 283
R alis : 281

Dans le cas de petits écarts, les ouvriers peuvent rattraper les retards en accélérant légèrement. Si l'écart continue à se creuser, l'encadrement devra s'inquiéter de ses causes et prendre des mesures pour arrêter l'accumulation de retard et idéalement rattraper la production perdue.

Ce système est donc bien un système de management, car il permet de se situer, et de réagir.

Les *andon* plus sophistiqués peuvent intégrer davantage d'informations, telle que la part de non-qualité par exemple. Afin que le système garde son caractère opérationnel, il est important de le conserver simple, avec un affichage restreint aux quelques données pertinentes réellement nécessaires au pilotage de l'activité.

Notons que l'acceptation d'avances ou de retards importants et chroniques que l'on laisserait à l'affichage est à bannir, car ils indiqueraient le peu d'importance que le management leur accorde.

© Groupe Eyrolles

Andon papier

Une variante simple et économique du tableau *andon* est l'*andon* papier, qui consiste à reporter la production cumulée par tranche horaire sur un formulaire. Ce principe est également connu sous la dénomination de « tableau de marche ».

Dans les cas présentés ci-dessous, la production démarre à sept heures le matin. Chaque bac de produits finis plein est figuré par une case noircie. Le rythme de production attendu est un bac par heure.

Illustration 29

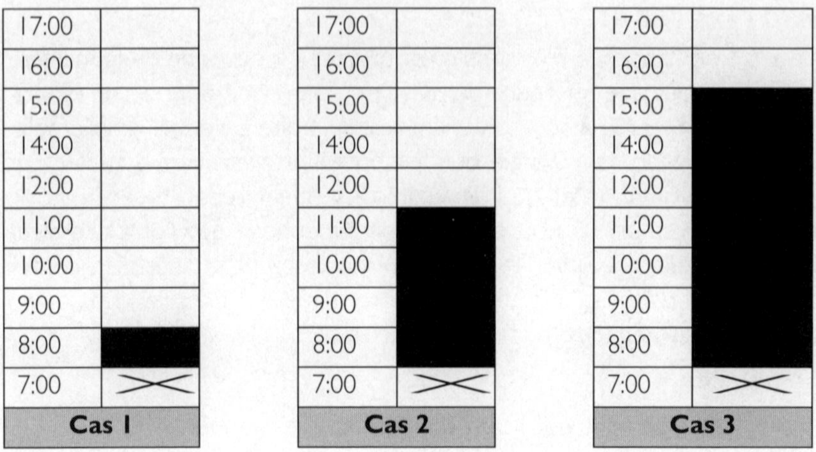

Dans le cas 1, l'opérateur qui reporte la case noircie à 8:00 constate qu'il est dans les temps, constat que son responsable peut faire lui aussi de manière visuelle en passant entre 8 et 9 heures. À 11:20, le cas 2 montre une situation toujours satisfaisante. À 16:15 par contre, le cas 3 montre un retard. Il faut alors vérifier quelle quantité est en retard et quelles mesures permettent un rattrapage avant 17:00 qui est la fin de la journée.

La précision et l'alerte précoce peuvent être améliorées en affinant la maille de temps. Il faut cependant bien doser la précision attendue par rapport au temps et à l'effort de gestion que le système demandera à l'opérateur.

© Groupe Eyrolles

Les systèmes *kanban*

Les systèmes décrits précédemment ne sont pas sans rappeler les systèmes *kanban*, qui au travers d'indications simples visent à réguler les flux de production et/ou d'approvisionnement. Le but est de synchroniser les différents maillons intervenant dans le flux de manière à produire le juste nécessaire, mais sans que cela entraîne de rupture d'approvisionnement.

Les différents calculs de dimensionnement de ce que l'on appelle les boucles *kanban* peuvent devenir assez sophistiqués, mais le système lui-même doit demeurer suffisamment simple pour que tout acteur puisse agir sans se tromper.

Le système *kanban* le plus simple est binaire. Il fonctionne de la manière suivante : pour une référence de pièce ou de produit donnée, un emplacement est réservé à son contenant (caisse, boîte, palette...). Si l'emplacement est vide, cela signifie que le contenant a été livré à l'utilisateur pour consommation et qu'il faut par conséquent reconstituer le stock, c'est-à-dire remplir un nouveau contenant identique que l'on placera sur l'emplacement prévu. À l'inverse, si l'emplacement contient un contenant plein, c'est que l'utilisateur a encore matière à travailler sans qu'on lui livre ce contenant. Donc on ne fait rien.

En résumé :

- emplacement vide = produire ou approvisionner ;
- emplacement plein = ne rien faire.

Si le poste fournisseur amont gère plusieurs références, la priorité entre elles se déterminera avec un système vert-orange-rouge comme décrit plus tôt dans ce chapitre.

Les tableaux magnétiques

Un autre moyen de management visuel simple peut se faire à l'aide d'un tableau magnétique et d'aimants. Le cas présenté est celui que nous avons mis en place sur une ligne d'assemblage longue de 40 mètres, scindée en trois zones : assemblage, test, emballage.

© Groupe Eyrolles

Illustration 30

Les opératrices affectées à l'assemblage intervenaient successivement sur les appareils portés par les plateaux et le convoyeur de la ligne. La maîtrise de la qualité nécessitait une boucle d'information courte entre les postes de test et la zone d'assemblage, afin de donner très rapidement un retour d'information sur les défauts décelés. Le moyen mis en œuvre était un tableau magnétique sur lequel étaient reportés en lignes les types de défauts les plus fréquents. Un plot aimanté était ajouté à la ligne adéquate pour chaque nouveau défaut découvert par l'opératrice du test. Le tableau était orienté de telle manière à être visible des opératrices d'assemblage et du chef d'équipe de la zone assemblage, distants de 10 à 20 mètres. L'accumulation des aimants formait ainsi un histogramme dont l'évolution était visible de loin.

Illustration 31

Date : **Défauts détectés au test fonctionnel**		
1	Réglage C1	O O O O O
2	Montage	O O
3	Rayures et taches	O O O O O O O O O O O
4	Connexions	O O O O

Chaque opératrice d'assemblage savait quels types de défaut pouvaient potentiellement relever de son poste et était par conséquent particulièrement attentive à l'évolution de cet affichage. De même, le chef

© Groupe Eyrolles

d'équipe pouvait surveiller l'évolution de la qualité et intervenir sur un poste de travail en cas de dérive.

Le premier bénéfice de ce tableau a été l'implication immédiate des opératrices, ce qui a amené une réduction « naturelle » du nombre de défauts dus aux étourderies, oublis, manque d'attention, etc.

Le second a été la prise en compte et la résolution rapide des problèmes par l'encadrement, qui n'avait pas à attendre la fin de la collecte et l'éventuel traitement des données relatives aux défauts pour agir.

Systèmes de comptage visuel

Dans un jeu de dominos ou sur des dés à jouer, les nombres représentés sont figurés par un arrangement géométrique explicite.

Illustration 32

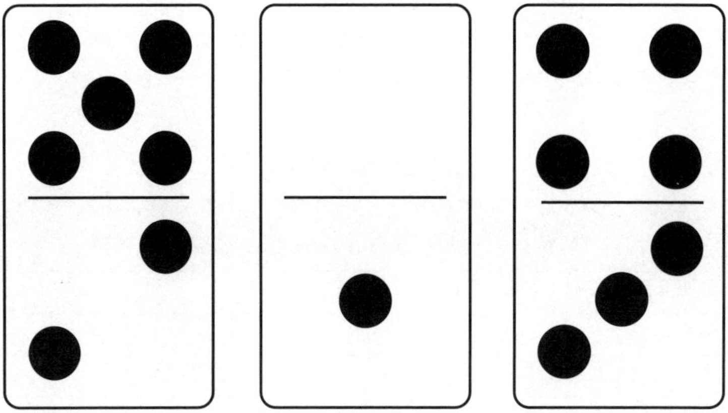

Une fois les « images » figurant la valeur mémorisées, il n'est plus nécessaire de recompter systématiquement les points sur les dominos pour en connaître la valeur. Ce principe peut être repris pour compter rapi-

© Groupe Eyrolles

dement, visuellement. C'est ce que de nombreuses personnes font spontanément. Par exemple, en présence d'une caisse avec 8 compartiments arrangés en 2 rangées de 4, un compartiment vide signifie que la caisse contient 8 – 1 = 7 objets.

Dans le cas d'un inventaire avec des conditionnements de ce type, on comptera simplement les caisses pleines, sachant que chacune contient 8 objets, et on y additionnera les caisses incomplètes dont on connaîtra rapidement le contenu en comptant les manquants.

LES LIMITES DU MANAGEMENT VISUEL

Les quelques exemples donnés précédemment devraient démontrer l'intérêt de recourir au management visuel, dont on peut rappeler les principaux avantages :

- visibilité de loin, facilité de compréhension ;
- un moindre besoin d'informations élémentaires pour passer un message, comme l'illustre l'adage : **un petit dessin vaut mieux qu'un long discours** ;
- indépendance de la langue, souvent même de la culture ;
- insensibilité ou tout au moins moindre sensibilité aux perturbations par le bruit, les odeurs, la température, etc.

La traduction des messages en langage visuel n'est cependant pas toujours chose aisée, comme le prouvent les nombreux exemples cités par Christian Morel dans son ouvrage[1]. Ainsi la représentation graphique de certains messages en pictogrammes se révèle plus perturbante qu'arrangeante et nécessite l'ajout d'un texte explicatif complémentaire, avec au final un bénéfice très discutable comparativement à d'autres moyens.

Les représentations visuelles nécessitent également d'être dans le champ visuel du destinataire. Lorsque cela n'est pas naturellement possible, le

1. MOREL Christian, *L'enfer de l'information ordinaire*, Gallimard, Paris, 2007.

© Groupe Eyrolles

destinataire doit détourner son regard et son attention vers le système visuel.

Un autre exemple de difficulté à représenter une situation de manière purement visuelle est celui du guidage par satellite (GPS), dont les indications graphiques parfois difficiles à interpréter vite peuvent heureusement être complétées par un guidage vocal, si le conducteur le souhaite.

C'est ainsi que les feux de recul indiquant qu'un véhicule manœuvre en marche arrière trouvent avantage à se doubler d'un signal sonore, alertant ainsi le piéton qui n'aurait pas le véhicule dans son champ visuel.

Les adeptes des jeux vidéo ont déjà pu faire l'expérience de jouer sans le son, ce qui selon le jeu peut être particulièrement pénalisant, car le joueur est privé d'une partie des informations.

Les bandes podo-tactiles sont ces reliefs que l'on peut trouver sur les bords des quais de train ou sur des passages protégés. Elles sont destinées aux personnes non ou mal-voyantes, leur permettant de percevoir un danger ou un obstacle par des indications ***tactiles***. Ces bandes peuvent être utiles aux voyants distraits qui n'auraient pas le bord du quai ou la zone dangereuse dans le champ visuel.

Ce principe est également employé pour marquer les lignes sur la route. Les reliefs produisent bruit et vibrations, avertissant le conducteur du franchissement de la ligne lorsque les roues passent dessus.

L'excès d'indications visuelles peut nuire à la compréhension. C'est ainsi qu'à certains embranchements routiers, le foisonnement de panneaux (y compris publicitaires) et indications peut être très perturbant pour un conducteur peu familier du lieu. Les tableaux de bord de véhicules, aéronefs et engins, nécessitent la prise en compte des règles d'**ergonomie visuelle** pour être à la fois pertinents, efficaces et agréables.

Les auteurs de certains affichages de consignes ou modes opératoires pensent égayer leurs œuvres par l'emploi de nombreuses polices de caractères, souvent peu lisibles, ou un emploi excessif et inapproprié de couleurs. Je me souviens d'une indication importante pour la sécurité, imprimée relativement petit, en couleur orange sur un fond rouge, sur un papier plastifié reflétant la lumière ambiante et affichée à 3 mètres du

© Groupe Eyrolles

sol. Cet exemple caricatural mais pourtant bien réel concentrait toutes les erreurs en la matière et restait parfaitement illisible sans que cela n'émeuve quiconque.

Pour finir, notons que le recours aux couleurs doit s'accompagner d'une autre forme de représentation (principe de redondance) afin de ne pas exclure les personnes ayant des difficultés à percevoir les couleurs. C'est le cas des panneaux du code de la route qui sont « codés » selon leur forme, leurs couleurs et les symboles, ou encore des passages piétons où le signal rouge/vert est accompagné d'un pictogramme piéton immobile/piéton en marche.

© Groupe Eyrolles

Chapitre 14

Les paradoxes des 5S

Du 5S curatif au 5S préventif

Les 5S, comme d'autres méthodes, sont presque toujours présentés comme des solutions et remèdes à des situations dégradées ou à des performances insuffisantes. La méthodologie préconise donc classiquement de procéder au premier grand tri-débarras, puis au premier grand nettoyage, etc. Cette vision des choses, bien que correcte, ne présente les 5S que sous leur aspect *curatif*. Or, pour qui a été initié aux 5S, le démarrage d'une nouvelle activité ou la réorganisation d'un service peut bénéficier de ces principes *a priori*.

Ainsi, dès le stade de projet, pour l'organisation d'un nouvel atelier, d'un service ou d'un entrepôt, le chef de projet prendra en compte les aspects d'agencement, de stockage et rangement pour que les opérateurs y perdent le moins de temps possible en gestes et déplacements inutiles. Les capacités de stockage et de rangement seront volontairement limitées, pour ne pas inciter à empiler plus que les quantités strictement nécessaires. Les outils seront fournis au plus juste, pour que tout le monde puisse travailler dans de bonnes conditions, mais sans duplications aussi inutiles que coûteuses.

Les marquages et indications rendront cet environnement « lisible et compréhensible », les règles de vie, définies dès le départ avec les personnes concernées, empêcheront le développement des mauvais penchants. Les ustensiles de nettoyage et les différentes poubelles, seront disposés de façon à être facilement visibles et accessibles par le plus grand nombre.

© Groupe Eyrolles

Si les locaux sont « récupérés », on les rafraîchira de manière à bien marquer la transition entre leur ancienne affectation et son mode de travail et les nouvelles règles qui accompagnent désormais la nouvelle activité.

OUTIL, MÉTHODE OU PHILOSOPHIE ?

Les 5S sont un « objet » curieux et quelque peu déroutant, d'une apparente simplicité mais d'une redoutable difficulté à implémenter.

Comment qualifier les 5S ? Est-ce une méthode ? Un outil ? Une philosophie ?

Comme la plupart des outils et méthodes (re)venus du Japon, il y a une part méthodologique, la *recette* en quelque sorte, et une part « manière de faire », mais qui est bien plus qu'un tour de main, plutôt une posture ou une approche philosophique. C'est d'ailleurs en ne captant et en mettant en œuvre que la partie méthodologique des « méthodes japonaises » que les Occidentaux n'ont obtenu au mieux, pendant longtemps, que des succès limités.

Dans le cas des 5S, la part méthodologique est constituée par la technique de déploiement des différents S, agrémentée des trucs et astuces livrés par des praticiens expérimentés. La part de philosophie est beaucoup plus subtile et difficile à expliquer. Elle est faite de la manière de « vivre les 5S », comprendre leur intérêt puis s'engager dans une discipline personnelle, guidé par l'esprit 5S.

Les 5S peuvent également être un outil au service de la conduite du changement, un outil de management. Finalement, à bien réfléchir, les 5S se définissent par la finalité visée par leurs utilisateurs.

FACILES MAIS DIFFICILES

Il n'y a rien de compliqué dans les 5S. Les animateurs entendent, s'ils ne prennent pas les devants en le disant eux-mêmes, que les 5S ne sont

© Groupe Eyrolles

guère plus que du bon sens, des choses simples arrangées pour devenir une **méthode**. Pourtant, arriver à implémenter et faire vivre les 5S est un véritable défi, même pour les entreprises les plus avancées sur le chemin de l'excellence.

L'apparente facilité des 5S, le manque de technicité ne les rendent guère intéressants auprès des techniciens. Le réapprentissage des basiques du rangement, de l'ordre et de la propreté n'enchante en général personne et, paradoxalement, les deux derniers S ouvrant sur l'amélioration continue et la créativité sont le plus souvent les moins appréciés des cinq !

DES RÉSULTATS… SANS RÉSULTATS !

Les chantiers 5S produisent des résultats visibles et indiscutables. Cependant, le chiffrage des résultats en unités monétaires est difficile, partiel voire impossible. C'est ainsi que, bien que les résultats et progrès liés aux 5S soient à la fois visibles et visitables, ils n'existent pas aux yeux des gestionnaires qui en attendent une concrétisation en termes financiers.

© Groupe Eyrolles

Conclusion

Trente ans après leur apparition en occident, les 5S n'ont rien perdu de leur fraîcheur et de leur pertinence. Mis en œuvre dans le cadre du développement du management de la qualité totale, ils restent d'actualité dans toutes les démarches d'amélioration et de recherche de performance. Initialement développée dans les ateliers industriels, cette méthodologie simple a conquis les bureaux et les activités tertiaires. Elle trouve sa place dans la redéfinition de structures d'organisation ou la revisite de processus.

Les 5S ne sont en rien révolutionnaires. Ce sont des principes anciens, universels, de bon sens. Le mérite des Japonais a été de les structurer, de les formaliser et d'en faire une pratique participative. Les 5S doivent une partie de l'intérêt qu'on leur porte au fait d'appartenir à la « boîte à outils » ou aux « méthodes japonaises » qui ont fait les succès industriels et commerciaux nippons, puis aux succès remportés par les entreprises occidentales les ayant mis en œuvre.

Les 5S transforment positivement l'environnement et les comportements de travail, mettent ou remettent en place des règles de fonctionnement et de conduite. Correctement déployés, les 5S agissent durablement sur l'état d'esprit des personnels, au profit de la performance de l'entreprise. Les 5S apportent leurs bénéfices là où se crée la valeur : les ateliers, les bureaux, les entrepôts…

Le retour sur investissement du déploiement des 5S, mesuré en comparant leur utilité par rapport aux efforts de formation initiale et de mise en œuvre, est particulièrement favorable.

© Groupe Eyrolles

Malgré des retours d'expériences probants, des résultats spectaculaires et incontestables, les 5S ne jouissent pas de la même notoriété et ne soulèvent pas le même enthousiasme que d'autres outils ou méthodologies. Les causes en sont probablement leur apparente simplicité, leur nature de « prérequis » à d'autres méthodes (SMED, TPM...) et approches *(Lean Manufacturing)*, ainsi que l'amalgame réducteur avec une méthode pour « faire le ménage ».

Or les 5S ne sont pas une technique destinée à « bien tenir la maisonnée », mais une démarche pour répondre à des attentes explicites ou implicites des clients.

« La ressource humaine est notre principale richesse. » Cette phrase et la multitude de ses variantes figurent dans les déclarations de bon nombre d'entreprises. L'allongement probable de la durée de la vie professionnelle et la difficulté de recruter dans certains secteurs d'activité jugés éprouvants et difficiles accroissent la nécessité d'améliorer le cadre et les conditions de travail. Les évolutions sociétales imposent également de prendre en compte le niveau d'éducation qui s'élève globalement, alors que les connaissances et les capacités des employés ne sont pas toujours sollicitées en conséquence. Le déploiement des 5S est une matérialisation de l'intérêt que l'entreprise porte à sa plus grande richesse. En effet, les 5S combinent en une seule démarche :

- l'amélioration du cadre et des conditions de travail ;
- la participation et la responsabilisation des acteurs ;
- la délégation, l'enrichissement des tâches, voire l'autonomie.

Ces bénéfices revenant aux salariés, il ne faut pas manquer de les rappeler dans la communication amont du projet 5S.

Les 5S étant réputés à juste titre être les fondations sur lesquelles bâtir les futurs plans de progrès, il est évident que plus ces fondations seront solides et stables, plus les probabilités de réussir d'autres projets d'amélioration ou l'implantation d'autres composantes du *Lean Manufacturing* seront importantes.

Parvenu à la fin de cet ouvrage, il me reste à formuler à tous les lecteurs mes sincères vœux de réussite dans leurs projets !

© Groupe Eyrolles

ANNEXES

Les outils et méthodes proposés dans cette annexe sont opérationnels, simples, ne requièrent pas de recours aux mathématiques sophistiquées ni de moyens importants. Quelques articles de papeterie tout au plus.

© Groupe Eyrolles

Annexe 1

Animation de groupes

L'animation de groupes de travail est une tâche de base du manager-coach. Il existe de nombreuses techniques d'animation pour différents usages, tout comme une abondance de littérature et d'offres de stages en ce domaine. Dans le contexte d'animation de groupes 5S, je me bornerai à proposer le tableau suivant, qui donne quelques indications sur les qualités requises d'un animateur :

Tableau 45

L'animateur doit être		
Directif sur le fonctionnement	**Participatif sur la méthode**	**Non directif sur le contenu**
Il doit : • Définir la méthode utilisée, les règles du jeu et les objectifs • Faire parler ceux qui restent muets, ceux qui n'osent pas • Arrêter les bavards • Stimuler la production d'idées, de solutions • Gérer la dynamique du groupe, canaliser la discussion	Il doit : • Guider le groupe sur « une » méthode et les outils • Donner des points de repère • Faciliter les choix • Être pédagogue et expliquer au besoin	Il doit : • Laisser le groupe assurer la production des idées et les plans d'action • Écouter et ne pas répondre à la place des participants • Structurer et reformuler, clarifier ce qui est dit dans le groupe

L'animateur donne du sens au travail du groupe en rappelant le but et les objectifs. Traditionnellement il se charge des synthèses partielles et des rapports finals.

© Groupe Eyrolles

Annexe 2

Diagramme de Pareto et Méthode ABC

Le diagramme de Pareto est un outil graphique d'analyse, de communication et de prise de décision très efficace. Vilfredo Pareto (1848-1923) économiste italien rendu célèbre pour son observation révélant que 20 % de la population italienne possèdent 80 % des richesses, généralisée plus tard en **distribution** ou **loi de Pareto**, ou encore **loi des 20/80**.

La popularité des diagrammes de Pareto est due au fait que de nombreux phénomènes observés obéissent à la loi des 20/80, qui stipule que 20 % des causes possibles produisent à elles seules 80 % des effets. Par conséquent il suffit de travailler prioritairement sur ces 20 % de causes pour influencer fortement les effets du phénomène.

Le diagramme de Pareto se présente sous la forme d'un histogramme de distribution, dont les plus grandes colonnes sont conventionnellement à gauche et vont décroissant vers la droite. Une ligne de cumul indique l'importance relative cumulée des colonnes.

Dans l'exemple du diagramme ci-dessous, les trois premières familles d'incidents accumulent à elles seules 80 % du temps perdu :

© Groupe Eyrolles

Illustration 33

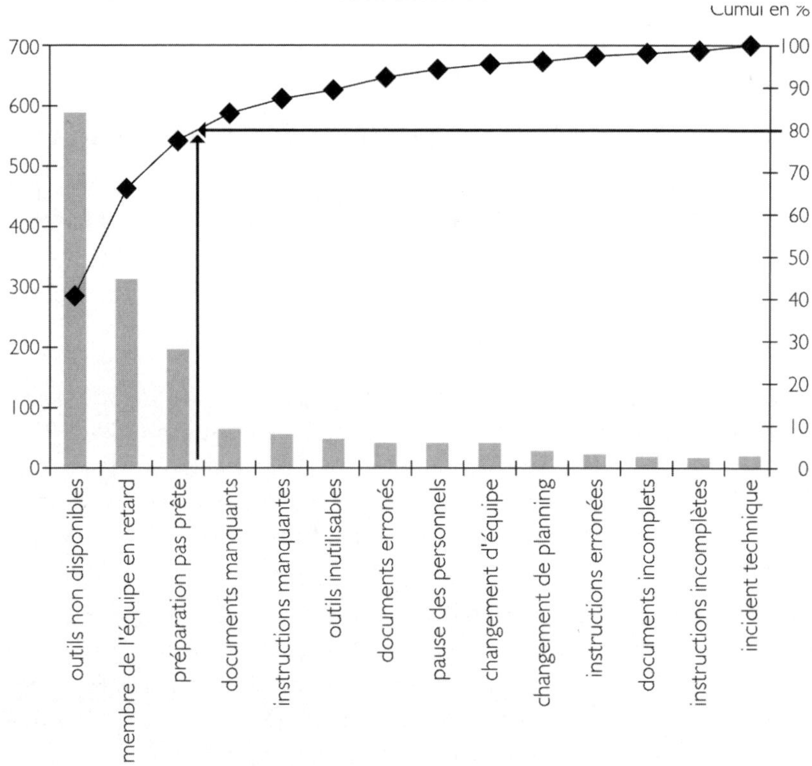

L'intérêt du diagramme de Pareto est de montrer que dans un premier temps il est plus « payant » d'attaquer les trois ou quatre premières causes de défauts, plutôt que de chercher à élucider des causes qui n'apparaissent que très rarement.

On discrimine ainsi aisément les quelques *essentiels parmi les nombreux autres*[1].

1. La formulation originale est : « *essential few and trivial many* ».

© Groupe Eyrolles

CONSTRUIRE UN DIAGRAMME DE PARETO

Le diagramme précédent a été construit à partir du jeu de données suivant :

Tableau 46

Incidents	Occurrences	Cumul mn	%	Cumul %
Outils non disponibles	13	589	42 %	42 %
Membre de l'équipe en retard	2	320	23 %	65 %
Préparation pas prête	7	195	14 %	79 %
Documents manquants	5	56	4 %	83 %
Instructions manquantes	3	53	4 %	86 %
Outils inutilisables	5	41	3 %	89 %
Documents erronés	1	31	2 %	91 %
Pause des personnels	2	30	2 %	94 %
Changement d'équipe	1	30	2 %	96 %
Changement de planning	2	22	2 %	97 %
Instructions erronées	1	12	1%	98 %
Documents incomplets	1	10	1 %	99 %
Instructions incomplètes	4	9	1 %	99 %
Incident technique	1	8	1 %	100 %
	Total	**1 406**	**100 %**	**100 %**

Pour construire le diagramme de Pareto :

1. Triez les données dans l'ordre décroissant, en fonction d'un paramètre significatif. Ici on a choisi le temps perdu en minutes cumulées plutôt que les occurrences.
2. Faites le total : ici 1 406 minutes.

© Groupe Eyrolles

3. Calculez pour chaque ligne le pourcentage en divisant le temps perdu par le total et en multipliant par 100.
4. Calculez ligne après ligne les pourcentages cumulés.
5. Tracez le diagramme en reportant les valeurs comme hauteur de colonnes. Conventionnellement, la plus importante est à gauche, puis on procède dans l'ordre décroissant vers la droite.
6. Reportez en la superposant la ligne des pourcentages cumulés, faites figurer l'axe des % cumulés à droite.

ANALYSE DU DIAGRAMME, LOI DES 20/80

Il est plus facile d'analyser et de communiquer sur une représentation graphique qu'une suite de chiffres. Une fois familiarisés avec la représentation d'un diagramme de Pareto, les participants d'un groupe de travail vont spontanément s'intéresser aux colonnes de gauche, les plus importantes.

Dans notre exemple, les trois premières causes de pertes de temps accumulent 79 % du temps total perdu. Trois causes sur un total de quatorze font environ 20 %. Nous sommes ici dans un cas où la loi des 20/80 se vérifie : 20 % des causes font 80 % des effets.

> Notez que ce rapport de 20/80 n'est pas systématique, mais cela n'empêchera en rien de sélectionner les causes les plus significatives comme des priorités à traiter.

On comprend aisément en observant le graphique, qu'il vaut mieux s'attaquer aux causes qui produisent l'essentiel des effets, plutôt que de se disperser dans la chasse aux causes rarissimes ou peu impactantes.

Un diagramme de Pareto peut en cacher d'autres, car on peut « démonter » les contenus des colonnes pour en tirer de nouveaux

© Groupe Eyrolles

diagrammes, comme des poupées russes emboîtées les unes dans les autres. Dans notre exemple, la cause « outils non disponibles » peut être éclatée en toutes les causes constatées ayant l'indisponibilité des outils comme conséquence :

- simultanéité des besoins/nombre d'outils insuffisant ;
- emprunts non signalés ;
- outils pas à leur place habituelle ;
- outils introuvables ;
- outils commandés non livrés ;
- etc.

Cette focalisation peut être utile pour bien cibler la cause racine à éradiquer ou cibler un point particulier à améliorer.

Les utilisations des diagrammes de Pareto sont aussi nombreuses que variées, citons à titre d'exemples :

- les inventaires ou stocks où il est courant de s'apercevoir que seuls 20 % des articles contribuent à 80 % du chiffre d'affaires ;
- les suivis qualité où 20 % des causes représentent 80 % de l'ensemble des défauts ;
- l'analyse d'un processus : seuls 20 % des opérations accumulent 80 % de la valeur ajoutée.

Après analyse, on peut utiliser les diagrammes pour aider la prise de décision et/ou appuyer une explication.

En matière de 5S et d'amélioration continue, il faut noter que dans un environnement industriel, les points d'amélioration potentiels sont quasi infinis. On pourrait indéfiniment améliorer tout et n'importe quoi. Cependant, les ressources étant forcément limitées, il faut focaliser les moyens disponibles sur des améliorations apportant de la valeur ajoutée, ou au moins supprimant des pertes et gaspillages.

© Groupe Eyrolles

LA MÉTHODE ABC

La méthode ABC est très proche de la technique du diagramme de Pareto, sauf que les trois catégories A, B et C se caractérisent par trois seuils :

- A = accumulation à 80 % ;
- B = les 15 % suivants (95 % au total) ;
- C = les 5 % restants (100 % au total).

La catégorie ou classe A est la plus importante, la B est d'importance secondaire, la classe C représente la moins importante. Ce principe appliqué à l'exemple précédent nous donne la répartition en classe ABC suivante :

Tableau 47

Incidents	Occurrences	Cumul mn	%	Cumul %	Classe
Outils non disponibles	13	589	42 %	42 %	A
Membre de l'équipe en retard	2	320	23 %	65 %	
Préparation pas prête	7	195	14 %	79 %	
Documents manquants	5	56	4 %	83 %	B
Instructions manquantes	3	53	4 %	86 %	
Outils inutilisables	5	41	3 %	89 %	
Documents erronés	1	31	2 %	91 %	
Pause des personnels	2	30	2 %	94 %	
Changement d'équipe	1	30	2 %	96 %	C
Changement de planning	2	22	2 %	97 %	
Instructions erronées	1	12	1 %	98 %	
Documents incomplets	1	10	1 %	99 %	
Instructions incomplètes	4	9	1 %	99 %	
Incident technique	1	8	1 %	100 %	
	Total	**1 406**	**100 %**	**100 %**	

© Groupe Eyrolles

La méthode ABC est employée pour les mêmes usages que le diagramme de Pareto, et notamment pour :

- analyser la répartition de la valeur d'un stock, d'un portefeuille d'activités ;
- décider de la disposition des stocks en fonction des taux de rotations des produits (ceux de la classe A étant les plus fréquemment utilisés, sont à placer au plus près) ;
- prendre des décisions sur une politique d'externalisation ;
- etc.

© Groupe Eyrolles

Annexe 3

Méthodes des étiquettes

Les 5S utilisant volontiers le management visuel, il est opportun d'utiliser des étiquettes pour identifier des objets ou situations au cours de chantiers 5S. Voici quelques méthodes basées sur des étiquettes et leur contexte d'emploi.

MÉTHODE DES ÉTIQUETTES ROUGES

La première méthode, la plus simple, consiste à identifier par des étiquettes les objets qui ne sont pas utiles en permanence au poste pour effectuer le travail. Ces étiquettes sont le plus souvent de couleur rouge pour être plus visibles. Tous les objets portant une étiquette rouge sont rassemblés pour une évaluation individuelle. Le rassemblement des objets peut se faire dans une *Zone d'Attente de Décision* spécialement aménagée.

Zone d'Attente de Décision

Une Zone d'Attente de Décision, parfois identifiée par le sigle ZAD est un espace temporairement réservé, dans lequel on place tout ce qui :

- est déplaçable. Les machines-outils et grands meubles resteront hors de cette zone ;
- pourrait être rangé ou stocké ailleurs ;
- pourrait être jeté ou devrait être détruit ;

© Groupe Eyrolles

- est incomplet, nécessite réparation, calibration, rafraîchissement, etc. ;
- existe en plusieurs exemplaires et/ou ailleurs dans l'entreprise, éventuellement sous une autre forme.

Lors du jugement ou de la décision, ce qui n'est plus utilisé ou jamais utilisé, est éliminé[1]. Ce qui n'est utilisé qu'occasionnellement est rangé à l'écart (voir Ranger et arranger (*seiton*) p. 110), ce qui est cassé ou détérioré est soit jeté, soit réparé ou encore remplacé. La zone d'attente de décision se vide au fur et à mesure des décisions prises et doit être libérée à la fin de la phase tri-débarras.

ÉTIQUETTES DE MESURE DE FRÉQUENCE D'UTILISATION

En cas de doute sur l'utilité ou l'usage d'un objet, on peut recourir à la méthode des étiquettes de fréquence. Cette variante consiste à placer des étiquettes sur les objets dont on n'est pas sûr du degré de nécessité. On recourt alors à un type d'étiquette comme celui présenté ci-dessous (illustration 34).

Sur le recto de l'étiquette on reporte un certain nombre d'informations :

- le numéro attribué à l'étiquette ;
- ce qu'elle désigne, l'objet, l'équipement, l'outil… ;
- si l'objet est affecté en propre, soit à une personne, soit à une section ou considéré comme commun ;
- la date de mise en place de l'étiquette ;
- l'emplacement ordinaire de l'objet et son usage si celui-ci n'est pas évident, par exemple une pige de contrôle ou un gabarit de forme particulière.

1. Élimination intelligente s'entend : les objets utiles peuvent être répartis entre ceux qui en ont besoin. Il faut éviter de jeter mécaniquement mais sans tomber dans la tentation de la brocante !

© Groupe Eyrolles

Illustration 34

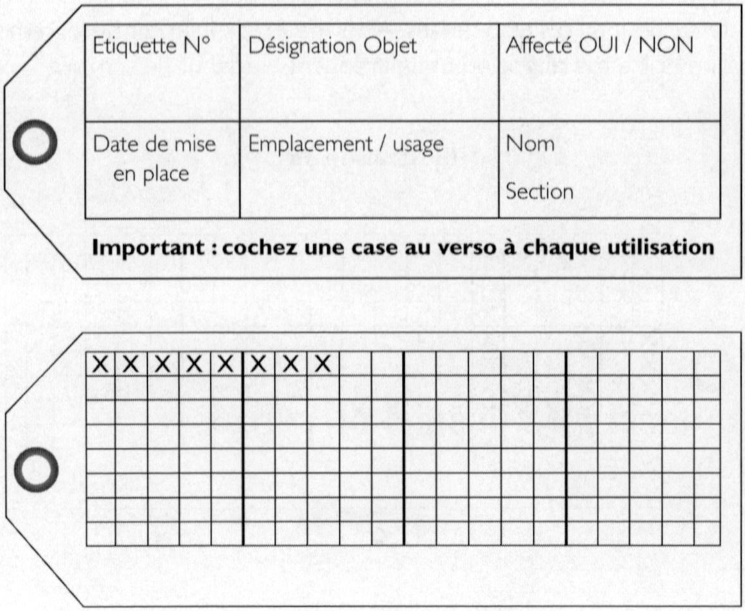

Sur le verso de l'étiquette, des cases à cocher permettent de mesurer la fréquence d'utilisation de l'objet. La consigne, qui figure également sur l'étiquette, est que chaque usage[1] doit être coché. Sur l'exemple ci-dessus, l'objet a été utilisé huit fois. Il suffit alors de vérifier régulièrement les cases cochées pour vérifier si l'objet est utile et quelle est sa fréquence d'utilisation. Notons que les lignes et colonnes peuvent être utilisées judicieusement, par exemple en dédiant les lignes à la fréquence d'utilisation et les colonnes aux jours, semaines ou mois, si l'on désire faire ressortir une répartition des usages.

© Groupe Eyrolles

1. Dans la pratique il faudra affiner la consigne et déterminer la fréquence du relevé, par exemple « chaque jour » ou « par prise de poste », afin d'éviter de cocher à longueur de journée !

Dans l'exemple ci-dessous (illustration 35) les colonnes sont réservées aux jours de la semaine, du lundi (L) au vendredi (V). Chaque usage est pointé sur le jour correspondant. À terme on obtient un histogramme, qui dans notre cas révèle un usage fréquent en début de semaine.

Illustration 35

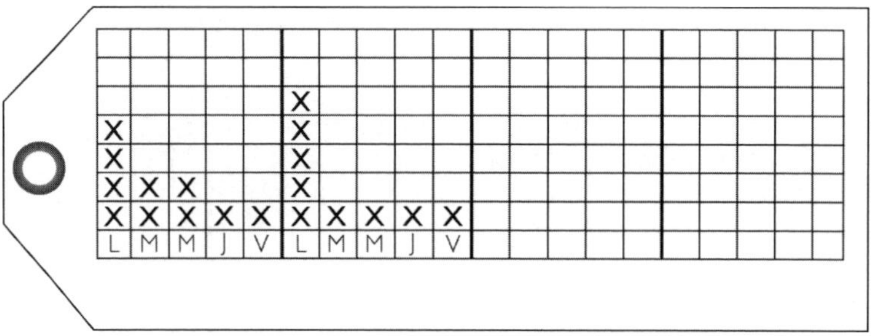

Afin que les utilisateurs jouent le jeu, il faut bien les informer que le manque de rigueur, comme le fait ne pas cocher à **chaque usage**, conduira à l'éloignement voire à l'élimination de l'objet. À l'inverse, il faut s'assurer que les utilisateurs ne cochent pas massivement, simplement pour conserver un objet à proximité par confort ou facilité.

Je recommande d'attribuer un numéro par étiquette et de les gérer à l'aide d'un formulaire du type suivant :

Tableau 48

Étiquette *n*°	Désignation	Date de mise en place	Localisation

© Groupe Eyrolles

Le numéro d'étiquette (numéro ordinal) permet de vérifier combien d'étiquettes ont été placées et par conséquent combien il faut en vérifier périodiquement. Aucune étiquette ne devrait ainsi être oubliée lors des relevés.

La mention de la localisation permet de les retrouver, de rechercher les étiquettes manquantes et éventuellement comprendre comment et où ont disparu celles qui restent introuvables. En complément du formulaire, on peut s'aider d'un plan de masse de la zone ou du site. Cette visualisation sur plan peut révéler des accumulations d'objets à l'utilité incertaine à certains endroits « privilégiés » et faciliter l'analyse des causes de ces accumulations.

Après la période d'observation prévue, trois situations peuvent se présenter :

1. Le relevé indique clairement que l'objet est utile et sa fréquence déterminera son lieu de stockage.
2. L'absence ou le nombre insignifiant de coches indique l'inutilité de l'objet. Celui-ci est alors éliminé de la zone.
3. Le faible nombre de coches ne permet pas de trancher de manière certaine sur l'utilité de l'objet. Il est préférable d'étendre la période probatoire pour s'assurer d'une analyse correcte.

LES ÉTIQUETTES D'INTERVENTION

Ce troisième type d'étiquette s'utilise lorsque l'on veut placer des pense-bêtes ou des identifiants pour des actions à entreprendre ultérieurement, ou pour lesquelles les ressources ne sont pas disponibles, ou encore pour des actions nécessitant l'assistance d'autres services, comme la maintenance par exemple. Ces étiquettes sont pratiques durant les tornades blanches ou les actions flash, ou encore durant les audits ou patrouilles 5S.

L'étiquette d'intervention (illustration 36) comporte une partie double : l'une, destinée à rester sur l'équipement, la machine, l'objet sur lequel il faut intervenir, l'autre, détachable, sera transmise au service concerné.

© Groupe Eyrolles

Illustration 36

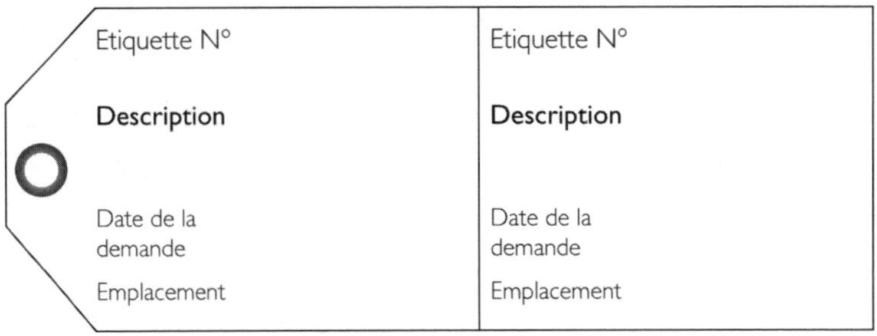

L'étiquette comporte traditionnellement la description de la tâche à exécuter, la date de la demande et la localisation de l'intervention demandée. Le numéro de l'étiquette est optionnel, mais personnellement je recommande cette pratique pour une meilleure gestion de l'avancement des travaux. Le formulaire précédent, lié aux étiquettes de mesure de fréquence d'utilisation, peut s'utiliser pour gérer ces étiquettes et ces tâches également.

Pour permettre l'identification simple et rapide des travaux par type d'intervention, il est recommandé d'utiliser un code couleur, comme par exemple :

Tableau 49

Couleur d'étiquette	Service concerné/nature des travaux
Rouge	Sécurité/travaux urgents et importants
Bleue	Électricité, réservé aux personnels habilités
Jaune	Méthodes ou maintenance
Verte	Exécutants, titulaire du poste

Les intervenants peuvent ensuite venir sur zone, et à l'aide des talons et du code couleur, localiser facilement l'objet et l'endroit de leur intervention.

© Groupe Eyrolles

Annexe 4

Le diagramme causes/effet

Les premiers diagrammes causes/effet ont été développés par le professeur Kaoru Ishikawa en 1943. Ce type de diagramme est de ce fait également appelé, diagramme d'Ishikawa ou *diagramme en arêtes de poisson*. Un diagramme causes/effet peut être utilisé pour :

- structurer une recherche de causes ;
- comprendre un phénomène, un processus, par exemple les étapes de recherche de panne sur un équipement, en fonction d'un ou plusieurs symptômes ;
- analyser un défaut en remontant l'arborescence des causes probables pour identifier la cause racine ;
- identifier l'ensemble des causes d'un problème et sélectionner celles qui feront l'objet d'une analyse poussée, afin de trouver des solutions ;
- servir de support de communication et de formation.

Enfin, il peut être vu comme une base de gestion des connaissances.

Construire un diagramme causes/effet

Construire un diagramme causes/effet, c'est construire une arborescence qui, de l'effet (le phénomène à étudier – le tronc) va remonter

© Groupe Eyrolles

dans toutes les causes possibles (les branches), dans les causes secondaires (les petites branches), et jusqu'aux détails (les feuilles).

Pour construire un tel diagramme, il faut :

- définir l'effet sur lequel travailler : un défaut qualité, une caractéristique d'un produit ou d'un procédé, un problème à résoudre ;
- tracer une flèche de gauche à droite en direction de l'effet. La pointe de la flèche contient le nom ou la désignation de l'effet. La flèche forme le tronc de l'arborescence ou la colonne vertébrale du « poisson » ;
- décrire les facteurs principaux qui sont les causes potentielles de l'effet et les placer dans les branches ou arêtes.

Illustration 37

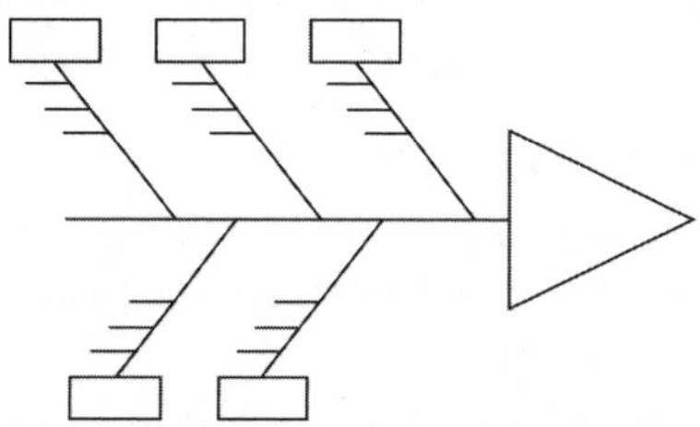

La recherche des causes peut se faire selon les 5M mnémoniques traditionnels (illustration 38) désignant :

© Groupe Eyrolles

Illustration 38

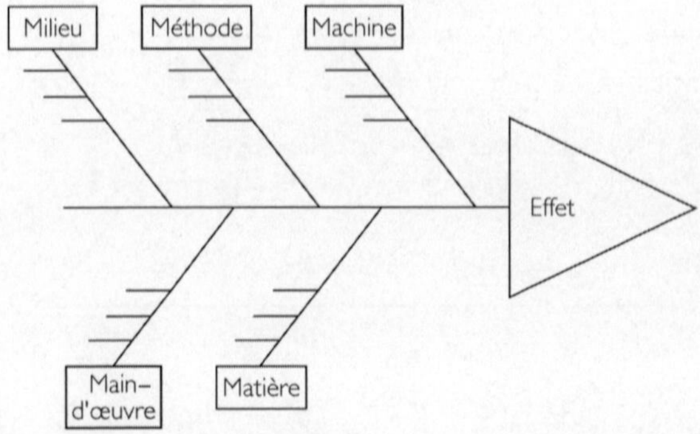

- main-d'œuvre ;
- matière ;
- méthode ;
- machines (équipement) ;
- milieu (environnement).

On peut y ajouter deux autres « M » (Management et Moyens financiers) pour arriver aux 7M qui constituent des facteurs intéressants, notamment dans les domaines immatériels, les services ou la gestion de projets par exemple.

Un diagramme causes/effet est très utile pour :

- ordonner les idées émises lors d'un brainstorming ;
- expliquer un phénomène, un processus de fabrication ;
- guider une discussion dont il est le point central ;
- rechercher rapidement l'ensemble des causes, choisir celles qui sont les plus importantes et mener rapidement les actions correctives correspondantes (dépannage, contre-mesures) ;
- former le personnel en utilisant les diagrammes existants.

Exemple : recherche des causes de la présence de poussières (illustration 39).

© Groupe Eyrolles

Illustration 39

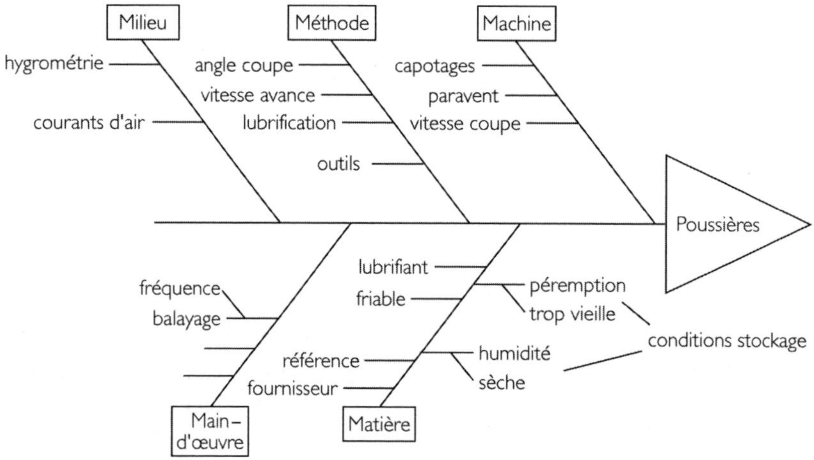

© Groupe Eyrolles

Annexe 5

Matrice de décision et vote pondéré

La matrice de décision permet de comparer des scénarios, des hypothèses ou des solutions, d'établir le degré d'importance relative de plusieurs problèmes et finalement de choisir une solution en fonction de son « poids » relatif. Il existe différentes méthodes de répartition des votes et de construction de matrice. Voici d'abord un exemple simple de vote pondéré (tableau 49).

Les cinq participants doivent choisir parmi six actions proposées, les trois qui seront mises en œuvre. Chaque participant dispose de trois votes de valeur ou poids 3, 2 et 1, qu'il affecte aux solutions proposées :

Tableau 50

Votant \ Action	A	B	C	D	E	F
Adrien	3		2		1	
Brigitte	2	1		3		
Carmen	1				3	2
Denis		3	1	2		
Edgar	2			1		3
Total	**8**	**4**	**3**	**6**	**4**	**5**

© Groupe Eyrolles

Les actions retenues sont la **A** avec 8 points, la **D** avec 6 points et la **F** avec 5 points.

ANALYSE MULTICRITÈRE

Voici maintenant un exemple de matrice de décision multicritère (tableau 50). Un projet d'amélioration a trois solutions possibles : A, B et C. Les critères de décision sont :

- la complexité et le coût de mise en œuvre qui doivent être aussi faibles que possible ;
- la fiabilité de la solution ainsi que les impacts positifs sur le personnel qui doivent être aussi élevés que possibles.

La pondération est le poids que l'on affecte à chaque critère. Dans notre exemple, la fiabilité de la solution est très importante et, de ce fait, on affecte un coefficient de 8 sur une échelle de 10 à ce critère. L'impact positif sur le personnel est un autre critère important, dont le poids est fixé à 7. Ensuite le coût est pondéré à 5 et finalement la complexité est pondérée à 3. Chaque participant donne une note de 1 à 10 à chaque solution, sur chacun des critères. Chaque note est multipliée par le poids du critère.

© Groupe Eyrolles

Tableau 51

Solution		**A**		**B**		**C**	
Critère	**Poids**	Note	Note pondérée	Note	Note pondérée	Note	Note pondérée
Complexité	3	10	30	40	120	34	102
Coût	5	80	400	17	85	31	155
Fiabilité	8	32	256	54	432	84	672
Impact sur le personnel	7	46	322	51	357	72	504
			1 008		**994**		**1 433**

Au final, c'est la solution C, obtenant le plus de points qui sera retenue et implémentée.

© Groupe Eyrolles

Annexe 6

Le plan d'action

Après avoir identifié des causes de problèmes, le groupe de travail est sollicité pour trouver des solutions, construire un plan d'action et le mettre en œuvre. Comme toujours, les ressources ainsi que le temps sont limités, il faut donc établir des priorités et choisir de mettre en œuvre les actions les plus pertinentes.

Pour construire un plan d'action de manière participative, on demande aux participants d'imaginer les solutions aux problèmes relevés, par exemple au travers d'une séance de remue-méninges. Les différentes solutions sont ensuite évaluées à l'aide de critères, comme par exemple (tableau 51) :

- le coût de la solution proposée ;
- le délai nécessaire pour la mettre en œuvre ;
- la facilité de mise en œuvre ;
- l'efficacité prévisible de la solution ;
- …

On limitera les critères à 3 ou 4 maximum. Chaque critère est évalué avec les valeurs :

© Groupe Eyrolles

Tableau 52

Critère \ Valeur	1	2	3
Coût	Peu cher	Moyennement cher	Cher à très cher
Délai	D'immédiat à court terme (une semaine)	Deux à quatre semaines	Plus de quatre semaines
Facilité	Très facile	Moyennement facile	Nécessite spécialiste

Puis on construit le plan d'action en procédant comme dans le tableau 53 ci-dessous :

Tableau 53

Problème	Solution proposée	Coût (C)	Délai (D)	Facilité (F)	Priorité C x D x F
Débordement de lubrifiant machine 4 (écoulement bouché)	Mettre crépine	1	1	1	1
	Nettoyer plus souvent	1	1	2	2
	Installer décanteur	2	2	2	8
	Changer le système	3	3	3	27
Pièces sales					

L'indice de priorité se calcule en multipliant la valeur des critères, les actions ayant les indices les plus faibles sont prioritaires. Le tableau doit ensuite être complété par un délai de réalisation et un responsable de l'action. Notons que le responsable n'est pas forcément celui qui fait lui-même, mais celui qui s'assure que l'action décidée sera bien exécutée, éventuellement par un autre service, la maintenance par exemple. Il est recommandé de définir également par quel moyen l'efficacité ou la satisfaction qu'apporte la solution sera mesurée (tableau 54) :

© Groupe Eyrolles

Tableau 54

Problème	Solution proposée	Coût (C)	Délai (D)	Facilité (F)	Priorité C x D x F	Mesure	Quand?	Qui?
Déborde-ment de lubrifiant machine 4 (écoule-ment bouché)	Mettre crépine	1	1	1	1	Nombre de déborde-ments sur la semaine	Semaine 14	Jules
	Nettoyer plus souvent	1	1	2	2		Semaine 15 si cré-pine pas satisfai-sante	Odile
	~~Installer décanteur~~	~~2~~	~~2~~	~~2~~	~~8~~			
	~~Changer le système~~	~~3~~	~~3~~	~~3~~	~~27~~			

Lorsque les actions sont définies et les responsabilités attribuées, le tableau gagnera à se compléter d'une signalétique pour visualiser rapidement l'avancement de chaque action. La roue du PDCA est fréquemment utilisée, avec la convention suivante (illustration 40) :

- à chaque action est associée sa roue PDCA vierge ;
- l'action est planifiée mais pas encore lancée : on noircit le premier quadrant ;
- l'action est en cours : noircir le second quadrant ;
- l'action est évaluée : noircir le troisième quadrant. À ce stade, si l'évaluation n'est pas satisfaisante, il faut refaire, corriger, améliorer… voire abandonner !
- l'action ne sera clôturée que si elle donne entière satisfaction : PDCA tout noir.

© Groupe Eyrolles

Illustration 40

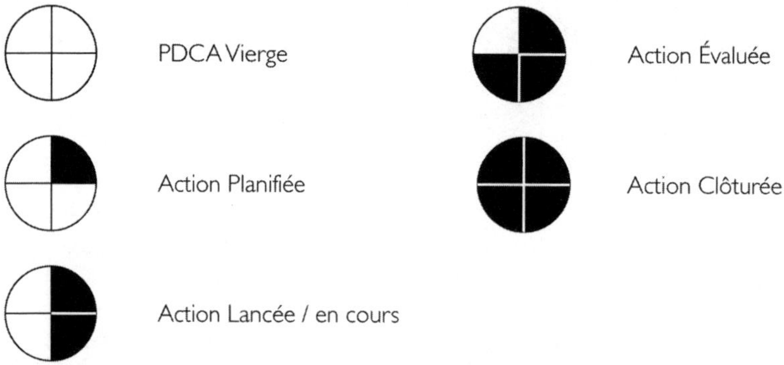

Une case « remarques » sur le plan d'action permet d'y porter tous les commentaires pertinents. Le tableau plan d'action est à placer dans l'espace communication, afin que tout le monde puisse suivre les progrès.

© Groupe Eyrolles

Bibliographie et sitographie

AIM Roger, *Indicateurs et tableaux de bord*, Afnor, Paris, 2003.

BELLIER Sandra, *Ingénierie en formation d'adultes*, Éditions Liaisons, Paris, 2000.

CHARDONNET André et THIBAUDON Dominique, *Le guide du PDCA de Deming*, progrès continu et management, Éditions d'organisation, Paris, 2003.

DE KEYSER Véronique et VAN DAELE Agnès, *L'ergonomie de conception*, De Boeck-Wesmael S.A., Bruxelles, 1989.

GREIF Michel, *L'usine s'affiche, la communication visuelle au service du progrès*, Éditions d'Organisation, Paris, 1992.

HIRANO Hiroyuki, *5S for Operators : 5 Pillars of the Visual Workplace*, Productivity Press, Portland Oregon, 1996.

HOHMANN Christian, *Audit combiné qualité/Supply Chain*, Éditions d'Organisation, Paris, 2004.

HOHMANN Christian, *Techniques de productivité, Comment gagner des points de performance - Pour les managers et les encadrants*, Éditions d'Organisation, Paris, 2009.

MONOD Hugues et KAPITANIAK, Bronislaw, *Ergonomie*, Masson, Paris, 1999.

MOREL Christian, *L'enfer de l'information ordinaire*, Gallimard, Paris, 2007.

DE MONTMOLLIN Maurice, *L'ergonomie*, Éditions la Découverte, Paris, 1996.

MULLER Jean-Louis et JOLY Michel, *De la gestion de projet au management par projet : Maîtriser les risques d'une organisation transversale*, Afnor, Paris, 2002.

ROBBINS Stephen, *63 propositions pour bien diriger son équipe*, Village Mondial, Paris, 2002.

© Groupe Eyrolles

SCHAFFER Robert et THOMSON Harvey, « Les meilleurs programmes de changement sont ceux qui commencent par des résultats », in *Harvard Business Review*, Coédition L'expansion/Éditions d'Organisation, Paris, 1997.

SIMONET Jean et BOUCHEZ Jean-Pierre, *Le conseil, le livre du consultant et du client*, Éditions d'organisation, Paris, 2003.

SMITH Rolf, *The 7 levels of change*, The Summit Publishing Group, Arlington Texas, 1997.

UNE PETITE SÉLECTION DE SITES WEB :

Thème	Adresse du site	Langue
Site personnel de l'auteur : 5S, TPM, SMED…	http://chohmann.free.fr/	Français
L'amélioration des conditions de travail	www.anact.fr	Français
Ergonomie centre canadien d'hygiène et de sécurité au travail	www.cchst.ca/reponsessst/ergonomics/	Français
La santé et la sécurité de l'homme au travail	www.inrs.fr	Français
Des astuces pour s'organiser	http://www.onlineorganizing.com/ExpertAdvice.asp	Anglais
Ergonomie au bureau	www.office-ergo.com/	Anglais
Mauvaise rationalisation du travail/conceptions	www.baddesigns.com/	Anglais

© Groupe Eyrolles

Index

© Groupe Eyrolles

D

E

F

© Groupe Eyrolles

© Groupe Eyrolles

© Groupe Eyrolles

© Groupe Eyrolles

Dépôt légal : octobre 2012
N° d'éditeur : 3989
IMPRIMÉ EN FRANCE

Achevé d'imprimer le 26 septembre 2012
sur les presses de l'imprimerie « La Source d'Or »
63039 Clermont-Ferrand
Imprimeur n° 12979

PEFC
PEFC/10-31-2008

Dans le cadre de sa politique de développement durable, La Source d'Or a été référencée IMPRIM'VERT® par son organisme consulaire de tutelle.
Cet ouvrage est imprimé - pour l'intérieur - sur papier offset "Amber Graphic" 90 g provenant de la gestion durable des forêts, des papeteries Arctic Paper dont les usines ont obtenu les certifications environnementales ISO 14001 et E.M.A.S.